布拉德上校的大胆罪行

**身为间谍却盗取王室珠宝
辗转成为国王的秘密特工**

[美]罗伯特·哈钦森 著
高品 译

Robert Hutchinson

新世界出版社

THE AUDACIOUS CRIMES of COLONEL BLOOD

著作权合同登记号：京权图字 01-2020-5122

The Audacious Crimes of Colonel Blood by Robert Hutchinson
Copyright © 2015 BY Robert Hutchinson
This edition arranged with Weidenfeld & Nicolson, a division of the Orion Publishing Group, London through Big Apple Agency, Inc., Labuan, Malaysia.
First published by Weidenfeld & Nicolson, a division of the Orion Publishing Group, London
Simplified Chinese edition copyright:
2021 New World Press Limited
All rights reserved.

图书在版编目（CIP）数据

布拉德上校的大胆罪行 /（美）罗伯特·哈钦森著；高晶译 . -- 北京：新世界出版社，2021.5
书名原文：The Audacious Crimes of Colonel Blood
ISBN 978-7-5104-7256-5

Ⅰ. ①布… Ⅱ. ①罗… ②高… Ⅲ. ①斯图亚特王朝—历史 Ⅳ. ① K561.33

中国版本图书馆 CIP 数据核字 (2021) 第 057881 号

布拉德上校的大胆罪行

| 作　　者：[美] 罗伯特·哈钦森 |
| 译　　者：高　晶 |
| 策划编辑：熊文霞 |
| 责任编辑：熊文霞 |
| 责任校对：宣　慧 |
| 责任印制：王宝根　苏爱玲 |
| 出　　版：新世界出版社 |
| 网　　址：http://www.nwp.com.cn |
| 社　　址：北京西城区百万庄大街 24 号（100037） |
| 发 行 部：(010) 6899 5968（电话）　(010) 6899 0635（电话） |
| 总 编 室：(010) 6899 5424（电话）　(010) 6832 6679（传真） |
| 版 权 部：+8610 6899 6306（电话）　nwpcd@sina.com（电邮） |
| 印　　刷：北京亚通印刷有限责任公司 |
| 经　　销：新华书店 |
| 开　　本：880mm×1230mm　1/32　尺寸：145mm×210mm |
| 字　　数：246 千字　　印张：11.5 |
| 版　　次：2021 年 5 月第 1 版　2021 年 5 月第 1 次印刷 |
| 书　　号：ISBN 978-7-5104-7256-5 |
| 定　　价：59.80 元 |

版权所有，侵权必究
凡购本社图书，如有缺页、倒页、脱页等装装订错误，可随时退换。
客服电话：(010) 6899 8638

致加文与卡罗琳,罗布与马修;

乔与约翰,伯蒂与查理

目录

序言 *i*

第一章 攻 城 *1*

第二章 逃之夭夭 *25*

第三章 阴谋的滋味 *59*

第四章 患难见真情 *87*

第五章 圣詹姆士街袭击案 *107*

第六章 最大胆的罪行 *136*

第七章 王室的赦免 *156*

第八章 重归大众视野 *180*

第九章 上帝之道 *203*

后记 *231*

大事年表 *247*

主要人物表 *254*

注释 *269*

致谢 *344*

序言

> 布拉德为人精明，无所畏惧，名气甚高……据称他可凭借自己的热情或兴趣做成任何事情，无论某个决定如何孤注一掷或棘手难办。
>
> ——《不列颠传记》(*Biographia Britannia*)，
> 1747—1766 年 [1]

英国历史上总是不乏神秘莫测又极富魅力之人，他们的冒险惊心动魄，足以凸显"现实可以比小说更奇幻"这句古老箴言中的智慧，托马斯·布拉德上校便是其中之一。

他在爱尔兰发动政变未遂，又曾于17世纪末无数次参与密谋刺杀查理二世并推翻英格兰、苏格兰与爱尔兰的合法政府，这些恶行令其在这三个王国内都恶名远播。故而查理二世的大臣们公开丑化其为"一切谋逆之父"，根本不足为奇。[2] 各地均重金悬赏缉捕他，生死不计，布拉德就此成为不列颠群岛无处不寻的通缉犯。

然而，任凭身后追兵在伦敦或都柏林幽暗肮脏的窄街后巷里如何叫喊，这个"了不起的"不法之徒在脱逃后都不曾退却半分。更出人意料的是，这张罗网越是严密，这个"臭名昭著的叛国者与纵火犯"[3]越是大胆。

1671年5月，布拉德企图偷取伦敦塔高墙保护下的王室珍宝，多少年来，胆敢攫取英格兰宫廷财富的亡命之徒已属罕见，此举更令他一跃成为众犯之首。

14世纪中期，"暴徒"亚当（Adam the Leper）狂妄夺取了属于埃诺的菲利帕（Philippa of Hainault），即体态丰腴且风韵犹存的爱德华三世（Edward Ⅲ）王后的财产。[4] 几十年前的1303年，普德里科特的理查德（Richard of Pudlicott）抢劫了爱德华一世（Edward Ⅰ）存放于威斯敏斯特大教堂圣器礼拜堂（Chapel of the Pyx）的珍宝，帮凶是大教堂副院长及圣器管理人。今天，我们倾向于将这场罪行认定为中世纪的"监守自盗"。[5] 理查德被处以绞刑，传闻称他的尸体被鞭笞剥皮。人们都误传，说这张人皮就钉在牧师会礼堂旁边那座神圣宫殿的一扇木门上，用以警告平头百姓，令他们怯于觊觎至高无上的君主的财富。[6]

四个世纪即将过去，无论布拉德犯下了多么厚颜无耻的罪行，他都不仅仅是一个窃贼。他是屡教不改的冒险家，最终投诚（并非首次）成为政府间谍，或称双重间谍，他以这样冒险的身份服务于查理二世的特工部门，加入了他们的战争，助其抵抗内忧外患，捍卫摇摇欲坠的斯图亚特（Stuart）王权。

他逃脱制裁的本领异常娴熟，就算他终于见了上帝，人们仍觉得他甚至能成功地骗过死神。威斯敏斯特和白厅（Whitehall）的酒馆里，关于他的故事不绝于耳。故事里说，这个老兵并没有死，只是又玩起了往常惯用的把戏。难道布拉德的离世只是又一个愚弄那些他在宫廷中的权贵敌人的花招？死亡是他最后一次狡猾的伪装吗？

谣言席卷伦敦，政府被迫从托西尔广场（Tothill Fields）礼拜堂中布拉德的墓冢里将尸体掘出，这一真相才终于得以宣告。由于上校的尸体浮肿腐烂，政府只得在威斯敏斯特进行了一场令人不快的验尸，然后凭借一名目击证人对其某根大拇指增生旧伤的回忆，方才验明正身。

他是个复杂的角色，浑身充满了对立与矛盾。他有着极为虔诚的宗教信仰，却并不信奉英国国教。他承诺自己日日都在"认真思考……上帝和上帝的作为"，并且不会"在信奉主的事情上心存懈怠"。他宣称自己拒绝葡萄酒、烈酒和"任何一种过度的享乐或浮华的着装……吹毛求疵或玩笑戏谑……所有下流与谩骂的言谈"。[7]

有时，他也会偏离这条循规蹈矩的神圣之路。布拉德也是一个傲慢而古怪的幻想家，说起话来很有说服力，加之他颇具爱尔兰人的魅力，极佳的口才总能在紧要关头派上用场。"巧舌如簧"这个浮夸的词就好像是为他特意定制的。而且，实在地说，他在施行冒险行动时利用了无数个化名和满柜子的伪装行头，自此之后，他屡次采取各种虚张声势的举动，就算触犯众怒也在所不惜，他所犯下的严重罪行堪称无人能及。而那些大胆的实干家在他面前也不过是梵蒂冈温顺虔诚的祭坛男童罢了。

托马斯·布拉德恰逢其时地出生在一个历来渴求冒险的家庭。这支爱尔兰分支的源头可追溯至埃德蒙·布拉德（Edmund Blood）——都铎王朝绅士阶级中的一个无名之辈，来自德比郡

（Derbyshire）达菲尔德（Duffield）附近一个叫马可尼（Makeney）的小村庄。[8]1595年，这位27岁的前任骑兵上尉漂洋过海来到爱尔兰，他野心勃勃、追名逐利，或者更坦率地说，追逐的是战争中可以肆意掠夺或没收敌人土地与财产的那份快感。

他曾加入女王伊丽莎白一世（Elizabeth I）的军队，迎战爱尔兰贵族休·奥内伊（Hugh O'Neill）及其同盟，他们前赴后继地力图终结英格兰对爱尔兰这座"绿宝石之岛"（Emerald Isle）的异族统治。[9]这场战争持续了9年，艰苦卓绝。在行船驶往都柏林的过程中，一路上风雨交加，布拉德的第一任妻子玛格丽特（Margaret）在这等窘迫的条件下诞下一个儿子。夫妇俩根据同船一名乘客即埃德蒙的战友英奇昆伯爵（Duque de Inchiquin）的热心建议，[10]以海神之名给儿子取名为"尼普顿"（Neptune），确实恰如其分。

但是，埃德蒙很快发现从军辛苦，不合他的心意。于是，他辞去职务，在克莱尔郡（Co.Clare）的科罗芬（Corofin）购置了200英亩*土地以及附近的科伊尔纳博易城堡（Kilnaboy Castle）[11]，后来还得到了波赫萨拉大宅（Bohersallagh House）[12]。其中或许不乏英奇昆的影响，在此之前，这位旧时的旅伴、之后的指挥官在该地区就拥有自己的财产。

额外的收入也适时而来，方法则是拦截沿克莱尔海岸北上戈尔韦（Galway）或南下利默里克（Limerick）的船只，然后礼貌地邀请它们的船长奉上数量可观的现金，赎买得以继续安全航行的

---

* 1英亩约合0.4公顷。——编者注

权利。男子们手持武器，坐在大概停靠在利斯坎诺湾（Liscannor Bay）的小镇拉欣奇（Lahinch）附近的小艇里，正因为这些人的威慑，船长们只得乖乖就范，接受如此蛮横的提议。有些人也许会将这种惯例式的行为看作收取保护费，其他人则认为这纯粹是一种海盗行径，却无人胆敢提出此举与布拉德家族抵达爱尔兰后一向践行的持重的长老会宗教信仰之间存在什么冲突。

1613年4月，埃德蒙当选为附近的恩尼斯（Ennis）自治市下议院议员，成为爱尔兰下议院在该选区仅有的两名议员之一，当时都柏林政府为保证新教徒在下议院中占大多数，别有用心地重新划分选区，埃德蒙便因此从中获益。当时的人们谈起埃德蒙，用的词不是"慷慨"，就是"绅士"。[13]在下议院议员的岗位上供职两年后，他又被授予了一枚盾徽，[14]上面的花纹是雄鹿首，大概是因为他喜欢狩猎的缘故。就这样，他再次攻克难关，在通往上流阶层的阶梯上又迈进了一步。

他与玛格丽特后来又育有二子，即埃德蒙（于1615年去世）和托马斯。[15]妻子死后，他又迎娶了兰开夏郡的玛丽·霍尔德克罗夫特（Mary Holdcroftof, 姓氏或为霍尔克罗夫特 Holcroft）[16]。不过，根据家族传说，他在约1645年离世前曾有过第三任妻子。[17]1600年，玛丽在科伊尔纳博易生下了威廉（William），即他的第四子。

1623年3月，长子尼普顿被授予牧师之职，1663年，他成为基尔费诺拉（Kilfenora）主任牧师，13年后，又当选为该教区的副主教。他是个坚定的新教徒，第一次英国内战期间曾在牛津效力于查理一世（Charles I），[18]还延续家族传统，继续榨取克莱尔郡沿岸倒霉船只的钱财，从这项营生中大量获利。

1649年9月至10月，议会军攻占了德罗赫达（Drogheda）和韦克斯福德（Wexford），屠杀当地的居民，尼普顿的小艇也被克伦威尔（Cromwell）麾下的军队烧毁。不过，为了补偿他在海岸生意上蒙受的损失，他得到了三块充公的土地。[19] 他从科克（Cork）市的基督城（Christchurch）教堂与圣芬巴瑞大教堂（St Fin Barr's Cathedral）里救下圣餐盘，没让克伦威尔的铁甲军（Ironsidesoldiers）将其偷走或损坏。君主制复辟后，为了继续在自己任职的位于基尔费诺拉的大教堂中使用这些圣器，他于1665年付给这两座教堂逾18英镑。[20]

1598年，第三个儿子托马斯出生于科伊尔纳博易，后来在都柏林西北方11英里*开外的米思郡（Co. Meath）邓博因（Dunboyne）的萨尔内（Sarney）成为一名铁器商人。有些资料将其描述为铁匠，这倒是小瞧了他的地位，因为他将铁锭出口至英格兰，赚得的财富不可小觑。可惜，对于他的妻子，尚无资料可考。1621年，他从威廉·库克（William Cooke）手中买下米思郡的一处庄园，17年后，又在威克洛郡（Co. Wicklow）买下了500英亩土地。[21]

与其神秘身份相符的是，小托马斯·布拉德（Thomas Blood Junior）的早期生活鲜为人知，而且还矛盾复杂。1618年年初，他出生于萨尔内，[22] 极有可能是家里的长子，因有少量报道称1620年前后托马斯家出生了一个名叫威廉·布拉德的婴孩，他在20年后死于邓博因。显然，小托马斯·布拉德至少还有一个妹妹。

---

* 1英里约合1.61千米。——编者注

1680年，布拉德上校的第一位传记作者写道："布拉德的父母认真、诚实，在所居住的国家不曾有任何卑劣的名声或不正当的财产。"23 他还强调说他们注重"自己的后代不应堕落，使自己的德行及名望远逊于先祖，而应通过严格与冷静的教育规则来形成并塑造后代的环境……令其远离那些挥霍无度的奢靡生活，避免活跃的思想和灵魂遭到腐蚀"。年轻的布拉德可能还被送到过兰开夏郡求学，由继祖母的家人负责照顾。

1640年3月，查理一世将邓博因领地内的财产授予布拉德一家，包括萨泊克（Suppoke）村庄的房屋、采石场、果园和花园，耕地占地60英亩，牧场占地10英亩，另有5间村舍，年租金收入达5先令6便士（相当于现在的27.5便士）。24（据记载，一位名叫埃德蒙的堂兄弟同时在邓博因拥有1家磨坊、7户可出租的住宅和70英亩的土地，均为此人在1621年7月购置的财产。）25 1643年6月，小托马斯·布拉德又受赠了更为丰厚的财产，即"邓博因领地内萨尔内、布雷斯顿（Braystown）与佛尤斯顿（Foylestown）的城镇和土地，以及位于威克洛郡格伦马鲁尔［Glenmalure，又名格林斯（Glinns）］的500英亩荒山"，后者听来着实寒酸。26 我们这位未来的冒险家可没住在萨尔内，而是阿什顿（Ashtown），即今天的都柏林西郊。27

王室之所以突然对布拉德青睐有加，极有可能是为了奖励布拉德在爱尔兰天主教徒叛乱期间对王室的支持。1641年10月，由于最好的农田都流失到了新教移民手里，且爱尔兰天主教徒们对爱尔兰天主教信仰的未来日益忧心，于是在阿尔斯特（Ulster）爆发了叛乱。28 爱尔兰贵族联合神职人员，于翌年夏天组建了"天主教联盟"（Catholic Confederation），总部设于基尔肯尼（Kilkenny），随后成为爱尔兰三分之二领土上的实际政府。在爱尔兰海对岸，这场叛乱也造成了严重的影响。国王与议会就如何在爱尔兰恢复英格兰统治上产生分歧，议员们既想掌控那支前去镇压叛乱的军队，又不支持王室任命的指挥官，由此埋下了引发内战的重要导火索。

如同所有此类爱尔兰冲突一般，这场叛乱又是一场邻里内斗的血腥事件，双方都急于抓住机会大肆掠夺、报复。随后，布拉德冷酷的新教徒伯父尼普顿刻薄地宣称自己在克莱尔郡有价值180英镑的物品被他人夺走，同时还被剥夺了每年提供140英镑收入的教产，而他的家畜也被"凯赫明内恩（Caherminnane）的休·霍根（Hugh Hogan）与泰吉·奥布赖恩（Teige O'Brien）"悉数偷走了。他在科伊尔纳博易的家园遭到损毁，天主教徒欠他的120英镑债务也付诸流水。这位牧师还做了更为生动的控诉，称杀死长老会移民基尔费诺拉的乔治·欧文斯（George Owens of Kilfenora）与莫纳的迈克尔·亨特（Michael Hunt of Moghna）的凶手正是泰吉和巴利山尼的西蒙·菲茨帕特里克（Simon Fitzpatrick of Ballyshanny）。[29]

1640年，年仅21岁的托马斯·布拉德被委任为治安法官，着实令人出乎意料。他还极有可能参与镇压了1642年春天的叛乱，当时第一代奥蒙德公爵詹姆斯·巴特勒带领保王党发起了一系列的进攻，以期清除都柏林周边地区的联盟势力。

虽然爱尔兰战役火力未减，但布拉德仍然听见这位受困的君主吹响了战斗的号角。1642年8月22日，查理一世在诺丁汉挑衅

序言

般地集结了一支王室军队。

1643年5月以后，一位"布剌德上尉"（Captain Bludd）开始以军需官的身份服役于路易斯·迪弗爵士（Sir Lewis Dyve）的保王党步兵团。虽然该步兵团在1644年8月康沃尔的那场恶战中严重受挫，却仍然于同年10月在多塞特郡（Dorset）兴建于12世纪的舍伯恩城堡（Sherborne Castle）组建了卫戍区。众所周知，布拉德上尉的许多军官同僚皆来自多塞特与萨默赛特（Somerset），这也就意味着，仓促的就地征兵行动填补了因伤亡惨重所造成的士兵短缺。翌年8月，长达11天的围攻之后，托马斯·费尔法克斯爵士（Sir Thomas Fairfax）带领的议会军攻破城墙，形势于步兵团而言如同雪上加霜，卫戍区就此投降。[30]

如果布拉德曾在舍伯恩遭遇了那场围攻，他要么就是逃走了，要么就是被擒入狱了，但是1645年其父在萨尔内去世后，他便获得假释并回到了爱尔兰。[31]有旁证表明，1658年战火复燃，他再次加入保王党，这次战争随后演变成了第二次英格兰内战。与他同时代的传记作家，同时也是他的辩护者"R.H."——也许正是布拉德在日后许多年里的密友与同谋之一理查德·哈利韦尔（Richard Halliwell）——坚称布拉德"尽其英勇助其君王；其中几次效劳都成果颇丰"。[32]

其中一次英勇表现可能即指他曾参与预谋绑架议会军围攻约克郡（Yorkshire）庞蒂弗拉克特城堡（Pontefract Castle）时的指挥官托马斯·雷恩巴勒（Thomas Rainborowe）上校[33]的大胆计划（有些人也许会称之为有勇无谋）。

1648年8月17—19日，奥利弗·克伦威尔在持续了3天的兰开夏郡普雷斯顿（Preston）战役中击溃了一队保王党军队，还俘获了他们的将军马默杜克·兰代尔爵士（Sir Marmaduke Langdale）。兰代尔被带至诺丁汉，庞蒂弗拉克特卫戍区的500多人都听到了恐怖的谣言，据说，他们要是不立即投降，就会在城堡上亲眼见到兰代尔被处死。

有几位军官则较为大胆，威廉·波尔登（William Paulden）上尉便是其中一个。[34] 他决定手擒雷恩巴勒，以其性命为条件换回兰代尔。他从自告奋勇的士兵中精心挑选出20名，在10月28日午夜时分溜出城堡，骑马赶往12英里开外的唐克斯特，议会军指挥官临时设营在当地旅店中，正在为次日安息日的敬神礼拜做准备。布拉德可能就是士兵之一。

四名攻击者安全抵达雷恩巴勒的下榻处，谎称为他带来了克伦威尔的紧急信报。计谋成功了：他们被叫进屋，一进去便立马抓住了这名议会军指挥官和他的中尉，而后把二人押至街上，一路行至等候的马群旁边。上校突然意识到只有四人前来行凶，于是大喊"有危险！有危险！"，试图叫醒城中睡着的士兵。混乱中，一名即将实施绑架的士兵与雷恩巴勒扭打起来，他身上那把锁着扳机的手枪掉落在地上。这时，中尉捡起枪，但还没来得及开枪，就被残忍地杀害了。雷恩巴勒喉咙被刺，正当他踉跄着想站起来时，身体被一剑刺穿，当场殒命。[35]

保王党们骑马离开唐克斯特，行经顿河（River Don）上的一座桥，然后一路向北赶往庞蒂弗拉克特，沿途还解救了50名囚犯。[36]

布拉德的传记作家"R.H."坚称，许多人都认为他在"这场大胆而孤注一掷的冒险"中"既是一个筹谋者，又是一个实施者"。

不过，他也承认布拉德"多次否认自己与此事有关"，因此，"若是将他人的荣耀强加于无需这种功绩的英勇之士身上，也无异于犯罪"。[37]

如我们所见，布拉德从不畏避各种冒险行动带给他的恶名，如此说来，他竟否认自己与这场胆大包天的绑架行动有丝毫联系，着实令人费解。然而，此次冒险与他之后的暴行有不少异曲同工之处：积郁的愤懑情绪、伺机报复的大胆举动以及被挟持的人质。[38] 许多年后的1671年，勇猛而冲动的保王党骑兵将军鲁珀特亲王（Prince Rupert）在提及布拉德时，赞赏地将其描述为一名"王室部队里坚定而果敢的战士"。[39] 在保王党的众多军官中，布拉德若不是曾经参与其中并立下了赫赫军功，将军何以记得他？或许，还有另一旁证暗示布拉德与这场拙劣而血腥的绑架未遂事件有关。众所周知，雷恩巴勒的兵团在1645年[40]围攻舍伯恩城堡时发挥过重要作用，这场针对该议会军指挥官的袭击也许可以很好地发泄积怨，对当时战役中发生的某件事情实施报复。

这之后，布拉德作为一个总是冷眼旁观大局的现实主义者，也许明白了保王党终究会不可避免地遭遇失败。1649年1月30日，在那个极度寒冷的星期二下午，戴着面具的刽子手手起斧落，查理一世便在白厅宴会厅外身首异处。斯图亚特王朝似乎绝无可能再重登英格兰与苏格兰的王座。1650年，自我提升的念头终于打败了残存的几丝无望的忠诚，身在兰开夏郡的布拉德成了一名骑兵掌旗官，随后被提拔为议会军中尉。[41]1649年8月，克伦威尔率新规范军（New Model Army）8000步兵、4000骑兵登陆都柏林，4年恶战之后，一场意图彻底平定爱尔兰叛乱的战役拉开了序幕，而布拉德也许就曾短暂服役于这位圆颅党（Roundhead）将军麾下。[42]

布拉德从军七年，却仍是军队指挥体系中的一个下级军官。随着年岁渐长，他的自我意识逐渐完善，终于跳脱了军阶，自己任命自己做了上校。而现在的他，又生出了另一个念头——他需要一位夫人。

据兰开夏郡纽彻奇（Newchurch）教区的登记簿记载，1650年6月21日，托马斯·布拉德与玛丽亚·霍尔克罗夫特（Maria Holcrofte）在当地郑重完婚。[43]

布拉德为自己筹谋得的确得当。

他17岁的新娘是陆军中校约翰·霍尔克罗夫特与妻子玛格丽特的长女。这对夫妇的霍尔克罗夫特府是一幢建于15世纪晚期16世纪早期的农舍，窗框是石质的，至今仍屹立不倒。[44]他显然是通过自己在议会军[45]的战友、霍尔克罗夫特的长子托马斯结识了她，又或许，是他与继祖母家的关系促成了他的这桩婚姻。

霍尔克罗夫特家族初来兰开夏郡时，还是14世纪中期。[46]1533年，在安妮·博林（Anne Boleyn）的加冕礼上，托马斯·霍尔克罗夫特是一名"绅士男仆"。三年后，天主教徒为结束修道院的压迫发起了求恩巡礼（Pilgrimage of Grace），托马斯的兄弟约翰·霍尔克罗夫特将麾下53名士兵献给了德比伯爵的小分队，帮助他镇压叛乱。霍尔克罗夫特一家在宗教改革中收获颇丰：托马斯被赐予了沃灵顿（Warrington）、普雷斯顿和兰开斯特（Lancaster）的地方修道院，以及柴郡（Cheshire）的华里修道院（Whalley Abbey）、卡特梅尔修道院（Cartmel Priory）和韦尔王室修道院

（Vale Royal Abbey）的部分土地。[47] 亨利八世统治的末期，这一家族有两名成员还曾于 1546 年 2 月以专员身份为斯特雷特福德（Stretford）和曼彻斯特（Manchester）两地重要的礼拜堂估价。[48]

1640 年，布拉德的岳父在短期议会中担任利物浦市议员，后于 1644 年成为市长。两年后，他当选为威根市（Wigan）议员，但却在 1648 年 12 月 6 日的"普莱德清洗"（Pride's Purge）中被逐出议会，这也可以说是英国历史上唯一一次成功的军事政变。[49]

约翰·霍尔克罗夫特在当地议会是举足轻重的英雄人物，他曾参与了内战爆发前的其中一次小规模冲突。1642 年 7 月 15 日，还只是一位"普通人"的霍尔克罗夫特曾与当地民兵特派员们联手力阻曼彻斯特落入王室势力手中。身为保王党的兰开斯特郡守莫利纽克斯勋爵（Lord Molyneux）与斯特兰奇勋爵（Lord Strange）在城中征兵，忙碌的一天方才结束，二人正愉快地在晚宴桌旁坐下，突然听得霍尔克罗夫特就在几条街外，率领一队大军前来，"士兵们手持长矛与火枪，火绳已点燃，扳机也已扣上，军鼓阵阵，震耳欲聋"。莫利纽克斯"以陛下之名命令他们放下武器，珍惜和平，停止骚乱，但霍尔克罗夫特先生……控诉他违抗了法律"。斯特兰奇与郡守在随后的混乱中逃离该镇，离开前还身中三枪。追捕他们的人中，有一位名叫理查德·珀西瓦尔（Richard Percival）的科克曼休姆（Kirkmanshulme）"亚麻织工"中弹而亡，据说他是英格兰内战中丧命的第一人。[50]1643 年 3 月，霍尔克罗夫特指挥一支由 600 名火枪手组成的小部队保卫兰开斯特。部队被逼入城堡后，气急败坏的保王党将小镇付之一炬。[51]

玛丽·霍尔克罗夫特于霍尔克罗夫特府邸出嫁 9 个月后，这对夫妇的长子托马斯于1651年3月30日在纽彻奇受洗。[52] 往后的许多年里，这对夫妇还将迎来六个孩子：四个儿子——威廉、霍尔克罗夫特（生于1657年前后）、埃德蒙和查尔斯，以及两个女儿——玛丽和伊丽莎白。[53]

布拉德回到爱尔兰，1651年，他的妻子也在此与他重聚。显然，因军队欠薪，他又得到了更多的土地作为补偿。时任爱尔兰副总督、后成为爱尔兰总督的亨利·克伦威尔（奥利弗的第四子）对其青睐有加，任命他为议会委员。[54] 布拉德的传记作者称，克伦威尔将布拉德视为"一个值得聘任和提拔之人……他最主要的作用便是利用自己的权力尽可能地维护并支持新教教会与英格兰在爱尔兰王国的利益"。[55]

托马斯·布拉德此后就满足于终日追捕并严惩爱尔兰天主教叛军了吗？有传闻称，在他这段职业生涯前后，曾以男仆身份化名为"艾伦"伺候过一名弑君者[56]，即在威斯敏斯特大厅审判查理一世并且随后在死亡判决书上签字的59人之一。一方面，这看似绝无可能，毕竟布拉德在爱尔兰是个有头有脸的人物，即便雇主在共和国政府中位高权重，他也不至于以家仆身份受雇。但从另一方面看，"艾伦"确是他此后许多年里最喜欢的化名之一，而且，布拉德也许狡猾地认为这份职业有利可图，可以借此接近平等主义者们新建立的权力宝座。

1653年12月便走马上任的护国主奥利弗·克伦威尔因为罹患疟疾和肾脏感染，于1658年9月3日在白厅离世，终年59岁。而后，其子理查德继任护国主，但由于各派系争夺政治大权，原本稳定的形势急转直下，政局陷入动荡。许多人准确地预测出英格兰作为共和国的日子已屈指可数。

1660年5月8日，议会宣布流亡的查理二世自其父1649年执行死刑起便已是合法君主。1661年4月23日，查理二世在威斯敏斯特大教堂加冕。

正当托马斯·布拉德的家族在爱尔兰逐渐壮大之时，爱尔兰海对岸所发生的一件件大事也正在蔓延开来，彻底地改变了他们的生活，但是这种改变的方式，却是他们在最可怕的噩梦中都未曾梦见过的。对米思郡萨尔内的布拉德一家而言，毁灭即将降临。

第一章

攻 城

> 此类事件，依我愚见，不可轻率视之，而应将其扼杀于雏形，预防一场叛乱比镇压它来得更为容易。
> ——1663年5月23日，奥雷里伯爵与芒斯特省军事长官罗杰·波义耳对查理二世如是说[1]

奥利弗·克伦威尔残酷镇压爱尔兰联盟叛乱后，爱尔兰境内原属于天主教和保王党的土地遭到大量充公。表面看来，此举只因新规范军老兵被拖欠了18个月的军饷，不满的呼声日益强烈，囊中羞涩的英国政府才出此下策，通过没收叛徒们的财产来补偿老兵。[2] 英国政府此前就采取过这种严苛的举措，以后也不乏重演的可能。

不过，这可不仅仅是为了填补政府在高压下的预算缺口，实际看来，其实算计颇深。

1652年，残缺议会（Rump Parliament）颁布爱尔兰《安置法案》（Act of Settlement），批准即刻处决这场失败叛乱的领导人，同时也立法宣布用收缴而来的大量土地嘉奖那些资助英国政府镇压叛乱的"冒险家"（毋宁说投机者），自1642年算起，他们资助的总额达1000万英镑。同时，收缴的土地也将用来抵偿1.2万名仍于爱尔兰境内服役的英国士兵的军饷。[3]

许多保王党和几乎所有天主教地主都失去了全部或部分领地，尤其是那些住在阿尔斯特、伦斯特（Leinster）和芒斯特的地主，甚至一些并未参与叛乱之人也受到了惩罚。那些在1649年10月1日至1650年3月1日之间住在爱尔兰，但没"表现出对英联邦（Commonwealth of England）利益一贯拥护"的人都被没收了三分之一的土地。实施惩罚前，爱尔兰60%的土地都归天主教会所有，实施后，他们的土地持有量锐减至8%左右——而且其中大部分土壤贫瘠，收成稀少。

雪上加霜的是，克伦威尔还冷酷地发起了民族清洗运动，或者更准确地说，是一项社会工程。约5万名爱尔兰男女老少被驱逐到牙买加（Jamaica）、巴巴多斯（Barbados）和较小的加勒比海岛，如圣基茨岛（St Kitts）、尼维斯岛（Nevis）和蒙特塞拉特岛（Montserrat）。他们以契约劳工的身份在甘蔗和烟草种植园里工作。[4] 1653年，地主们被迫迁往（爱尔兰四省中最小且最贫穷的）康诺特省（Connacht），散居于香农河（River Shannon）以西的梅奥（Mayo）、戈尔韦、斯莱戈（Sligo）、利特里姆（Leitrim）和罗斯康芒（Roscommon）五郡。若不接受流放，唯一的选择就是立即被绞死。据说克伦威尔本人曾下令，爱尔兰人必须"要么去行刑台，要么去康诺特"。

将这些地区指定为流放地，说是为了保护族群，实际就是以

第一章 攻 城

水为篱，限制人口——香农河、北大西洋都作此用。为强化限制，克伦威尔政府还沿克莱尔郡东部边界设立了宽 1 英里的安全区，由移居于此的武装军队驻守，意在"限制移民，阻止他们从海上获得救济"。

另外，政府还悬赏搜捕天主教教士，逮捕一名可获赏金 20 英镑。协助或窝藏教士都是死罪。虽然希望渺茫，但政府仍想借由羁押教士来削弱或摧毁爱尔兰人民的反抗意志，故而把这些教士囚禁在了伊尼什博芬岛（Inishbofin）的一个拘留营里。这是个草木稀疏的小岛，岛上遍布石块，[5] 长 3.5 英里，宽 2.5 英里，离戈尔韦郡海岸 7 英里远。

人们对 1649 年发生在韦克斯福德和德罗赫达的大屠杀还记忆犹新，无怪乎天主教地主们一个个都能乖乖遵照克伦威尔的处罚令，离开故土，迁往他乡。坊间只传言大规模的流放如何黑暗可怕，但很多人其实还在自己原来的土地上做佃农，服务于不在产业内居住的英国地主。

为确保没收来的土地得到有效分配，进而创造利润，曾在爱尔兰担任英国驻军总司令随军医生的威廉·佩蒂（William Petty）对爱尔兰做了细致彻底的研究，并记录于地图上。这场"地籍调查"（Down Survey）始于 1655 年，历时 3 年，参与者上千。通过这项研究，人们对爱尔兰的财富分割有了更准确的认识，从地图上看，比例大概是 40 杆比 1 英寸，其中 1 杆等于 21 英尺。[6]

曾服役于议会军的托马斯·布拉德，就是这场土地再瓜分的受益人之一。研究显示，除了在萨尔内和威克洛郡的原有地产外，他还得到了米思郡德瑞斯欧格镇（Driseog）阿斯博伊（Athboy）

教区的土地，而这片土地原来的主人是信奉新教的保王党成员爱德华·斯库洛克（Edward Scurlocke）。这些土地共计237英亩，由布拉德与都柏林三一学院（Trinity College）及另一位曾经的议会军战友纳撒尼尔·文森特（Nathaniel Vincent）共同享有。在该郡的另一个地方，即卢恩（Lune）领地的莫亚福尔（Moyagher），布拉德还拥有843英亩土地的三分之一，这片土地原来的主人是三名天主教徒，即詹姆斯·怀特、约翰·贝格斯（John Begs）和来自拉思伯恩（Rathbone）的普伦基特（Plunkett，全名不详）。在马加里恩（Margallion）领地的基尔帕特里克（Kilpatrick），布拉德现已独自拥有66英亩土地，与此同时，还在同一领地诺博（Nobber）教区的布里塔斯（Brittas）与詹姆斯·沃森（James Watson）共同拥有562英亩土地（其中270英亩被归为"贫瘠土地"），这两块土地原来的主人是一名叫帕特里克·克鲁斯（Patrick Cruice）的天主教徒。[7]

加上格伦马鲁尔的500英亩荒山和萨尔内的220英亩土地，布拉德已拥有或部分拥有共计2428英亩的土地。

忽然间，凭着战争中的财富转移和国家介入后的慷慨赠予，他的确成了一位非常富有的绅士。

这一切都将在1660年君主制复辟后迎来戏剧性的变革。两年后，爱尔兰议会通过新的《安置法案》[8]，命令克伦威尔时期的移民和已复员的共和国士兵将分得的土地部分或全部归还给"旧英格兰的"保王党人士以及那些不曾参与爱尔兰共和国起义却失去财产的所谓"无辜的天主教徒"。[9]原告只需提出正式索赔，并证明他们失去的土地原属于自己即可。根据立法议员的规定，作为

第一章 攻城

补偿，新移民将在爱尔兰别处获得同等数量的土地。

每桩案件都由七人制求偿法院（seven-man Court of Claims）进行判决——审判团的七人皆由英格兰的绅士阶层选出，他们的职责是在审判过程中为新教徒答疑解惑。[10]6个月内，有5000—6000名爱尔兰人申请财产返还，短短数月，就有600桩案件经过审理，其中超过85%索赔成功，土地得到归还。索赔的洪流过后，人们发现闲置的土地几乎不足以补偿给那些刚被剥夺了土地的人。由此，计划无疾而终，纷争与怨恨的种子在本就千疮百孔的爱尔兰苦难之土上再一次扎了根。

对托马斯·布拉德而言，最直接的影响是他失去了1652年《安置法案》授予他的1426英亩土地——或者说，几乎是圆颅党议会慷慨赠予他的财产的85%。剩下的土地中，布里塔斯的270英亩注定是贫瘠无收，之前查理一世赐予的威克洛荒山也一样是不毛之地。只有萨尔内的220英亩土地能够产出勉强令他维持生计的利润。

他的财富和对大好前途的期望就这样毁于一旦。法令剥夺了他的大部分家产。有报道称，他被迫从家乡萨尔内搬至都柏林借住在苏格兰姻亲兄弟威廉·莱基（William Leckie 或 William Lackey）家中，后者是都柏林三一学院的一员，曾任米思郡的长老会牧师，当时是当地的一名教师。[11]这位房东时常滔滔不绝地直言如果能以武力恢复新教徒被剥夺的土地，他一定是此举的拥趸。

布拉德长时间一贫如洗，也许从后来一个叫多尔曼（Dolman）的都柏林屠夫提交的申诉书中可见一斑。1663年6月30日，这名屠夫向第一代奥蒙德公爵詹姆斯·巴特勒（自1661年起担任爱尔兰总督）寻求法律援助，要求要回布拉德非法侵占的一头"样貌奇特的雌雄同体的牛"。在申诉书中，布拉德被描述为一名"前军队中尉"。屠夫的申诉得到批准，想必是寻回了自己的牲畜。至于它回去时究竟是死是活，历史却保持了沉默。[12]

布拉德的财务和法律危机还不仅限于爱尔兰。他的岳父、陆军中校约翰·霍尔克罗夫特在兰开夏郡去世，于1656年4月22日在纽彻奇下葬，死前善良地将每年80英镑的收入赠予了该村的助理牧师。[13]

从家产分配的角度来看，霍尔克罗夫特可谓死不逢时，因为他的遗嘱执行人后来发现，自己面临的是一场管理的噩梦。霍尔克罗夫特在珀斯弗隆（Pursfurlong）有一处庄园，在兰开夏郡凯兹海德（Cadeshead）村也有一处名为"大小伍登丝"（Great and Little Wooldens）的家产，早在四年前，他就因这两处财产的所有权惹上了官司。这场官司起于当地另一位于1636年11月去世的权贵爱德华·卡尔韦利（Edward Calveley）的遗产、债务和遗嘱。[14] 1652年，有多位证人提供证词，证明霍尔克罗夫特在卡尔韦利境况窘迫时曾对其伸出援手，这两处财产是由霍尔克罗夫特购买而来的，为了筹集资金，他还出售了曼彻斯特道路通行税的征收权。证据显示，当时有马匹拉回了"几批数额巨大的钱币和黄金"，而且这位议会官员搬入那处房产后，"全乡人都认为他就是房产的主人"。[15] 随后发生的事情更令人心惊胆战。1657年，在奥姆斯柯克（Ormskirk）开庭的兰开夏郡仲夏季审法庭上，这位中校的遗孀玛格丽特宣誓称：

第一章 攻城

　　2月12日夜里，霍尔克罗夫特的乡绅托马斯·霍尔克罗夫特、卡尔切斯（Culcheth）的年轻绅士哈姆雷特·霍尔克罗夫特、约瑟夫·基（Joseph Key）和农夫罗伯特·德林克沃特（Robert Drinkwater），以及理查德·迪安·米尔纳（Richard Dean Milner），五人均来自霍尔克罗夫特，他们举止粗鲁强硬，携带佩剑……和其他武器，确实闯入了……报案人的家中……

　　这份文件破损严重[16]，而且很遗憾，由于文字缺漏，后人无从了解玛格丽特的长子与她亡夫家族的其他成员为何要在深夜伙同三名亲信全副武装地闯入她家。考虑到我们随后要探讨的事件，这可能多少与霍尔克罗夫特的财产分配有关。

　　布拉德的姻亲麻烦不断，他们在英格兰西北部持有的大量资产惹上了好几场官司。1660年，罗伯特·金（Robert King）就早前克里斯托弗·特伦特姆（Christopher Trentham）将其在柴郡的地产转让给霍尔克罗夫特一事对"约翰·霍尔克罗夫特的遗孀玛丽·霍尔克罗夫特"与约翰·本博（John Benbow）提起了民事诉讼。[17]雪上加霜的是，在1661年4月至5月以及6月至7月的开庭期，约翰·卡尔韦利对托马斯·霍尔克罗夫特、其母玛格丽特以及其他相关人员提起新的诉讼，并提供了证词，遭到起诉之人原本均享有霍尔克罗夫特、凯兹海德、厄韦尔（Irwell）河畔巴顿（Barton）和珀斯弗隆的庄园，以及兰开夏郡内卡尔切斯、里斯利（Risley）、阿瑟顿（Atherton）和威肖（Wigshaw）的土地。[18]正如我们即将看到的，这场旷日持久的官司逐年沉淀，陷入僵局，与所有此类案件一样，最终只有律师得到了好处。

因此，对托马斯·布拉德而言，除了他在爱尔兰的家族日渐扩大，财富却突然急剧缩水外，满心盼望着妻子能立即行使遗产继承权的事也似乎变得遥遥无期。且不说毫无希望，但他的前途暗淡无光，看来已是板上钉钉的事了。

爱尔兰遭此厄运的并不止布拉德一家，在这之中，英格兰和苏格兰的新教徒人口开始暴涨。愤怒与怨恨蔓延开来，人们强烈要求采取行动来补偿自身曾遭受的不公。

令那些异教徒们日益骚动的，还有1662年的《统一法案》（Act of Uniformity）[19]。该法案规定教堂礼拜仪式必须使用《公祷书》（Book of Common Prayer），并明令主持仪式的牧师必须由主教任命。任何拒绝宣誓效忠于该法案条款的人将面临生计不保的风险。该法案将国教圣公会（Anglican Church）信仰及其仪式和祷告形式强加于人民之上，进一步疏离了长老会以及其他反国教教派的牧师和他们的教众。

对暴力与动乱的恐惧像一场前所未有的传染病一般在爱尔兰全境蔓延。1662年10月，都柏林政府被迫下令，在12月10日前收缴未经授权的火药储备，这期间上交可获赦免。11月又发布了第二条公告，除议员与入伍士兵外，禁止任何人公开携带武器。

此外，还有一个迹象闹得人心惶惶，爱尔兰陆军军火库的武器不断丢失，显然是偷窃所致。1663年6月的库存清单列出了自9个月前最后一次盘点后丢失的大量武器：112杆现代燧石火枪丢失、848杆老式火绳枪、837条带有弹夹的子弹带、80杆骑士卡宾枪、93支长矛、80支手枪及3499把剑。尽管按正常情况看，有些武器可能是因为年代已久而遭到了迭代丢弃，也有些可

第一章 攻 城

能是送去修理了,但仍不免有人怀疑有些武器落入了那些异教造反分子手中——失窃武器数目惊人,足够组建一支装备精良的反叛军团。

也许更加令人惶惑不安的是,23门各种型号的大炮也消失不见了。同理,也许是因为这些大炮已经不再适合继续在战争中投入使用而遭到了丢弃;而剩下的火炮只有40门装备齐全,可以参战使用。[20]

1663年年初,爱尔兰的非国教信徒们写了一封信,信中内容显然意在煽动人心,引发叛变,但中途遭到拦截。据说执笔人是一名天主教徒,想要掀起一波维护天主教正统地位的狂潮,于是在信中提到要"打倒军中那些狂热的新教军官,活剥他们的皮,囚禁一些领导人物",以便让爱尔兰军队彻底遵从天主教。[21]

新教移民们认为,摆脱那些政治礼仪的桎梏,全力保卫自身利益的时候到了。1663年2月13日,爱尔兰下议院议长奥德利·默文爵士(Sir Audley Mervyn)在都柏林城堡的会客厅向奥蒙德发表了一场极富说服力且有理有据的演说。

对奥蒙德而言,默文说的话肯定听着不那么悦耳,因为其信口开河,用词粗俗,有时说的甚至是杜撰出来的无稽之谈。整整30页的演讲稿都是为了证明议员们及选民们的愤懑情绪。演讲一开始,他就急切地警告称教皇制度的存在对爱尔兰圣公会而言仍是巨大的风险:

请阁下相信,无论新近发布了什么虚妄的教条,实际结果却都只是血的教训,并非在陛下的王土上如此,凡是崇尚教皇权力的地方皆是如此。

那些青睐宗教改革的人士,在屠杀发生之前,都只是临时享有生命及时运而已。

默文随后又提及了1662年《安置法案》颁布后,人们因为土地返还问题而引起的骚动与焦躁:"我们的使命是为人民发声,若我们不为他们发声,那么他们也一定会为自己发声……现在的情况已经迫在眉睫*,这样的恐慌在新教徒的各个庄园里甚嚣尘上。"他们遭受了不公正的待遇:"法律说'爱尔兰新教徒万岁',但若执行得不到位,那我们无疑会像钉死在镌刻着荣誉的十字架上一般,受人讥诮与嘲弄。"[22]

仅仅两周过后,爱尔兰下议院议员又批准了一项动议,正式承诺他们将采取"最大限度的补救措施来预防和抑制爱尔兰新教徒们因专员们的诉讼而频频遇到或可能遇到的各种不公平待遇及巨大的麻烦",[23]进而再次向奥蒙德政府传达了他们的态度。然而,不满与抗议的危险祸根并未因为此次投票就得到抑制。

此时此刻,专员们的生命与安宁正面临着威胁,虽然解除危机看似毫无可能,但身在伦敦的查理二世仍立即伸出援手,表达了王室对此事的支持:

我们已听闻某些强横狂躁之人对你们做出了种种威胁与

---

* 此处提到汉尼拔兵临城下(Hannibal is at the gates)指的是汉尼拔率领军队翻越阿尔卑斯山的时候罗马人根本没有心理准备,所以当浩浩荡荡的迦太基大军出现在罗马的大门口时,罗马人纷纷惊呼:"汉尼拔就在门外!"(Hannibal ad portas!)后来,这句话就成了罗马的一句俗语,表示迫在眉睫。——译者注

第一章 攻 城

无礼的举动，图谋在你们执行王室指派的任务时，阻止或者至少侮辱你们。

我们将由衷地支持你们，反对一切诸如此类的冒犯，并将乐于看到你们坚守公正。[24]

无怪乎起义反叛就像是一股辛辣而浓烈的味道，悄悄传遍了都柏林的大街小巷。当月，总督向查理二世发出警告，称爱尔兰军队的装备严重不足，所以他无法预测起义究竟有多大胜算：

> 在下切盼此次大众的不满情绪不会引发任何动荡，但若真有动荡发生，如今军队装备严重不足，也难以镇压起义，并且国库已经没有军费或令军队团结一心的资金可供支取了……
>
> 我们若是无法令军队上下团结，几个亡命之徒就足以引起一场骚乱，而且无人能够预知这样的骚乱将终于何处。[25]

奥蒙德一直等到3月9日才对爱尔兰议员们的决议做出正式回应。他直截了当地指责他们引发了极其严重的"全民不安"，以至于许多在英格兰出生的新教徒"吓得以极低的价格出售了自己的土地，转手了自己的生意，或是在十分不利的条款下与产权出让人达成了协议"。[26]

奥蒙德在发出警告之时，也意识到一场图谋发动政变的阴谋正在都柏林悄然展开。3月4日，他收到菲利普·阿尔登（Philip Alden）的来信，此人是一名行踪可疑的律师，亦是财产遭到没收的交易商，还是斯图亚特王朝复辟后为了保命而出逃瑞士的前议会军将军、弑君者埃德蒙·拉德洛（Edmund Ludlow）的知名间谍。[27]1662年年初，阿尔登还曾受雇于一位军官，即爱德华·弗农上校（Colonel Edward Vernon），担任他的双重间谍，监视爱尔兰那些不信奉英国国教的"宗教狂热分子"如何行动。现在，是时候证明他的本事了。

他在"联络人"弗农远在伦敦时，直接将写给总督的便条加密后寄了出去，信中粗略告知了他一场针对爱尔兰政府的政治阴谋，还说有些爱尔兰议员也牵涉其中。[28]奥蒙德立即予以回复，强烈要求了解"谁是这场都柏林城堡夺取计划的主谋"。[29]

据阿尔登所言，1662年年初，成立了一个由"爱尔兰议会多数成员组成的秘密委员会"，以此为标志，阴谋进入筹划阶段，委员会每天都在都柏林开会，图谋推翻奥蒙德政府，并使"英格兰、苏格兰和爱尔兰卷入一场新的内战"。[30]同日，一个名叫詹金·霍普金斯（Jenkin Hopkins）的士兵提供的消息也证实了这一阴谋。据称，有位蒂雷中尉（Lieutenant Turet）向其打听过如何加入起义。这些消息的真实性后来又因为在达勒姆（Durham）同时进行的一场阴谋被及时发现而进一步得到了证实，但那场阴谋的主谋保罗·霍布森（Paul Hobson）却早已溜之大吉。[31]

都柏林城堡的夺取战原定于3月9日或10日进行，但密谋者们却将日期提前至3月5日的星期四——就在阿尔登向奥蒙德揭发阴谋后的24小时，因为城堡主理官约翰·史蒂文斯爵士（Sir John Stevens）会在当日执勤。他怡然自得，浑然不知卫戍区内竟有逆贼。参与密谋的有1名中士和50名二等兵，他们"利用了仓库管

第一章 攻 城

理人之子的愚蠢,从仓库中"获取了装备与弹药,"决定从外门实施攻击"。[32] 奥蒙德则匆忙组织效忠于他的军队,打算阻挠这场突袭,但密谋分子们早已闻风而逃。

两天后,奥蒙德致信海德大法官(Chancellor Hyde),讲述了发现这场意图突袭都柏林城堡的阴谋的前因后果。他懊悔地承认"这伙人的邪恶程度不亚于世界上其他地方的任何人,他们对政府的愤怒在所难免,我不敢吹嘘有十足的把握能控制住局面。我已无力使他们回归良善并阻止他们作恶"。[33] 同一天,他又致信(已于去年被查理二世任命为国务大臣的)亨利·贝内特,申明自己已在深入调查一场企图攻占都柏林城堡并在城堡中俘获奥蒙德本人的阴谋。

他已发现"若论幕后操纵者,无人能比得上那位吹嘘自己曾经处决过上一任君主的威廉·休利特上尉(Captain William Hewlett)"。[34] 奥蒙德补充道:"这群人显然是从爱尔兰下议院那儿得到了勇气,他们若是不做出改变,克制一些,那我将即刻利用手中职权分离他们,也许是暂时休会,也许是永远解散。他们若是被打散,可能会比聚在一起能少制造些麻烦。"[35] 受到惩戒的爱尔兰下议院至少及时从冲突中抽了身。3月11日,他们以一段略带几分畏缩情绪的简短答复回应了奥蒙德辛辣的言辞:

若是吾辈的请愿之举被理解成对君主存有二心,那必定是一场误会。

吾辈唯愿向您与安置专员提出一些尚需考量的因素,以便您就此做出决定。

下议院相信您在确立新教、维护英格兰利益上劳苦功高。吾辈从未意欲以自身诉求侵犯阁下大权,切盼日前图谋攻占城堡之人尽快得到应有的惩罚。

信的末尾,他们承诺将坚决协助"打击所有反对王权之人"。[36]

一周后,因为"担心我们的通信被人发现",奥蒙德派人去请阿尔登,进行一场面对面的谈话,以便探听更多信息,帮助调查"这场阴谋背后的真相……但又不能破坏将来对情报的使用"。[37]

两天后,一向好嚼舌根的塞缪尔·佩皮斯(Samuel Pepys)在伦敦的圣保罗大教堂墓地旁的一家咖啡馆听说了这场阴谋:

我听闻某些心怀不满的新教徒竟曾在都柏林引起骚乱……而且那些专员似乎以为自己代表了教皇制的拥护者,自视甚高,其他人皆忍无可忍。

休利特,还有些其他人,都被抓起来匆忙处置。他们还说,那里的议员们对专员们怒不可遏,国王已经派人去解散那儿的议会。

愿上帝保佑一切顺利。[38]

与此同时,爱尔兰政府也大受打击,因为证据不足,无法将政变流产后牵连出的几名无足轻重的谋反者定罪——其中大多数曾是议会官员,现以"心怀不满的商人"身份在都柏林活动。奥蒙德对于无法揪出头目并将其处死一事十分恼怒,"突袭都柏林的阴谋查到休利特时就停滞了",他向国务大臣贝内特抱怨。"我们的调查无法继续开展,甚至没有足够的证据来给他定罪。"[39] 他向国王坦承"我们在给那些近日参与针对政府及议会的人定罪上遇到了些麻烦……昨日我就听闻,有些人散播谣言,令英格兰人相信爱尔兰人正密谋毁灭他们"。[40]

民间四处谣传埃德蒙·拉德洛也牵涉其中,若谣言属实,那他定是精明地逃脱了法网,这令奥蒙德更为光火。第一代金士顿男爵(Baron Kingston)约翰·金举报称,据传,这位弑君者一直藏身于爱尔兰

> 直到最后一周,而且本人以为,他是上次在英格兰的阴谋失算后来到此地的……
>
> 他从利默里克出发,乘坐的是一艘伪装成寻找布拉希尔小岛(Brazil)[41]的大船。该船以此作为掩护,实则在过去的两三个月里一直都在装载武器、弹药和粮食。[42]

奥蒙德仍然担忧起义会卷土重来,他如此谨慎也不无道理。4月中旬,他得知一帮人数更多、能力更强的谋反分子重新发起了意图攻占都柏林城堡的阴谋。线报来自一名被派至沃特福德(Waterford)、基尔肯尼和蒂珀雷里(Tipperary)的间谍,他在当地佯装成要招募持有不同政见的人加入叛乱,实则是政府密探。这位(由轻率大意的奥蒙德在其报告上所写的)仅以姓名大写字母缩写"P.A."为世人所知的密探指出,有两名军官参与了此次密谋,即亚历山大·史泰博(Alexander Staples)少校和华莱士上校(Colonel Wallace)。[43] 这一次,总督决定按兵不动,让这场阴谋开

花结果,然后再将密谋分子抓个现行。

总督将这出新近的阴谋上报给国王,称此次阴谋的参与者正是此前阴谋的始作俑者。他认为这是一次切实的威胁,因为"王国多处都在同时举办着异乎寻常的会议,做着准备"。[44] 作为回应,贝内特询问奥蒙德是否掌握了任何有关此次阴谋的新情报,还问他是否发现了"与英格兰和苏格兰的任何联系……若是燃起大火,这两地的易燃物件不可小觑,全靠上帝保佑了我们"。[45]

布拉德与第一次阴谋关系密切,毋庸置疑是受了他那个喋喋不休的妹夫煽动。但他到底扮演了怎样的角色,很遗憾,尚不得而知。据说,布拉德1662年一直在都柏林的前议会士兵中招兵买马,十分活跃[46],同年圣诞节,他与威廉·莱基北上阿尔斯特,在苏格兰长老会移民中煽动叛乱。在此处,一些苏格兰人承诺支持他,同意"武装起义,附议攻占城堡的计划"。[47]

他在复苏的阴谋中所发挥的作用则更为透明。尽管线人阿尔登对他的角色十分鄙夷,轻描淡写地称"布拉德中尉"只是个"他们差遣送信的探子,不像广为流传的那样是叛军头目"。[48] 但他显然不仅仅是个卑微的信差。

第二次阴谋暴露后,政府颁布公告,将"萨尔内的托马斯·布拉德"列为通缉犯名单之首。叛军印好了宣言,计划在俘获奥蒙德、攻占城堡之后四处分发,据说,布拉德正是这份宣言的作者。[49] 案件审讯时,对此次叛乱有诸多记述,他的地位在其中赫然显现,因为他原本要担任这次攻城之役的领导人,据一位告密者称,他还声称自己已经花了"9个月的时间"策划这场政变。[50] 随后的那些年,光是提及他的名字,便足以令爱尔兰与英格兰政府脊背发凉，惶惶不可终日了。

弗农向贝内特解释道，尽管总督已经"在上次那场小阴谋的萌芽时就立刻将其扼杀了，但现在又有一场阴谋潜滋暗长，（如果它真的破土而出），他更有信心在它完全成熟时一举拿下，这事儿很快就要发生了"。此次密谋的核心人物是一个叫史蒂芬·查诺克（Stephen Charnock）的人，他曾是亨利·克伦威尔的随军牧师，后者自1657年起担任了两年的爱尔兰议会副总督。弗农说，查诺克

> 作风隐秘，在驻足地极为低调，最好在他出门或回家时加紧盯防，不过一定要派出做事细致小心之人，以免他发现自己受到怀疑，进而对我们的情报工作心存戒备或者多有妨碍。

政府间谍已确认，这场新的阴谋从属于一个更为野心勃勃的计划，目标是推翻君主制政体——与此同时，英格兰与苏格兰那些不信奉英国国教的激进分子们也发起了暴动。查诺克已经

> 告诉那帮暴徒（密谋者）说他们在英格兰实在受到了太多阻碍，"只有等这里或者苏格兰破冰之后"（据说即将发生），他们才能起义，他还向他们保证在银库里已经备好了2万英镑。
>
> 他提名亨利·克伦威尔作为……他们的将军，但几乎没人同意。
>
> 苏格兰的阴谋分子（密谋者）似乎倾向于建立一个新的共和国，并且尚未明确反对拉德洛做他们的……上尉。

在英格兰，弗农警告称要对那些"富有的不满者"进行密切监视，"他们手中流通的货币太多，而且我在斯塔福德郡（Staffordshire）的情报员（间谍）向我一口咬定，说他们有来自伦敦的消息，上帝已经为他们召集了相当多的同伙，多到超出了他们的预料，但那时总督认为收网的时机尚不成熟"。

> 我还能多说一些，但没加密就这样做颇不明智。投递过程中有些邮政局局长十分精明，他们实际上是叛军的情报员与官员。[51]

为了镇压起义，爱尔兰政府强制实行了新的安全措施。5月4日，行政部门的两项命令得到签署。为了暂时保证保王党军队的忠诚，第一项命令规定了军饷的支付事宜并且安排好了拖欠军饷的偿付工作。第二项命令则吩咐"将原来从都柏林及其他多个城市与城镇拿走的武器归还至陛下在这些地方的仓库"——实施这一行政措施意在补偿过去几个月被偷走的部分武器与军需品。[52]

奥蒙德志得意满，确信自己已有对付密谋者的办法。"这场阴谋成熟得非常快，传播范围也极广，但我最关心的是不让阴谋分子们发现自己已经暴露，以免他们中途停止。"5月16日，他对国王如是说。

> 我想得到可以用来惩罚其中某些人的证据与材料……这些对于王国未来的安宁与和平而言，实在是不可或缺的事物。
>
> 我毫不怀疑自己知道如何应对他们的行动与意图，我一

定能在他们试图攻占城堡时即刻抵御并捉拿他们……

总督奥蒙德向查理保证:"若不是因为通信缓慢,令我很可能无法得到您的指示,我是不会这样自作主张的。愿上帝保佑陛下与政府不受此等邪徒的侵害。"[53]

3天后,他命令卡里克弗格斯(Carrickfergus)、德里(Derry)和戈尔韦的地方长官全力搜捕密谋者,同时采取行动维护各卫戍区的忠诚与安全。[54]

事态如今已到了紧要关头。

同日,米思郡特利姆镇(Trim)议员亚历山大·杰夫森上校(Colonel Alexander Jephson)带着一个惊人的提议登门拜访了西奥菲利厄斯·琼斯爵士(Sir Theophilius Jones),后者住在都柏林以南8英里处的卢肯镇(Lucan)。琼斯在护国主执政时期曾是都柏林的一名地方长官,自1661年起担任爱尔兰男童子军团长[55],他手中已有一个案子正在等待饱受诟病的申诉法院进行审理。

杰夫森的马掉了一块马蹄铁,两人等待家附近的铁匠铺重新安上马蹄铁时,琼斯邀请这位到访者进了屋。他们在配膳室里吩咐端上一大杯麦芽酒、一瓶苹果酒和一碟肉,杰夫森边等上菜,边把手搭在了"一把很大的随身佩剑上"。

他说在此之前,他已经13年不曾佩戴这把剑了。他已立下遗嘱,把妻子和13个孩子留在身后,打算去都柏林……他和很多人已决心誓死捍卫英格兰的利益。

有人已保证把都柏林与利默里克、沃特福德及克伦梅尔(Clonmell)的众多城堡分给他们。

琼斯无疑被这意外的坦诚惊得目瞪口呆，他只能结结巴巴地说这"似乎是一项非常崇高的事业"，需要"大量的沉着思考才能实现，尤其需要好的军队和充足的资金来支持"。杰夫森向他保证，此事毫无问题。

我们不需要军队，因为北边有1.5万名苏格兰人被邓恩主教以及其他主教革出教门，他们两天内就能做好准备，他们也相信我们的军队会与其会合。

而且他们在都柏林有一座银库，足以支付奥利弗·克伦威尔时期和国王登基后拖欠的款项。

琼斯自然向他发问，这些现金从何而来。

他不知道这座银库若不是来自荷兰，那究竟从何而来，而且他还看见三四个盛放着现金的木桶被人搬进了博伊德（Boyd）先生家中，而他自己明天就能从银库中兑现500英镑。

杰夫森将所有顾忌抛到一旁，向满腹狐疑的琼斯吐露了更多的密谋细节。

都柏林有1000匹马（骑兵）……只要城堡攻下来，旗帜一竖起，亨利·英戈尔兹比爵士（Sir Ingoldesby）就会带着他们出现。

他们并不打算对任何……反对他们的人施加暴力。总督是要抓住的……但会恭敬地对待他。还有几个人要抓,杰夫森要抓的是克兰卡蒂伯爵(Earl of Clancarty)[56]和菲茨帕特里克上校。每个小分队都有自己的任务,要突袭城中所有的卫兵。

都柏林有6位戴着假发四处游走的教士,但是他们在祈祷时会摘下假发……守在街上防止出现抢夺事件或秩序混乱。

如此说来,这倒是一场高尚的叛乱。数千份宣言已经印好,只等都柏林城堡和这座城市被一举攻下,便分发出去。这些宣言将列举起义目的:维护三个王国中(已被纵容的教皇制毁坏殆尽的)"英格兰的利益";收回1659年5月7日英格兰人在爱尔兰拥有的所有地产,并以《神圣盟约》(Solemn League and Covenant)中的非国教教义来重建教会。但无人提议重建共和国。

杰夫森沉迷于自己的狂热,忘乎所以,甚至轻率地将叛军的暗号脱口而出:"捍卫国王及英格兰的利益。"

西奥菲利厄斯·琼斯爵士如何看待这份提议呢?杰夫森向他许诺,攻占都柏林后,他便会成为叛军指挥官,"麾下士兵多达2万名"。此事万无一失,他补充道:

> 他无须犯险,只需静观其变,待全部工作完成再出现即可。

上校告诉琼斯,密谋者中有两人不信任他,觉得他"作为公爵奥蒙德的走狗,实在无足轻重……但这些看法并未得到太多人的认同",其他人都是支持这位好骑士的。[57]

杰夫森回到都柏林后,四处夸耀说叛军总司令已经任命妥当,但琼斯开始担忧这些狂热的支持言论也许只是自欺欺人的错觉。他将这场煽动叛变的对话详细记录下来，正应了怀疑他的那两名密谋分子的看法，他第二天一大早就将此事对奥蒙德和盘托出。

5月20日当晚，三名非国教神父在都柏林碰头，祈求上帝保佑此次起义旗开得胜。

布拉德那时正下榻于都柏林圣帕特里克大门（St Patrick's Gate）附近的鲍拓旅店（Bottle Inn）。他跟妹夫威廉·莱基一起与两名密谋者——（伦斯特省的宪兵副司令）理查德·汤普森中尉［Lieutenant Richard Thompson（deputy provost-marshall for Leinster）］以及（曾任亨利·克伦威尔秘书簿记员的都柏林人）詹姆斯·坦纳（James Tanner）在帕特里克大街（Patrick Street）再往前些的白鹿旅店（White Hart）碰头，为政变制定最终方案。晚餐结束后，前来会合的还有杰夫森、来自特里姆选区的福特（Ford）与劳伦斯（Lawrence），还有布朗上尉（Captain Browne）。

前来这家舒适的小店参加密会的还有线人菲利普·阿尔登。

在这之前的几天，关于处死奥蒙德还是挟持他作人质的问题，密谋者们争论不休。有人坚持认为，总督"是圣公会和新教的重要赞助者"，因此应该得到宽恕。那些更心狠手辣的人则反驳称奥蒙德对国王一向忠贞不贰，而且"他在该王国和军中的势力"如此庞大，若是留他一命，他迟早会进行反扑。后者的言论胜出，密谋者们最终一致同意城堡攻下之后就处死奥蒙德。[58]

劳伦斯极力主张即刻进攻，即便他们只有10名骑兵可供差遣，与计划的120名相去甚远，更别提杰夫森早前吹嘘过的1000匹马了[59]。阿尔登后来报告说：

密谋者们（宣称且相信在该国、苏格兰和英格兰都有更多的武器、驻军和城镇）等着支援他们，他们决定事不宜迟，第二天上午就突袭都柏林城堡，然后北上与苏格兰人会师。

计划很简单。第二天早晨6点，包括都柏林鞋匠詹金斯（Jenkins）在内的6个人将伪装成请愿者从大门进入城堡，行使他们古已有之的权利，就所遭受的法律不公向总督寻求赔偿。他们将走向通往船街（Ship Street，即当时的羊街 Sheep Street）的后门，等待有人来送面包。面包师傅会将装满面包的篮子掉在地上，然后众人会在混乱中制服门口的哨兵。

紧接着，布拉德和约100名前议会军官、士兵会冲进来占领城堡并抓住奥蒙德。他显然并不打算处死这位总督。一名叫克劳福德（Crawford）的军官会率兵引开邓根南勋爵（Lord Dungannon）的军队。阿贝尔·沃伦上校（Colonel Abel Warren）的胞兄威廉·沃伦会从现由托马斯·阿姆斯特朗爵士（Sir Thomas Armstrong）指挥的特里姆骑兵营里招募一些人。[60]一旦拿下城堡及其武器库，以在最高塔升旗作为信号，叛军骑兵就会巡查市里的各个街道，消灭沿街遇上的任何效忠政府的士兵队伍。那些非国教神父则会利用他们的宗教影响力来防止都柏林发生任何抢夺事件。然后，各方力量在新教旗帜下集合，实力因此增强的叛军将北上阿尔斯特，与匆忙组建的苏格兰移民军队会师，如此这般势不可当，便可成功拿下爱尔兰政府和那些罗马天主教徒。

但密谋者们很快讨论起了更为审慎的问题。

即便是最为乐观的人，也意识到夜色逐渐消退，而他们手下能控制这座城市的兵力实在太少，守卫城门更是无从谈起。这时，两名时而帮助布拉德举行偷袭密会的女店主又与他们发生了争执，令他们更加不安。由于担心让这伙人在屋里讨论这些不得见光的事情而受到牵连，这两个强悍的老板"不断吵嚷抗议"，扬言他们要是不马上退房就"向政府揭发他们"。因为担心第二天偷袭出师不利，密谋者们的谨慎压过了自信，那个周三晚上9点左右，他们决定，政变推迟至下一周会更妥当。他们预计那时会有500名骑兵抵达都柏林助他们一臂之力。[61]

11点，阿尔登提醒弗农上校计划有变。[62]消息得到确认后，第二天凌晨4点总督就从他在都柏林城堡里的豪华住处被人叫醒了。

奥蒙德决定不再冒险，即刻对密谋者发起了突袭。

第二章

逃之夭夭

> 有个名叫布拉德的逃犯最近因为这出邪恶的阴谋而变得恶名昭彰……此人有一座小屋,在邓博因还有一块每年可以赚取 100 英镑收入的土地……现已被国王陛下没收。我请求陛下将这些都赐给我;约克公爵与夫人以及巴斯伯爵(Earl of Bath)会为我美言的。
>
> ——吉尔伯特·塔尔博特(Gilbert Talbot)于 1663 年 6 月 13 日致信约瑟夫·威廉森(Joseph Williamson)[1]

爱尔兰总督下令在清早实施突袭行动,抓获了 24 名叛乱嫌疑人。一方面,军队在都柏林的酒馆和旅店继续挨家挨户地疯狂搜捕阴谋分子,另一方面,那些已经落网的罪犯则在重兵看守下戴着镣铐被一路押解到都柏林城堡准备接受审讯——具有讽刺意味的是,该城堡正是这些阴谋分子想要攻占的目标。在这些面色凝重的羁押人犯中,有一个是替政府效力的狡猾线人菲利普·阿尔登。之所以把他缉拿归案,到底是因为某个急功近利的官员抓人抓红了眼，还是间谍头目内德·弗农（Ned Vernon）为了保护他的卧底身份而采取的权宜之计呢？

在都柏林城堡西南边的伯明翰塔（Bermingham Tower）[2]关押着6名曾经当过军官的阴谋分子：口若悬河且举止轻率的爱尔兰议员亚历山大·杰夫森以及他的两个曾在亨利·克伦威尔麾下服役的兄弟爱德华·沃伦上校与托马斯·斯科特上校（Colonel Thomas Scott）；约翰·钱伯斯上尉（Captain John Chambers）、西奥菲利厄斯·桑福德（Theophilus Sandford）以及理查德·汤普森中尉。还有6名囚徒参加过议会军的骑兵营：都柏林的托马斯·鲍尔（Ball）、罗伯特·戴维斯（Robert Davies）、约翰·比德尔（John Biddell）、约翰·斯马伦（John Smullen）、约翰·格里芬（John Griffin）和威廉·布拉福德（William Bradford）。两名非国教牧师——布拉德的妹夫威廉·莱基与爱德华·贝恩斯（Edward Baines），其中一位曾是都柏林圣帕特里克大教堂（St Patrick's Cathedral）的教士，另一位是亨利·克伦威尔的神父。[3]剩下的犯人则是一些更加微不足道的小人物，包括前任德罗赫达总督之子约翰·福克（Foulke）、客栈老板安德鲁·斯特奇斯（Andrew Sturges），以及为了保命便如实坦白交代罪行的詹姆斯·坦纳（James Tanner）。

那天上午缴获的证物包括了很多份反叛分子的宣言书副本，其中一份显然出自布拉德粗糙而凌乱的笔迹。里面明确叙述了新教徒被逐出家园之后的悲惨处境：

新教徒们一直盼望可以获得……我们的生存权、信仰自由和财产权,以此作为大家兢兢业业地效忠陛下,令其得以在王国内恢复王权的合理补偿。然而,我们却发现自己及妻儿非但没有得到怜悯,反而沦为野蛮且血腥的谋杀的牺牲品,据统计,从这个王国卷入战争伊始,已有15万新教徒付出了血的代价。[4]

国王声称此宣言"令他受到了一些心怀不轨的议员唆使",对这件事的解决办法是让"这些悲惨的天主教徒"优先得到王室的怜悯,在他们曾被没收的土地上定居安家。此外,奥蒙德承认"自己与宣言中提到的几名凶手确有联系,他在申诉法院中代表这几人提出的证明便可体现出他与这些人的关系"。

> 我们可以毫不怀疑地得出结论……我们被恶毒对待是既成事实,在它被彻底清除之前……我们必须站起来捍卫正义,努力做出必要的反抗,实现自我保护……
> 最终,三大王国中所有头脑清醒的新教徒都将勇于与我们站在一起,他们也将加入这场正义的战斗。我们宣布,要出于良心,为所有人的自由而战,如当初基督徒建立新教时一样目的纯粹,根据《神圣盟约》[5]的规定,我们呼吁恢复每个人自1659年起取得的合法土地,同时立即兑现军队拖欠的军饷。

宣言的末尾以挑衅的口吻写道:"有关这一切,毫无疑问万军之耶和华(Lord of Hosts)、雅各的神(God of Jacob)定会助我们一臂之力。"[6]在爱尔兰首都几处固定地点存放的反叛者声明手抄本已经被人撕毁，有人用撕下来的一页纸草草对这场阴谋进行了简单叙述，还记下了几位主谋的姓名。被记下来的这些人中，有的已被缉拿归案，有的仍然在逃。布拉德就是逃过抓捕的主谋之一，名单上记录着"布拉德上尉"，显然他那时在保王党军队中还没晋升到更高一级的军衔。[7]

5月23日，爱尔兰总督向贝内特汇报了镇压起义的准备情况：

> 我已做足准备工作，随时可以应对叛乱者原本定于本月21号对都柏林城堡发动的袭击，我想，这些阴谋分子应该是掉进了他们自己设下的圈套。
>
> 但他们可能已经想到自己被人发现，害怕夜长梦多，所以等不到第二天早晨便在星期三晚上9点就准备执行他们的计划。
>
> 如此一来，抓捕行动变得势在必行，我们已经抓到一些人，当然，我们还要将更多人缉拿归案。[8]

在接下来的几天几夜里，奥蒙德亲自对羁押人员进行了多次审讯，由他非常"信赖的秘书"保罗·戴维斯爵士负责协助审理，奥蒙德有时还让自己的顾问团提出一些更加具体的问题。[9]审讯过后，总督暗地里认为那些囚犯可能会"为了自保而不惜指控他人"，既然我们要根据法律向法官及陪审团呈交令人信服的证据，"不妨让一些阴谋分子就范"。[10]

一番熟练且粗暴的审讯过后，有人交代了这场阴谋的实施规模，弗农警告伦敦的约瑟·威廉森爵士称"许多大人物都牵涉其

第二章 逃之夭夭

中"。[11] 来自米思郡牛顿（Newton）的退伍老兵亚瑟·福布斯爵士（Sir Arthur Forbes）汇报了一场人尽皆知的迫在眉睫的起义行动："有理由怀疑有一桩意图颠覆国家的突发阴谋。涉事者大都是当地人，似乎明白当前的困境。"[12]

这次失败政变的余波未尽，嗜金之徒就像秃鹫一般开始盯上了被控谋反人员家里的物资和地产。这些财产现在很可能已被收归国有，待日后赏赐给深受王室青睐的那些幸运儿。

第一个打算先下手为强的是第三代昂吉尔男爵弗朗西斯·昂吉尔（Francis Aungier），他同时还是苏塞克斯郡（Sussex）阿伦德尔（Arundel）的议员以及韦斯特米思（Westmeath）和朗福德（Longford）的执政长官。[13] 此人于5月23日致信贝内特时在附言里称自己见过一份入狱嫌犯的名单，里面提到了亚历山大·史泰博少校。"他在蒂龙（Tyrone）有一处每年可以赚取500英镑的地产，非常值得收入囊中。赶快行动，事不宜迟。"昂吉尔这样提醒着身在白厅的国务大臣。[14]

申诉法院里招人鄙视的专员温斯顿·丘吉尔（Winston Churchill）[15] 也同样发现了这个千载难逢的好机会。第二天，他也致信贝内特，先是假装自己对这批充公的财物不感兴趣，而后，便恬不知耻地罗列出各种理由要求论功行赏。

> 但是，鉴于我所履行的职责，我不畏危险比其他专员做了更多工作，成功粉碎了这桩阴谋，我认为，自己理应与别人拿到一样多的报酬。
>
> 在这20余名即将宣叛的乱臣贼子中……有一位阿贝

尔·沃伦，此人新近得到了一块每年可以赚取四五百英镑的土地，但是，实施报复性掠夺前，我们无权得到这份地产。

如果国王想拿这片产业进行封赏，我应该有办法把它从《安置法案》的限制范围内剔除……

我们的差事究竟多么"枯燥"，这一点我无须多言，终日喧嚣吵闹却毫无油水可捞。我只想尽心尽力地替国王陛下办事而已。[16]

然而，那些想从被捕的阴谋分子手中攫取利益的人可能全都要大失所望了，因为爱尔兰总督建议国王查理二世暂缓"处置这些罪犯的财产，应该把它们留给国王自行使用，同时还可用于奖励那些揭露这一阴谋的有功之人"。[17]

但这并不能扼制吉尔伯特·塔尔博特爵士赤裸裸的贪婪本性。几周后，他对威廉森无耻地说：

抱歉对阁下多有叨扰，但是陛下在我离开时曾经许下承诺，如果我能找到可以用来封赏的不太值钱的产业，他便会将其赐给我。

有个名叫布拉德的逃犯最近因为这桩邪恶的阴谋而变得恶名昭彰，此人有一座小屋，在邓博因还有一块先祖留下的每年可以赚得100英镑的男爵领……现已被国王陛下没收。

我请求陛下把这些都赐给我。约克公爵与夫人以及巴斯伯爵会为我美言的。

他在信末还自信地说:"相信阁下也一定会助我一臂之力。"[18]

为了防止议员们煽动任何形式的反叛,进而动摇他在爱尔兰王国的统治地位,奥蒙德当即安排爱尔兰议会一直休会到 7 月 20 日。此外,他还发表声明称爱尔兰的法律和秩序依然在他的牢牢管控之下。声明指出:某些邪恶的狂热分子以及不忠的谋逆之徒对陛下公正仁慈的政府多有不满,密谋在爱尔兰引起骚动。

> 尤其是想攻击国王陛下的都柏林城堡,抓住我们的爱尔兰总督,进而继续实施他们的邪恶阴谋,还可能在这片国土上再次引发血腥的骚乱,让邪恶充斥王土,迫害国王陛下的所有子民……他们都是君主制复兴后刚刚获释之人……这些可恶的阴谋分子尽是疯狂且不忠不孝的亡命之徒,他们不惜破坏他人的财物来改善自己的生活……
>
> 经过深思熟虑,为了让所有忠厚的百姓能够安心,我们责成……诸位行省的执政官、市长、治安官和治安法官在各自的直辖范围内拘捕并囚禁所有参与了这场阴谋的恶徒。[19]

奥蒙德尚不明确军队是否忠诚就贸然调遣他们去镇压可能发生的叛乱,这其中肯定蕴含着巨大的风险。弗农坦率承认说奉命围捕阴谋分子的士兵"并非绝对清白之人",但也只能相信这些曾经一直替国王效力却与这场阴谋牵扯不清的军官们,除此之外别无他法。[20]

因为担心哗变,奥蒙德在第二天又发布了一份公告,命令军官要全部到岗履行自己的职责,之前取得了离岗许可的军官也不例外……这样一来可能就万无一失了，因为军官们不会以身犯险，对此提出异议。[21] 一向为人更加耿直的弗农明白当前"赤裸裸的事实"，在爱尔兰可以调动的军队只有四支骑兵营，还有六支派出去围捕嫌犯的马上部队，"但是恕我直言，如果他们受到敌人攻击，便会掉转矛头向我们的士兵发难"。

> 我承认，在彻底捣毁这出阴谋前，王国内肯定动荡不安，但是我们的阿伦（Arran）大人率领着兵团，外加上几支老资历的骑兵营部队及审慎的政府定会保护我们的周全，让英格兰与爱尔兰彼此之间达成平衡。

弗农转而想到替他效劳的间谍阿尔登的命运：

> 我的朋友可以给我们提供优质的服务，我要尽力保护他。他现在正身陷囹圄，如果我能用些办法让他越狱后逃到英格兰去，那里就没什么能妨碍他开展间谍监视工作了。[22]

显然，许多主要阴谋分子成功逃脱了追捕，他们在抓捕前就悄悄离开了都柏林。奥雷里伯爵兼芒斯特省军事长官罗杰·波义耳对奥蒙德采取的策略嗤之以鼻，还特意强调了自己在挫败这场阴谋时的功劳。他于5月23日致信国王时用尖锐的措辞称自己在5月8日就获悉了这起阴谋，而且还

> 连夜给爱尔兰总督写了封急信，向他详细叙述了这桩阴

第二章 逃之夭夭

谋，告诉他这些密谋者在都柏林的会面地点以及谁是牵头人，他们雇谁潜入了苏格兰，又派谁潜入了爱尔兰北部，还有就是他们打算快速突袭都柏林城堡及都柏林市，意图推翻政权，攻击人民。

我建议立即抓捕主要的狂热分子，防止他们的阴谋得逞，我相信，这么邪恶的事肯定有很多人参与其中，单凭一己之力是无法实现的。

我还考虑到……军队的军饷迟迟未发……士兵们衣不蔽体……王国内几乎没有安定的地方……燎原之火一经点燃……没人知道会蔓延到什么程度。

总督大人却更愿意相信这些阴谋分子会作茧自缚，竟然自信地认为我们可以在叛乱发生后再采取行动进行镇压。

于是，我欣然接受了他的观点，并且把我收到的消息继续告知于他。

而后，奥雷里在爱尔兰南部极力逮捕了最暴戾的长老会成员、无教派人士（Independent）、再洗礼派[23]成员以及贵格会（Quaker）成员。他说这些人都是在都柏林抓到的，若不防患于未然，当机立断地采取抓捕行动，这些人早晚会与他们兵戎相见。当然，他说这话时或多或少有些吹嘘的成分。诡谲的奥雷里为了挖苦奥蒙德，还补充说：

恕我愚见，像这类事情，万万怠慢不得，应该当机立断，阻止叛乱比镇压造反要容易得多……

有一位布朗上尉，篡夺了利物浦的行政官职务，此人身在都柏林，与英格兰及爱尔兰的狂热分子都保持着联系。我已将此人的地址告知总督大人，如果能起获此人的文件，可能会有更多发现。[24]

5 月 23 日，奥蒙德及爱尔兰立法委员会又发布了一道公告，悬赏 100 英镑（相当于现在的 1.25 万英镑）捉拿政府通缉的 13 名阴谋分子。

托马斯·布拉德位列通缉名单之首。

这份冗长而啰唆的公告写道："得蒙上帝保佑，政府发现并破获了一起叛国阴谋。"虽然很多阴谋分子已被捉拿归案，却仍有一些不法之徒至今逍遥法外，他们是米斯郡邓博因附近萨尔内的托马斯·布拉德上尉，丹尼尔·阿博特（Colonel Daniel Abbot）上校，阿贝尔·沃伦少校，最近在邓恩郡玛格拉里（Magherally in Co. Down）假扮神父的安德鲁·麦考马克（McCormack），牧师罗伯特·钱伯斯，通常被称作吉比·卡尔（Gibby Carr）的吉尔伯特·卡尔上校，劳斯郡阿迪（Ardee, Co. Louth）的乡绅约翰·福克（John Fooke），劳斯郡阿迪的约翰·鲁克斯顿中尉（Lieutenant John Ruxton），都柏林郡斯蒂洛根（Stillorgan, Co. Dublin）的亨利·琼斯中校，德拉·洛克（Lieutenant De la Rock）中尉，德里的亚历山大·史泰博中校，以及最近被戈尔韦和阿斯隆（Athlone）两地驻军开除的威廉·穆尔（Lieutenant Colonel William Moore）上校。

第二章 逃之夭夭

> 我们因此以陛下的名义发布这一公告，责令上述所有人犯在公告发布后8至40小时内……向国王陛下的枢密院（Privy Council）或者治安法官自首并交出同伙。
>
> 由此，如果拒不服从这一公告，我们将公开宣布他们是忤逆陛下、蔑视王权及王室的乱臣贼子，应该遭到陛下的所有良善臣民的唾弃。[25]

如果没有叛徒投降，凡是6月24日前可以将其中一名阴谋分子交到治安官手中的人，便可得到这笔丰厚的报酬。而那些包庇犯罪分子或未能将他们交给治安法官的人，将被视作"反对王权的乱臣贼子"，进而一并论处。定要让布拉德及其同伙受到法律的威严与效力的震慑。

奥蒙德正忙着在爱尔兰境内彻底捣毁这起阴谋，想要将其连根拔除。他警告德里的戈杰斯上校（Colonel Gorges）称，攻占都柏林计划失败后，其他地方的阴谋很可能随之搁置。然而，难免有些人会因此被逼上绝路……所以建议你保持高度警惕。可以肯定的是，他们在德里可以通过史泰伯从曾经服役的驻军中获得一些情报。"[26]

奥雷里一面尽职尽责地命令他的官员和驻军指挥官们全力缉捕参与这场"可怕阴谋"的逃犯，一面慷慨地酬谢了那些辛苦出力抓住这些匪徒的人。

> 我已找到叛徒们的密使，他想让士兵们相信那些最为虚假无耻的谎言，腐蚀他们的思想，让他们倒戈加入叛党行列。

但是忠诚正直的士兵们却向我揭发了这个骗子。我便立即将他逮捕后关进了大牢，好让他得到应有的惩罚……

那些检举揭发这名恶徒的忠诚士兵都得到了奖赏，我还将第一个揭发的士兵提升为下士，由此，他们可以看出，当一名良善的臣民比成为一个无赖暴徒要强得多。[27]

恐怖的气氛现在笼罩着整个爱尔兰，不论是逃犯还是追捕者都不能完全肯定别人心里到底盘算着什么。各种谣言和指控就像秋季的枯叶一样漫天纷飞，愈演愈烈。

都柏林的罗伯特·格林（Robert Green）告诉詹姆斯·沃尔什上校（Colonel James Walsh）说"各地都充斥着乔装打扮之人"，晚上还有一场可疑的集会[28]，邓恩郡洛克布里克兰德（Loughbrickland）的约翰·汤普森还汇报了一起胆大妄为的爱尔兰投机行动。"在这里，许多不守规矩的人借机开始做坏事，他们在晚上借着抓捕阴谋分子的名义打家劫舍。"[29]听说有人在调查这场阴谋时提到了自己的名字，可怜的托马斯·巴林顿（Major Thomas Barrington）少校连忙在5月22日可怜兮兮地给爱尔兰国务大臣乔治·莱恩爵士（Sir George Lane）写了封信。他现在"随时都会遭到抓捕，但他不在乎这些"，如果能在卫兵的保护下安全押解，他愿意即刻动身前往都柏林城堡替自己澄清。[30]

奥蒙德依然担心一些密谋者会逃跑，于是在5月30日签署了一项迁居特许令，为了"加强都柏林城的安全性"，将那些家里可以俯瞰城市码头的都柏林市民都迁走与士兵们同住在一起。[31]

粉碎阴谋9天后，奥蒙德向查理二世报告称这场阴谋可能会

第二章 逃之夭夭

死灰复燃,"除非我们让他们知道我们已经准备就绪,随时可以摧毁一切阴谋,彻底打败这些阴谋制造者"。

然而,只有军队得到了足够的军饷,我们才能大举进攻,前往骚乱爆发的任何地方将其彻底歼灭。

我发现阴谋分子在很大程度上利用的是陛下宫廷和议会中的分裂状态,除非我们能彻底抑制这些分裂现象,否则他们还会故伎重演,策划出新的阴谋。

我要随此信附上一封我拦截到的信件,发件人的姓名目前尚不清楚。信中提到说吉比·卡尔最近来过这里,而且他还是这场阴谋的主谋之一,据说此人在苏格兰也是个不安定因素。[32]

爱尔兰总督承认,尽管又抓到一些逃犯,"但是为了得到用来指控这些阴谋分子的充分证据,只能做出牺牲,赦免一部分人,好让他们转为污点证人对另外一些人进行指控。因此,我要挑出那些能够揭发出最多情报且最值得赦免的囚犯"。[33]

同日,弗农得意扬扬地宣布缉拿归案的阴谋分子说出了实情,说这场阴谋……完全是由长老会策划的,而且在专员们决定收回土地前就已酝酿多时:

主犯布拉德以及吉比·卡尔上校肯定……已经逃到了苏格兰。

我认为,应该注意一下亨利·克伦威尔,许多叛贼都称他为将军,他自己的牧师查诺克暗中来到此地,建议他告诉大家这些叛贼说他们已在英格兰准备了2万英镑现金，如果他们的阴谋能够得逞，（王室海军）舰队就会叛变。

不久之后，我就能将真相告诉您，因为我的朋友阿尔登……已经凭借自己的执着努力通过了试炼，在这群阴谋分子中逐渐取得了信任。[34]

与此同时，令审问官们颇为喜悦的是，5月21日抓捕的一名囚犯做了一个实在的决定，打算把他所知道的一切和盘托出。詹姆斯·坦纳被带到奥蒙德面前，做了一番冗长且细致的陈述。他毫不犹豫地供出了同谋者，托马斯·布拉德的名字显得尤为扎眼。早在4月，他声称布拉德曾骄傲地炫耀过史蒂芬·查诺克给他写的一封信，说亨利·克伦威尔要发动一场政变。

不久后，查诺克就从英格兰来到都柏林，寄住在城堡街（Castle Street）的手套商菲利普斯（Phillips）先生家中。坦纳在那里与他进行了会面，一同出席的还有布拉德以及陆军中校亚历山大·史泰博。

> 布拉德告诉这位证人说他与罗伯特·沙普科特上校（Colonel Robert Shapcott）谈过此事，后者劝他为了安全保密起见，每次只能将这一计划告诉一人。布拉德还说亚历山大·巴林顿上校也参与了这场阴谋。

审讯官们向坦纳出示了一份密谋者的宣言书，他马上认出了布拉德的笔迹，"因为他非常熟悉布拉德的字迹"。

第二章 逃之夭夭

布拉德曾告诉他说"攻占城堡的计划已经推迟到 5 月 21 日了,因为要等阿贝尔·沃伦上校抵达都柏林后才能动手"。布拉德还异常轻率地自夸说约翰·钱伯斯上尉要在劳斯郡集结军队,用来支援"福克带到这里的叛军队伍,至于福克的教名是什么,坦纳就不得而知了"。

钱伯斯告诉他说苏格兰神父麦考马克最近来到都柏林,乔装打扮后要去查看阴谋已经筹备到什么程度了,他已潜入爱尔兰北部,大家都盼着 5 月 21 日前的那个星期二能收到他的回信……

史泰博中校从都柏林出发时告诉证人说他要去对付定居在阿尔斯特的苏格兰人,让他们一起协助完成攻占城堡的计划,还说他打算攻占北爱尔兰的德里郡。

此后,坦纳从史泰博那里听说有个人急匆匆地过来找他,他打算派此人到纽里(Newry)去送信,一旦听到攻克城堡的消息,他们便会在北方采取行动攻占土地。

坦纳不认识吉尔伯特或吉比·卡尔上校,但是布拉德却告诉他说爱尔兰总督曾派骑兵去布拉德家中搜捕过卡尔……为了实施这场阴谋,此人现在正在北部地区招兵买马。[35]

奥蒙德在坦纳供出的长达 5 页的人名单中看到了一个熟悉的名字——此人曾给他带来过许多困扰。他告诉贝内特说这出阴谋的主要策划者都是爱尔兰下议院成员,一些人现已被缉捕归案。"其中有一名叫沙普科特的律师,在下议院的地位颇为显赫,此人具有大胆的煽动精神，如果让他与下议院成员见了面，可能我们还没准备好诉讼程序，那些人就已经开始为他请愿了。我不知道上诉情况将会如何，但我们一定要为此反对议会会议的召开。"[36] 因此，爱尔兰议会的会议被推迟到8月25日，后来又再度推迟到10月1日。

这对奥蒙德来说的确是明智之举，尽管已经缉拿并关押了将近50人，但爱尔兰依然动荡不安。尼古拉斯·阿莫尔爵士（Sir Nicholas Armorer）告诉约瑟·威廉森："监狱里全是流氓恶棍，大部分都应该被绞死。现在是时候要打击打击他们了。"[37] 托马斯·克拉吉斯爵士（Sir Thomas Clarges）留意到"王国陷入了巨大的骚乱。老派和新派的英格兰新教徒都固执地坚持着各自的宗教信仰，对爱尔兰人抱有强烈的不满……如何在王国内维持安定团结是查理二世政府要解决的最为棘手的问题之一"。[38] 内德·弗农承认"爱尔兰人对待英格兰侨民过于傲慢无礼，造成了他们的极大不满。[39]

爱尔兰总督得知陛下对他的战术和行动非常认可，感到很高兴。贝内特告诉他说查理二世让他就信中关于如何发现阴谋的具体细节念了两遍，还同意赦免那些愿意提供证据用来加速处决几名匪首的阴谋参与者。总体而言，国王对奥蒙德在粉碎这场阴谋过程中的坚持以及付出的努力表示了肯定。[40] 他给白厅回信感谢国王的赏识，还承诺说："我们不能耽误时间，要马上审理在押人犯，同时起诉那些逃犯，但是律师团告诉我组织证据时一定要格外谨慎，因为任何纰漏都将造成严重的后果，犯人们彼此都非常熟识，不会提供任何对他们自身不利的信息。"[41]

第二章 逃之夭夭

他还敦促了抓捕史蒂芬·查诺克的相关事宜。根据詹姆斯·坦纳的情报,此人已经用"克拉克"这个假名从切斯特逃到了伦敦。此时,坦纳已经得到王室赦免,受雇成为政府线人。这名"假扮的牧师……参与了最近这出阴谋",他到达英格兰后,

> 在这场阴谋的筹划阶段,从那里写了一封信说如果计划能够顺利进行,就会有人立刻前来这里"给文书盖封印"(信中没有提及到底是谁,但是其中一个叫托马斯·布拉德的人认为……此人正是亨利·克伦威尔),布拉德认为此人应该是团伙中的首领或是政变的头目。
>
> 查诺克投宿在文具商罗伯特·利特尔伯里(Robert Littlebury)家中,从那里可以看到伦敦小不列颠(Little Britain)[42]的独角兽酒馆,如果查诺克不在那里,可以向利特尔伯里打听他的下落。
>
> 绝对有必要找到并逮捕此人……[43]

坦纳一向态度非常配合,他透露说写给查诺克的信都要寄到利特尔伯里,在地址栏还要写上字母"C",好让牧师查诺克知道寄件人是都柏林的同党。他警告乔治·莱恩说:"您得悄悄过去,不然很难见到查诺克。"坦纳本人也给查诺克写过一封信。[44]

几天后,转为污点证人的坦纳又证明了他的价值。他给另一个主谋史泰博上校写了封信,敦促他赶快来自首。"然后坦白交代自己所知的有关这次阴谋的全部事实。证据已经相当明显了,"他警告史泰博说,"法律会把我们所有人都置于死地,但是奥蒙德公

爵想要赦免我们。"[45]

爱尔兰的抓捕行动还在继续，都柏林城堡里现已被70名犯人挤得满满当当，因此，政府需要另找个地方安置这些羁押犯。最终，政府买下普劳德福特城堡（Proudfoot's Castle）19年的租赁期，将这座位于利菲河（River Liffey）河畔城市码头围墙旁边的四层方形塔楼改成了一座新监狱。[46]

奥蒙德仍然担心这些阴谋分子是否能被成功定罪，于是在5月至6月期间，曾就法律要点问题找下榻于都柏林野猪头客栈（Boar's Head）的帕特里克·达西（Patrick Darcy）进行过多次商议。[48]总督称，身为爱尔兰王座法庭（King's Bench）首席法官的第一代桑特里男爵（Baron Santry）詹姆斯·巴里爵士（Sir James Barry）[49]"为人正直且精通律师业务，他认为应该专设委员会对这些犯人进行审理……我已命他与其他大法官及国王的谋士进行商议，好确定一种最容易且最快捷的诉讼方式"。[50]奥蒙德后来承认说在决定"立即起诉的这些密谋者时，他驳回了法官们的一些顾虑"。[51]

弗农对赢得成功所需用到的法律手段具有坚定的信念。他写信给威廉森时流露出十足的信心，不仅因为检察官已经拿到了起诉案件主谋的充足证据，他们还可以有效利用现成的刑法：

> 亨利七世执政第十年时颁布过一项绝佳的法令。[52]虽然该法令只有十行，却简洁明了地指出，凡是阴谋反对爱尔兰总督或副总督，抑或是挑起爱尔兰人对英格兰人的敌对冲突者，都应按照谋逆罪论处，反之亦然。

第二章 逃之夭夭

很明显,我们所面对的危险来自两股反叛势力,我就快取得成功了。

虽然我在尽心竭力地为陛下效忠,但我自己的家人也需要我。您品尝着英格兰的美食,而我却只能吃到三叶苜蓿。[53]

为了进一步抑制长老会引起的骚乱,奥蒙德和爱尔兰议会在 6 月 16 日签署了一份声明,指出:"凡是涉嫌参与最近这场阴谋亦抑或是通过布道蛊惑他人反对国王陛下在教会及民间权威的神父或假扮的神父,爱尔兰总督都要对其进行抓捕。"[54] 他还签署命令收缴那些未经授权的枪支,下令在都柏林市和县镇进行搜查。收缴的武器应该存放在安全的地方,如有任何人拒不交出武器者,"将被视为对国王不忠,从而受到相应的指控"。[55]

罗伯特·沙普科特中校也在爱尔兰落网了。查理二世亲自写信给奥蒙德要求他将囚犯送到伦敦接受御前审讯或者让枢密院指定的人员进行审讯,从而得到更有效的指控证据。国王下令:"责成你把他送到这边进行羁押,看看他在看守官在场的情况下有没有什么要交代的。"[56]

监狱新抓来一名囚犯,却也放走了一名。由于弗农的幕后操作,几天后,菲利普·阿尔登设法爬过铁窗,从都柏林城堡逃了出来。在外界看来,这起令人不安的越狱事件似乎是狱卒的疏忽或者安防方面的松懈所致;事实上,奥蒙德也确实指责了城堡警察的"过失"。内德·弗农则继续装作不清楚个中缘由,并于 6 月 19 日给国务大臣威廉森写了一封语气随意的信:

此信是为了告诉您,那个臭名昭著的恶棍阿尔登越狱逃走了。我们正在全力搜捕此人,城堡的治安警察也被派出去寻找这个十足的恶棍了。[57]

匪徒们(不信奉国教的长老会成员们)都为阿尔登的越狱感到欣喜。据信,他知道长老会在英格兰和爱尔兰策划的所有阴谋……

这个歹徒非常狡猾,我们实在想象不到他是如何逃脱的,他弄坏栏杆的这扇铁窗是都柏林城堡塔楼中最高的一扇窗户。

如果他逃去白厅,我相信您定能将他抓获。[58]

6月25日,包括莱基、爱德华·沃伦、亚历山大·杰夫森和理查德·汤普森在内的第一批囚犯接到传讯后押解到都柏林客栈码头(Inns Quay)那里的王座法庭[59]接受审判。面对谋逆罪指控,他们全都声称自己是无辜的。

但是,政府对这些叛党进行司法审判时开局并不顺利。据乔治·莱恩爵士所讲,囚犯们关到被告席后,发生了一起不幸的事故,整个法庭里的人全都吓坏了,法官们也都躁动不安,甚至打算起身离席。

站岗的列兵约翰·费洛斯(John Fellows)受到法庭中嘈杂且拥挤的人群干扰,导致步枪意外走火,射杀了附近的另一名士兵。在场的所有人当即觉得有人正在胆大包天地劫囚,被告席上的犯人们也都有此意,

尤其是莱基先生,发生骚乱后他笑得非常得意,但是后来

第二章 逃之夭夭

却发觉根本没人劫囚,于是便收敛了自己那扬扬得意的表情。[60]

法庭内最终恢复了秩序,审判也重新开始进行。莱基在被告席大声乱叫,声称自己被恶魔附体,"彻底疯了,开始亵渎上帝,还假装自己是基督。"弗农报告说。由于他突然精神失常,他的案子最终延期审理。

在新的庭审期,其他几个同谋将受到审讯。据弗农所说,那些被判有罪的囚徒"将以幡然悔悟的基督徒身份面对死亡,希望他们的长老会同胞们能够格外小心,因为他们彼此在英格兰和苏格兰都有着盘根错节的联系。他们忏悔并非是为了求饶保命,而是想通过忏悔的方式,经由那天给他们分发圣餐的帕里博士以及奥蒙德的其他牧师向同伴们发出警告"。[61]

6月22日,律师达西给奥蒙德写信时附上了一份大陪审团的成员名单,这29位来自都柏林市与城镇的陪审员在审判这些阴谋分子时都宣了誓。他认为他们的司法审议结果不容乐观:"这里面没有几个我熟悉的人,所以我不敢对他们妄下评论,但我担心……这其中的许多人不适合参与这次激烈的审判。"[62]达西还提到了一些令人不安的流言:

> 今天早上……约翰·庞森比爵士(Sir John Ponsonby)在同谋分子中公开表示,审判这些囚犯时,他们(政府)会发现自己上当受骗了……
>
> 庞森比和其他人都佯装知道从法律意义上讲,这些阴谋分子以及他们写下的宣言并未构成既成事实,所以不能算作

犯有谋逆罪。[63]

于是，律师达西敦促爱尔兰总督在起诉这些潜在叛乱分子时遵循3个简单的行动原则，从而避免灾难性的结果。首先，应该选"老派新教徒"当陪审员；然后，应该尽快采取行动；最后，在起诉时一定要注意措辞，否则"如果不能及时认定谋逆罪事实，国王陛下及总督大人可能都要吃苦头了"。他在信末说："天佑吾王及其利益。"[64]

7月1日，莱基、沃伦、汤普森和杰夫森再次出庭受审，当庭还对莱基大声宣读了起诉书。出席此次听证会的弗农汇报说：所有陪审员都是"有能力、有地位的谨慎之人"，约翰·珀西瓦尔爵士是这次的首席陪审员。首席检察官威廉·多姆维尔爵士（Sir William Domville）和爱尔兰副检察长约翰·坦普尔爵士（Sir John Temple）在两次雄辩的发言中，展示了《摩西律法》[65]《撒克逊法》《诺曼法》以及更多现代法律中各个时期严处叛君者的各种惯例。

而后，法庭大概传唤了6人，斯科特上校、桑福德上尉以及与他们有关的几名人员都证实了这场阴谋在爱尔兰、英格兰和苏格兰的涉事范围⋯⋯

他们交代了打算如何追随自认为与他们站在同一阵线的英格兰军队一起穿越苏格兰，然后由2万名苏格兰人在爱尔兰北部继续雇用爱尔兰人，与此同时，英格兰人则带领着从苏格兰一路集结起来的军队对英格兰大举进攻⋯⋯

第二章 逃之夭夭

这些阴谋分子立下了盟约,阴谋的推动者是团伙中的乔装教士,许多人在为这场阴谋举行祷祝仪式的前一天都戴着假发举行了会面。

多姆维尔还传唤了8名证人指认莱基,这些人全部证明对他指控的罪行属实。

而后,法庭上又引发了一场骚动。"一个非常漂亮的女人……表现出一般女流之辈不具备的冷静和谨慎",她发誓说自己与莱基的妻子在一起,军队到莱基位于邓博因附近的家中抓捕她丈夫时,莱基的妻子刚好生下了一个婴孩。

得知攻占都柏林城堡计划遭人泄露后,莱基夫人表现出极大的恐惧,但随后便开始欣然释怀,认为丈夫被抓走接受审判其实无妨,因为有两个果敢且关心莱基的人一定会为他求得赦免。

在法庭上,有人说出了这两位有权有势的神秘人物到底是何方神圣,他们是爱尔兰下议院议长奥德利·默文爵士(此人是奥蒙德的眼中钉)以及第一代马塞林子爵(Viscount Massereene)约翰·克洛特沃西(John Clotworthy),此人是伦敦德里郡(Co. Londonderry)的首席司法行政官兼爱尔兰长老会的重要捍卫者。结果是,尽管官方对二人的忠诚表示怀疑,但并未对他们采取任何行动。

莱基在自我辩护时"拒不承认指控的全部事实,而且不再对指控做任何解释或回答"。头天晚上，他明显又陷入了疯狂状态，但在法庭上，长老会的信仰却让他变得异常平静，而且少言寡语。

陪审团立即认定了他的罪行。[66]

尽管帕特里克·达西之前对审判结果顾虑重重，但这位博学的律师认为庭审的进展还是比较喜人的。7月3日，他告诉奥蒙德说自己生平"从未见过能有哪位律师把诉讼程序应用得比威廉·多姆维尔爵士指控拉克斯·莱基时更加得心应手了，也没见过谁能像国王的顾问们这样将证据运用得如此之好"。[67]

一周后，沃伦、杰夫森和托马斯被带回法庭听候发落。身体日渐虚弱的首席法官桑特里男爵醒目地引用了《圣经》上的话，好让他们正视自己十恶不赦的罪行以及必死无疑的结局，还说所有叛徒必遭天谴。他对所有谋逆者都进行了严厉地谴责，要让他们承受最可怕的命运：绞刑、挖器官以及分尸之刑。[68]

这样的处决方式会把行刑台变成充满血污与惨叫声的真正的屠宰台，让人不敢贸然策划阴谋，企图反对国王陛下。

威廉森在都柏林的特工罗伯特·利（William Leigh）告诉他说："莱基两天内已经完全神经错乱（或者是在装疯），他被带上法庭却逃过了制裁，因为法律奈何不了一个疯子，于是便把他用囚车又送回监狱。这里有人同情他们的境遇，但我却不同。"[69]

乔治·莱恩爵士指出：莱基是"彻底疯了，因此得到缓刑，但如果他能恢复理智，对他的审判将延迟到下个开庭期进行，在此之前，不得宣判他的死刑"。他还命人仔细收集了有关审判程序的所有报告，好让世人通过新闻报道看到这出邪恶的阴谋到底有多恐怖。此外，还要将这份报道印刷后在英格兰境内四处分发。[70]

据称，莱基曾经想要瞒过行刑官，于是便在狱中用头撞墙自尽，但却被救了过来。[71]

其中一个被判有罪的犯人——伦斯特省的宪兵副司令汤普森[72]于7月5日从都柏林城堡的囚室里写了"一份宣言书"，坦白交代他"在最近这出阴谋中充当的令他郁闷的角色"，还指出正是布拉德拉他参与了这场失败的阴谋：

> 第一，不久前待在萨尔内的托马斯·布拉德……是第一个对我提起这场阴谋的人。
>
> 他向我保证说他们的目标是突袭都柏林城堡和都柏林市，为了实现这个目标……他在市里和军中交了很多朋友，尤其是认识军团里的两名中士。虽然我经常敦促他告诉我这两名中士到底是谁，但他从没对我说过。他还估计将有700个苏格兰人从北边过来，在预定的袭击日期帮助他们完成计划……
>
> 第二，他提到说（如果机会允许）会有3万多名苏格兰人愿意参与这场阴谋，或者跟着特殊人物一起亲赴战场，除了苏格兰神父哈特先生外，他从未说过与他联系的到底是谁，我认为，哈特是北方人……
>
> 第三，我想知道（万一计划失败）我们可以在哪里避难，他向我保证说德罗赫达适合接收我们，至于具体接收方式如何，我可能永远也不会知道，但我理解的是，他想借此把一些低级军官和普通士兵争取过来，而且我觉得他打算把自己的家人也转移到德罗赫达去。

汤普森无意中听到了布拉德和其他人之间关于德里的对话，谈到"军队中普遍存在的不安情绪"，他们想对此加以利用。布拉德还谈到了之前打算营救第一代阿盖尔侯爵（1st Marquis Argyll）阿奇博尔德·坎贝尔（Archibald Campbell）的计划。1660年，坎贝尔作为苏格兰的主要盟约者被指控犯有谋逆罪，因而被囚禁在伦敦塔内。吉比·卡尔也参与了这场被迫中止的营救计划，因为坎贝尔告诉他们说他已是"一个体弱多病的老者，他们应该停止计划，直到发现更适当的时机，或者干脆静待上帝的旨意"。[73]

汤普森在忏悔信的附言中恳请奥蒙德欣然接受他这位个濒死之人的临终遗言。他说自己并不惧怕死亡，是一种责任感迫使他向奥蒙德吐露了真言。他强调说：

> 请上帝为鉴，证明我并非这些阴谋的始作俑者，而是被布拉德先生拉来犯下了滔天大罪，我为此祈求上帝的宽恕，祈求国王陛下、总督阁下及所有善良人民的宽恕。
>
> 请容许我做出最后的声明，如果阁下想雇用我作为证人，帮助您找到阴谋的策划者同时深入调查这起阴谋的话，我将竭尽全力为您效劳。
>
> 我在此恳求总督阁下，并非因为这场阴谋……也非因为惧怕死亡，只想为我过去的罪行赎罪。[74]

尽管汤普森及时用忏悔来弥补自己的罪过，但是作为谋逆者，他的死罪在所难免。可是，因为虔心忏悔，之前判定他将要承受的酷刑被改判成了普通绞刑。[75]

第二章 逃之夭夭

那些逃亡的阴谋分子现在情况如何呢？任凭政府使出浑身解数依然无法将他们缉拿归案吗？

"神父"安德鲁·麦考马克在长老会牧师被围捕前就设法逃到了苏格兰。据说"吉比·卡尔上校"去了苏格兰，但令人尴尬的是，据雅各布·沃蒂厄斯（Jacob Vortius）提供的一份由鹿特丹（Rotterdam）市镇长官和执政长官们签署的官方文件显示，卡尔后来一直生活在荷兰的鹿特丹。[76] 几个星期后，贝内特告诉奥蒙德，卡尔的妻子当时住在伦敦，她从鹿特丹的治安官那里得到证实说这半年经常有人能在鹿特丹看到卡尔。贝内特还有点玩世不恭地补充说："也许这份证明只是买来的而已。"奥蒙德后来评论说如果这些陈述属实，"那就让我们证明那些说他在这里的人是错的。都柏林有人发誓说他们在5月23日，也就是阴谋失败的第三天在北方见到他了"。贝内特满怀希望地总结说："他应该到这里来，法庭容许他为自己进行正当辩护。"通过二人的这段对话，我们不难发现总督人人的挫败感与不耐烦的情绪，但他之所以心情阴郁，也可能是因为深受痛风及脾脏不适的痛苦折磨所致。[77]

贝内特在同一封信中提到了更多的坏消息：尽管我们进行了最细致的调查，却没在伦敦发现查诺克的任何踪迹。[78]

那托马斯·布拉德的情况如何呢？间谍头目弗农认为他虽然已经离开了苏格兰，但显然在都柏林待了三天，那时，他周围正进行着各种抓捕搜查行动。布拉德可能认为都柏林市风头正紧，于是便化名托马斯·皮尔森（Thomas Pilsen）一路北上，去投奔他在长老会的亲信。詹姆斯·米利根（James Milligan）后来遭到逮捕，并就藏匿逃犯布拉德一事受到了审讯[79]，他被称为"布拉德在安特里姆郡（Co. Antrim）唯一的向导和保护人"。布拉德派米利根的母亲去德罗赫达给他的妻子送信，他的妻子已经移居到那里，住在国王之臂酒馆（King's Arms）旁边大桥尽头的房子里，在此期间，米利根则把他藏在了母亲位于安特里姆的家中。[80]

有人担心布拉德要暗杀奥蒙德，便警告这位爱尔兰总督说"要安排足够的卫兵保护他的周全"。[81]

布拉德在逃亡过程中有几次都险些被政府抓捕归案。他后来的笔记中提到过上帝助他逃出险境时遭遇的两次抓捕，一次是在邓恩郡班布里奇（Banbridge）南边的小村庄洛克布里克兰德（Loughbrick-land），这里就在都柏林-贝尔法斯特路（Dublin-Belfast road）附近；另一起发生在小树林里，但遗憾的是我们不清楚事情发生的具体情况及精确位置。被"假兄弟"出卖后，他依然逃脱了政府的抓捕。[82]

布拉德躲在爱尔兰北部的丘陵和山岗上，有时会把自己伪装成天主教神父。某段时间，他甚至和一群"天主教徒"躲在一起。他用其他别名和身份乔装前往威克洛郡的荒地，躲在牧师考克斯（Cox）家里。在那里，他可能在8月初与同样在逃的同伴——都柏林酿酒商约翰·张伯伦（John Chamberlin）取得了联系。布拉德一直努力坚持着自己的反叛信仰，认为"大多数伙伴都是安全的，因为根据囚犯名单可以得知……许多被羁押的犯人跟这起阴谋其实毫无关系"。因此，他打算在当地招募曾经的议会铁骑军（parliamentary cavalry troopers）继续未竟的事业，发动一场新的起义。

> 我对苏格兰人没有信心……虽然我费尽心力说服了其中

第二章 逃之夭夭

一少部分人与我同行,但其他人依然坚持捍卫着国王的利益。虽然我的胜算很小,但我肯定能争取过来一些人。[83]

随信附上的另一张纸记录着寄信人的指示,上面罗列着可以提供帮助和情报的一些朋友。[84]

而后,布拉德便大胆而谨慎地回到都柏林,去看望已经回到城里的妻儿。尽管他们的住处一定有人监视,但他还是与家人度过了一整晚外加白天的部分时光,还在正午时分从大门口肆无忌惮地与家人告别后才穿过街道径直离开。[85]

与此同时,那些曾在挫败阴谋过程中扮演着重要角色的人物,都在思忖着如何才能让国王论功行赏。7月14日,奥蒙德给查理二世写信举荐弗农,说"他在揭露这起阴谋的过程中起到了主要作用,并在任何场合都能尽心竭力地效忠国王陛下"。[86]弗农第二天从都柏林出发前往伦敦,可以肯定的是,之前三个星期一直躲在都柏林安全屋中的间谍菲利普·阿尔登也紧随其后去了伦敦。如果爱尔兰总督之前假装不知道线人阿尔登越狱真相的话,那他现在算是充分了解弗农的计划了。他写信给伦敦的大法官称:

弗农上校要带着我和他的一位朋友去见大法官阁下。此人为人诚实勤奋,还揭露了最近的这出大逆不道的阴谋……虽然他不方便在都柏林现身,并继续为我们所用,但是我希望他或许能在英格兰派上用场。[87]

弗农出发那天,也是沃伦、杰夫森和汤普森被处决的日子,行刑地点是加洛斯格林（Gallows Green），位于现在都柏林的下巴贾特街（Lower Baggot street）与菲茨威廉街（Fitzwilliam street）的交会处。爱尔兰国务大臣乔治·莱恩爵士在他寄给贝内特的信中非常有条理地详尽叙述了这几个囚徒的行刑情况：

> 沃伦、汤普森和杰夫森的声明会告诉您，他们是被处死的。
> 第一个囚犯像基督徒一样死去。其他二人在奔赴刑场前，就想通过认罪来劝诫人们保持忠诚、顺从并且放弃天主教信仰，进而让世人皆知他们愿意弃恶从善。
> 但这显然只是装模作样，因为他们期望得到赦免，至于二人事先写下的声明，明显表露了他们的煽动思想。[88]

也许是出于政客不愿散布坏消息的本性，或者只是因为官僚式的沉默，乔治爵士并未绘声绘色地描述那个夏天的上午到底在刑场上发生了什么。

值得庆幸的是，威廉森在都柏林的狡猾特工罗伯特·利也目睹了这次行刑过程，他的生动叙述可以让我们瞥见这些囚犯被押解上行刑台后恐怖且混乱的场面，他们身上都绑缚着雪橇或羊圈栏杆，被人从都柏林城堡沿着鹅卵石铺就的街道一路拖拽到刑场。

变节议员亚历山大·杰夫森是第一个要被处决的人。他站在绞刑架前开始进行"说教"，奇怪的是他头上还戴着一顶帽子。他规劝围观群众不论付出多大代价，都不要走上犯罪之路。不仅承认自己包庇了谋逆恶行，还说自己的死"全是拜卑鄙的天主教徒所赐"。[89] 而后，这名受刑之人把帽子乖乖地交给了刽子手。

刽子手立刻掀翻了梯子,就在这时,为了保命的杰夫森马上紧紧抓住梯子,竭尽所能不让它倒下,但最终还是无济于事。就在杰夫森还吊在绞刑架上的当口,突然发生了一阵骚动,利认为是有"火警"。

每个人都有自己的防范措施,除了守卫有自己的武器外,大部分人也有自己的武器,而那些手无寸铁之人则开始四散逃跑,他们在途中相继跌倒,就在大家逃命之际(其中一些人骑了马),有人借机捣乱闹事,打断了别人的胳膊和腿,还有一些孩子在这次事件中丧生。

惊慌和恐惧的气氛充斥着都柏林的大街小巷,所有商铺都开始关门闭店,很多人还跑到城堡里去寻求安全庇护。一个步兵连跑来增援警长手下这几名正在看押犯人的戟兵。

汤普森和沃伦站在绞刑架前,戟兵只抓着二人的胳膊,他们开始怂恿卫兵们多发善心,但是警长却一手抓着汤普森,另一手紧握着利剑,不为所动。

最终,秩序得以恢复,沃伦被推上绞刑架的梯子。为了拖延时间,他说了一番"冗长而乏味的废话",在我们看来,此举是为了使出浑身解数寻求帮助。沃伦说他那"正义而正直的事业现在暂且告一段落,但总有一天会令最伟大的君主都震惊不已"。[90]

警长却对这种嘲讽感到厌烦,于是打断了他的话,沃伦生气地责问道:"难道一个垂死之人就没有权利表达自己的肺腑之言吗?"警长对此前的警报还心有余悸,担心有人来劫法场,于是便神经兮兮地把沃伦赶上了梯子,内心充斥着不满的情绪,一阵反胃感令他不禁作呕,而后,警长掀翻了梯子,尽管沃伦赶紧抓住梯子保命,最终还是像杰夫森一样被吊在绞索上气绝身亡了。

这时,轮到汤普森受死了。利报告说:"他谦虚地说了一番话,承认自己有罪,说自己是被一个名叫布拉德的人牵扯进来的,而这个布拉德却逃走了。他还宣称自己已经皈依英国国教,同时为国王虔诚祈祷,并且已经毅然决然地改过自新了。我、沃伦还有杰夫森在此希望剩下的所有阴谋参与者都可以弃恶从善。"

造成法场出现恐慌的原因是什么?有人事后说有两匹拉着四轮马车的马挣脱绳索冲进了人群。其他人则坚定地认为这是有人蓄意制造事故,为的是营救这些死囚。[91]布拉德这种雷厉风行的行动派会在都柏林人群恐慌事件发酵11个小时后甘愿冒险去营救他的朋友们吗?还是真有人想把犯人从断头台上劫走却未能成功呢?

沃伦的遗孀伊丽莎白后来申请经济援助时把她丈夫的死完全归咎于布拉德,她说沃伦在一次"生病期间,受到了布拉德的邪恶蛊惑,便和他搅和在一起参与了攻占都柏林城堡的阴谋"。她请求政府将沃伦被没收后剩下的财产发给她和7个子女。[92]

莱基仍然关押在都柏林的新门监狱中,毫无疑问,几个月来,他依然没能恢复理智。11月14日晚上六点左右,他越狱逃走了。

为了这次逃跑,莱基颇费心思。显然他和妻子互换衣服是为了在越狱时可以骗过守卫蒙混过关。他的两个帮手也乔装成女人用螺栓牢牢锁死了莱基的牢房门。事后,乔治·莱恩爵士一改往日的风格，长篇大论地描述说：

他们把他送到了小托马斯法庭（Little Thomas Court），让他暂时藏在法庭大门上方外墙的空洞里。

星期天，一位住在附近的绅士派他的仆人进城办事，回来路上发现莱基正穿着女人衣服费力地往墙下爬，他看到这名仆人后想让他去买个梯子帮他下来。

仆人把小托马斯法庭发生的事情告诉了他的主人，乡绅往窗外一看，便望到了墙上的莱基。莱基正朝一家裁缝店走时，他们跑出去追上了他。

他们让他报上名来，莱基只好说出了自己的名字然后拔腿就跑……他被带到小托马斯法庭后一直关押在那里，直到后来又被送回了新门监狱。

11月18日，这位苏格兰神父又回到了王座法庭的被告席。法官威廉·阿什顿（William Ashton）对他说：

真是造化弄人，他先前凭借装疯卖傻逃避法律制裁，然后又在越狱后因为自己的举动被人发现。试想一下，律法不可能撤销对他的指控，他会对此做何辩解？

他说自己越狱只是因为监狱里过于艰辛困苦，感谢上帝让他可以在比之前条件更好的地方为自己辩护。

由于他没能提供任何实质性的抗辩材料，所以法庭对他进行了宣判。[93]

12月12日，莱基被带出去执行了死刑。在2000多名围观群众中流传着谣言，称他的大舅子布拉德正赶过来营救他，此消息一出，人群中又出现了恐慌，刑场陷入一片混乱。这一次，就连刽子手都暂时逃离了现场，只留下莱基孤零零地站在绞刑架前，脖子上还套着绞索。

但是，根本没有什么突袭营救行动。

最终，法场的秩序得以恢复，他很快便被执行了绞刑。[94]

1665年10月，爱尔兰议会再次召开会议，有8名议员被定性为阴谋反叛分子：斯特拉班（Strabane）议员亚历山大·史泰博、基尔肯尼镇议员阿贝尔·沃伦、韦克斯福德郡议员托马斯·斯科特、阿迪议员约翰·罗克斯顿（John Roxton）和约翰·钱伯斯、班戈（Bangor）议员托马斯·博伊德、威克洛议员罗伯特·沙普科特，以及遭到处决的特利姆议员亚历山大·杰夫森。那些未被处决的议员遭到了驱逐，还被剥夺了一切公职、民间职务及军中职务。[95]

国王说纷扰不断的爱尔兰"更需要以儆效尤而不是仁慈赦免"，于是在一开始便驳回了史泰博的赦免请求，但是这名声称自己曾对这出阴谋做出过预警的犯人最终还得到了宽恕。[96] 1666年，沙普科特也得到了赦免。

布拉德和其他人则依然是政府的抓捕对象，还要一直亡命天涯。

第三章

阴谋的滋味

> 爱尔兰狂热分子的代表人物是威廉·穆尔中校……以及两名在我国恶名昭彰的匪徒布拉德先生和阿尔登先生。
>
> ——奥雷里伯爵于 1665 年 11 月 8 日致信国务大臣阿灵顿[1]

查理二世超级高效的情报组织是由一个人建立起来的，此人正是约瑟·威廉森爵士。他是坎伯兰郡（Cumberland）一位贫穷牧师的次子，曾任牛津皇后学院（Queen's College）的研究员以及威斯敏斯特市怀特霍尔宫（Palace of Whitehall）御用图书馆的管理员。将这一重权集中于一人之手，完美再现了一个世纪前由弗朗西斯·沃尔辛厄姆爵士（Sir Francis Walsingham）在海外及英格兰国内广泛建立的间谍网络，这位强悍的间谍组织先辈曾在伊丽莎白一世统治时期保护都铎王朝（the Tudors）的最后一位君主，令其远离各种天主教阴谋，还成功避免了西班牙入侵她所执政的新教国家。[2]

我们在（那些依然教授传统英国历史的）学校里学过，"快活王"（Merry Monarch）查理二世统治时期，废止了奥利弗·克伦威尔在共和政体时期制定的那些过于严苛的法令，让乏味的老派英格兰人又重新展露了笑容。曾几何时，那些被认为是粗俗而恣肆的、戏剧般的大众文化元素，比如五朔节舞蹈这种"污秽的活动"，以及"让人丧失虔敬之心"的圣诞肉馅饼[3]都遭到了最严厉的禁止。但是幸运的是，现在这些事物又让查理二世的臣民们重拾了心中的欢乐。

然而，现实其实也不尽然，生活并非总是那么愉快。复辟之后自信满满的君主制政府虽然从表面上看一派浮华光鲜，但是17世纪60年代那些应接不暇的起义暴动与阴谋算计一直令政府苦不堪言，不仅国王的性命变得岌岌可危，还让爱尔兰、英格兰和苏格兰的国土安全也陷入了困境。事实上，这段时期是非常危险的时刻。对国王查理二世、他的弟弟约克公爵（Duke of York）詹姆斯[4]以及帮助查理二世复辟的主要人物——第一代阿尔伯马尔公爵（1st Duke of Albermarle）乔治·蒙克（George Monck）的暗杀行动似乎从来没有停止过，暗杀者们所用的凶器也花样繁多，子弹、炸弹、无声的弩箭，简直无所不用其极。

1662年，威廉森被任命为国务大臣，与亨利·贝内特共同担任此职。他坦率地承认了这些危险：

> 我发现各地都弥漫着一种邪恶的意念，它想让恐惧与妒忌的情绪在人们心中蔓延，审慎之人必须认真防范并将其驱散，否则它将牢牢占据人们的心灵。[5]

第三章 阴谋的滋味

　　危急时刻就需要采取一些孤注一掷的办法。1660 年，政府成立了由国家垄断的邮政总局（General Post Office）[6]，这个全国性的邮件发送系统是斯图亚特王朝反间谍活动的主要武器，在"英格兰邮政总长"[7]托马斯·威瑟林斯（William Witherings）的领导下，邮政总局设在伦敦城道盖特山（Dowgate Hill）附近克洛克街（Cloak Lane）的总部负责拦截、拆读及誊抄公民的私人信件。

　　其间，有一个威廉森通过邮政系统秘密运作情报的经典案例。1668 年 8 月，追查托马斯·布拉德下落的工作开始变得越发渺茫，于是威廉森下令拦截了"所有从爱尔兰寄给伦敦市奥尔德斯盖特街（Aldersgate Street）的约翰·奈普（John Knipe）的信，以及所有寄给爱尔兰都柏林市库克街（Cook Street）的丹尼尔·埃杰顿（Daniel Egerton）的信"。[8]他希望从这些通信中了解到涉嫌密谋反叛国家的行动或计划。

　　当然，阴谋分子（或者政府线人）的许多信件不可能用普通文字写成，因为这么重要的信息如果落入敌方手里都会造成巨大的麻烦。所以，他们经常会用到一种基于简单字母或符号替换原则的密码。如果没有破解密码的密钥，从表面上看，这些加密信件就像是神秘的胡言乱语。

　　17 世纪末用到的密码远没有我们今天所用的加密方法复杂，而且它还存在一个重要的缺陷，不论任何字母、数字或符号被替换，它原来的使用频率都保留在加密信息里。如此一来，通过分析信件上字母的出现率，就可以确定每一个替代字母表示的具体是哪个辅音或元音。因此，这种密码的最大弱点便是元音在单词中的出现频率——例如，字母"e"在任何一种文体中的使用率占所有字母的 13%，而字母"z"的使用率则少于 1%。一旦替代这些元音和常用字母的那个字母或符号被人提取出来，以字母"t"为例，信息的保密性就会受到致命的损害。

威廉森在经营间谍组织的 19 年里，雇用了一批密码破译人员，比如牛津的数学家约翰·沃利斯博士（Dr. John Wallis）[9]以及可以将信件翻译成外文的德意志神学家兼外交官亨利·奥登博格（Henry Oldenburg）。[10] 塞缪尔·莫兰爵士（Sir Samuel Morland）也是威廉森的密码专家，他认为自己的工作至关重要而且对国王陛下来说意义非凡，作为"技术纯熟的行家里手，应该在邮政总局办公室中设立瞭望台……指挥哨兵们勤奋而仔细地工作，对所有途经人员进行严密观察"。[11]

莫兰还是一位多产的天才发明家[12]。1664 年，国王在贝内特可能还有威廉森的陪同下深夜造访克洛克山，在这位邮件拦截人员的"秘密小屋"里参观了 3 个小时。查理二世入迷地看着莫兰操作演示各种原型机械，这些机器只需一分多钟的时间就能毫不留痕地打开信件、复制蜡印、伪造笔迹并且复印信中的内容（操作原理可能是把潮湿的薄纸压在墨水字迹上）。[13] 这次演示令人印象深刻，让人见识了国王的特勤机构所具备的强大的秘密监视能力。几年后，莫兰回忆道：

> 国王对这些机器非常满意，于是立即将它们投入使用，这样一来不但可以胜任由人完成的工作，还能节省人力成本。这种做法一直收效良好，直到伦敦大火烧毁了邮局建筑以及里面的所有仪器和工具才就此作罢。

第三章 阴谋的滋味

在斯图亚特王朝政府的情报收集过程中,线人起着同样重要的作用。就像沃尔辛厄姆所在的时代那样,他们是罪犯、变节者以及那些与社会格格不入之人组成的战斗团体,为了让王室特赦自己过去犯下的罪行或者纯粹是为了赚钱牟利,甘愿冒着生命危险提供国家公敌的相关情报。有时,他们会得到某些实物奖励。1667年5月,威廉·加勒特（William Garret）向威廉森申请当海关稽查员[14],以此作为定期向前国务大臣爱德华·尼古拉斯爵士提供有用情报的酬劳。[15]

这些鱼龙混杂的间谍人员的职业生涯往往都昙花一现,这一点其实并不令人感到意外。只有为数不多的几个间谍可以拥有漫长的职业生涯,其中就包括了可以提供宗教激进分子相关情报的约瑟夫·宾克斯（Joseph Bincks）,此人当了十年线人后依然可以为政府提供情报。还有一位便是17世纪50年代服役于议会将军兼肯特郡多佛城堡（Dover Castle）长官托马斯·凯尔西（Thomas Kelsey）麾下的威廉·哈吉特（William Huggett）,虽然20年过去了,他却还能为威廉森提供间谍服务。

这些更迭频繁的间谍人员与线人在三个王国里无孔不入,在英格兰的情况尤其如此。没人能够完全置身事外,谁都有可能因为在嘈杂的酒馆里酒后失言或者在大街上被人看到与任何犯罪嫌疑人为伍而遭到抓捕。

许多密探都会到怀特霍尔宫一层威廉森的办公室去领取报酬并接受新的任务[16],或者更多的情况下,他们会到附近专门租借的安全屋中举行密会。[17]我们知道的是,线人威廉·莱文（William Leving）与"李先生"（Mr Lee）就有过几次这样的会面。显然

"李先生"是威廉森的一个代称,二人需要见面时,莱文总会在晚上7—9点之间某个不固定的时间过来,这样做大概是想拿黑夜当作掩护。[18](后面,我们将很快看到线人莱文的故事。)

情报收集工作往往需要付出昂贵的代价。1674年,政府为两位国务大臣提供了4000英镑作为运作卧底行动的经费,购买力超过现在的1500万英镑。[19]这笔钱来自政府征缴壁炉与烟囱税得到的收入,根据住宅中的壁炉数量征收这种不得民心的赋税是为了应付王室的开销。[20]当然,间谍机构的这笔经费有时也会另做他用,很多用途甚至与谍报活动毫无关系。比如,1679年付给伦纳德·曼宁(Leonard Manning)30英镑,因为他在新森林(New Forest)而后又在汉普郡(Hampshire)种植了大片树林。同时,还在威斯敏斯特的圣马丁教堂拿出375英镑为"埃莉诺·格温(Elinor Gwynn)夫人"支付了一部分葬礼开销。[21]她还有另外一个身份为大家所熟悉,即女演员内尔·格温,她是查理二世众多情妇中的一个,二人一共育有两个私生子。1687年11月14日,格温因为罹患中风,在位于圣詹姆士(St James's)地区蓓尔美尔街(Pall Mall)79号的家中溘然离世。与那些较为成熟的政府预算相比,这部分税收显然变成了顺手拈来的应急经费,可以用来掩饰那些令人尴尬的或是不合时宜的付款需求。

从事卧底间谍工作的大有人在。在爱尔兰和苏格兰,许多地方权贵和政府重臣也都雇用了许多的特工,比如第二代白金汉公爵乔治·维利尔斯(George Villiers)就有自己的私人"情报员",可以监视宫中的竞争对手,还能搜集有用情报,进而推进自己的政治野心。

第三章 阴谋的滋味

但是，白金汉公爵行事鲁莽且挥霍无度，外加上所托非人，有雇工接二连三地把他的钱财据为己有，令他失去了据称是英国最大的一份产业。他野心勃勃，却脾气暴躁，有时还会大打出手，就好比1667年12月议会期间，他与多尔切斯特侯爵（Marquis of Dorchester）发生冲突，还扯掉了对方的假发。这两位贵族都被暂时关进了伦敦塔，借以压制他们的暴脾气。不幸的是，白金汉的仆人们也像他一样生性暴虐：1663年8月，他们在伦敦家里的院子中举行了一场械斗，其间有很多人受伤，据说还有一名脚夫伤重不治。[22] 9年后，他的厨师又因为杀害费弗沙姆（Feversham）的第一代伯爵乔治·桑德斯（George Sondes）的厨师而遭到了处决。

现在，让我们再回来看看隐秘的间谍世界。每天，威廉森都要面对一大堆彼此互不结盟的敌人，这些非国教信仰团体包括了长老会、再洗礼派，偶尔还有贵格会，他们对英国国教通过法律强制推行的宗教仪式都表示出强烈的异议。甚至还有许多从前的议会士兵热切企盼复兴公正且神圣的共和制，进而取代查理二世君主专制之下的享乐主义。

最激烈的敌对团体（在官方信函中经常称其为狂热分子）便是第五王国派（Fifth Monarchists）。他们的宗教与政治信仰源自圣经《但以理书》（*Book of Daniel*）中的预言[23]：继古巴比伦（Babylonian）、波斯（Persian）、马其顿（Macedonian）和罗马（Roman）文明后将出现基督的新王国。1666年对他们来说具有特殊的意义，因为"666"这个数字正是《启示录》（*Book of Revelations*）中描述的"野兽的数量"，对于反基督的王国而言，邪恶的凡人对俗世的统治即将终结。耶稣基督将作为万王之王

（King of Kings）第二次降临人世，第五王国派成员们热切期盼着千年统治期可以迎来新一代的圣徒。

为了迎接期盼已久的第二次基督圣临，他们在信条中未对攻击英格兰政治实体这种先发制人的做法提出任何异议。在他们看来，查理二世不仅是一个暴君，还是耶稣的叛徒。[25] 从1661年1月6日星期日起接连四天多的时间里，50名身披铠甲、全副武装的第五王国派成员在伦敦市彻底击败了派去镇压他们的火枪手。后来，他们还打败了700名王室近卫骑兵团（Life Guards）的士兵，并在市中心的伍德街（Wood street）与针线街（Threadneedle street）参加运动战时，仅用半个多小时就打败了一个步兵团。共有40人在战斗中丧生，包括6名第五王国派分子，其中一人还有个令人毛骨悚然的绰号叫"皮包骨"，他们把自己关在针线街的头盔酒馆里负隅顽抗。[26] 叛军领袖——红酒桶制造工托马斯·文纳（Thomas Venner）在最后决一死战时身中三枪，1662年1月19日因谋逆罪在查令十字街（Charing Cross）尝尽了酷刑之苦。他的12个弟兄也遭到了处决。[27]

此时，托马斯·布拉德从这个充满暴力及血雨腥风的宗教狂热世界中款款走来，而他的各色盟友，正在不断卷入各种非国教信仰引发的宗教纷争。有几个人是阻碍他实现政治目标、个人目标以及其他各种目的绊脚石，他们是爱尔兰的奥蒙德以及两位国务大臣兼间谍头目贝内特和威廉森。

就像从前的沃尔辛厄姆一样，威廉森也想利用情报或宣传来操控舆论，通过新闻媒体和《伦敦公报》（London Gazette）来巩固政府的地位。《伦敦公报》是国家发布的官方刊物，可以邮递到全国各地的订阅者手中。²⁸ 来自不列颠群岛（British Isles）的 50 个供稿源可以为它提供常规新闻，特别是海关官员、驻军首领和邮政局长，他们在公报上都有自己对应的栏目，至于那些出访海外的英国使节，则通过简要的派遣记录与读者分享了一些国外的奇闻趣事。

1668 年，意大利哲学家、作家以及后来的外交官洛伦索·马加洛蒂（Lorenzo Magalotti）在温莎（Windsor）、汉普敦法院（Hampton Court）和牛津进行为期一周的访问时见到了威廉森。他形容威廉森"身材高大、相貌堂堂、聪明勤奋、彬彬有礼，而且……热衷获取情报"。²⁹ 1663 年 2 月，塞缪尔·佩皮斯在生活考究的托马斯·波维（Thomas Povey）家出席晚宴时初次见到威廉森，但未对他留下深刻的印象，他在自己的日记中写道：威廉森是"一个博学的学者，但也许有些自视甚高"。³⁰ 3 年后，佩皮斯的看法发生了重大变化，他热切地宣称："我越了解威廉森先生，就越对他充满崇敬之情。"³¹

然而，王朝复辟时期的另一位日记作家约翰·伊夫林（John Evelyn）却对威廉森能在政府中快速升迁并且能在宫中迅速扩张影响力的本事进行了挖苦嘲讽。1674 年 7 月，伊夫林在温莎时写道：亨利·贝内特爵士让威廉森"参与了特工事务，所以有必要对他进行提拔。因为他非常诡谲、机敏而且善于谄媚，所以现在当上了国务大臣，这全是多亏了贝内特，但他却很忘恩负义"。³² 就像都铎王朝和斯图亚特王朝的许多官员一样，威廉森在 1672 年获封爵位，花尽心思设法利用着每一次可以掘金的机会：1668 年，据说他可以每年得到 4 万英镑现金，相当于今天的近 600 万英镑。³³

威廉森虔诚地认为，上帝是所有一切完美馈赠的真正源泉。[34]

高级国务大臣亨利·贝内特是地主约翰·贝内特爵士之子，老贝内特在米德尔塞克斯郡（Middlesex）的哈灵顿（Harlington）拥有财产。他也是牛津人，信仰基督教，曾经参加过内战，并在1644年10月18日安多弗（Andover）的那场凶残的小规模战役中负伤，鼻梁上留下了一道横向的伤疤。当时，国王的先锋部队正在驱赶威廉·沃勒（William Waller）率领的议会军，让他们仓皇逃离了汉普郡市镇。流亡王室在巴黎附近的圣日耳曼（St Germain）建立了宫廷，贝内特3年后加入其中，并于1657年获得封爵。此人精通拉丁语、西班牙语和法语，尽管在宫中遭到了诸如克拉伦登（Clarendon）大法官和白金汉等很多政敌的反对，依然在1662年10月15日当上了国务大臣。白金汉越来越嫉妒贝内特的影响力，看不惯他对天主教徒的怜悯，妒忌他能在国王那里如鱼得水。1665年3月14日，忠心耿耿的贝内特受封成为第一代阿灵顿伯爵（1st Earl of Arlington）。[35]

就情报收集工作而言，贝内特是所有间谍行动与监视行动的最终负责人，但是负责特工日常管理以其他运作的人却是威廉森。

据克拉伦登所说，17世纪60年代早期，经常有谣言说可能会发生各种造反叛乱，弄得查理二世对此已经产生了厌倦情绪，"他甚至决定不再对这类情报做出任何反馈，也不再继续自寻烦恼，找这两个间谍头目问长问短"。[36] 其中有个案子，也许就像"狼来了"的故事一样，被贝内特和威廉森提到过很多遍了却什么事也没发生，但是越来越多的证据表明，英格兰北部有可能发生叛乱，就连厌倦了谍报工作的国王也对此引起了注意。

第三章 阴谋的滋味

1663年3月初，这些潜在的叛乱分子在达勒姆集会时订立了神圣的契约，发下誓言说不仅要对行动保密，还要毫不留情地打败任何阻挠他们的敌人，尤其是阿尔伯马尔公爵和白金汉公爵。于是，政府派特工前往都柏林、伦敦（这里已经成立了极端分子的委员会）以及英格兰西部去打探起义的具体时间。阴谋分子起草了一份宣言，里面充斥着令人义愤填膺的语言，包括了启应祷文中提到的各种恐怖的恶行——亵渎神灵、通奸、酗酒、辱骂他人、无孔不入的天主教徒、圣公会的偶像崇拜、失业以及不公平的税收（具有讽刺意味的是，这其中也包括了烟囱税）。曾经祥和安逸的英格兰现在俨然变成了《圣经》中所多玛（Sodom）和蛾摩拉（Gomorrah）的罪恶轮回之地。为了消除这种漫天弥散的罪恶，他们准备冒着生命危险来复兴旧日的美好景象，宁愿牺牲自己也不愿像奴隶一般在这世上苟活。[37]

地方官员清楚地掌握到叛军想要行动的日期是10月12日，于是提前两天便做了精心安排，在英格兰东北部逮捕了"主要官员和煽动者"，同时还在约克郡庞蒂弗拉克特附近调集民兵，与白金汉拥有的1000名援军兵合一处。除了少数几起暴力反抗外，这次叛乱还未发起就被扼杀在了萌芽状态。[38] 大多数领导人都被捉拿归案，包括藏身于诺丁汉郡特伦特河（Trent）河畔纽瓦克（Newark）的约翰·梅森上尉（Captain John Mason），但是后来，1664年7月，他和参与了这起阴谋的3个同伙一起越狱逃出了约克的克利福德塔（Clifford's Tower）。[39] 剩下的人则各自继续着危险的逃亡，比如退役后当上织袜匠的约翰·阿特金森（Atkinson），他在脸上涂满油污，把自己假扮成了达勒姆的劳工。

生于达勒姆的威廉·莱文与其他被捕的同谋分子一起关在约克城堡里。他和父亲都想在罗杰·琼斯上尉［假名为"梅内·泰科尔（Mene Tekel）[40]"，字面意思是"写在墙上的灾难警示语"］的率领下光复自己的出生地。莱文曾在亚瑟·赫塞尔莱治爵士（Sir Heselrige）的议会军里担任下级军官，还在该爵士任职纽卡斯尔（Newcastle）执政长官时继续为其效力。1659年，莱文支持虚荣且野心勃勃的约翰·兰伯特（John Lambert）将军[41]抵制下议院操纵新规范军未果。为此，莱文遭到解雇还被没收了拖欠的薪水。[42]这种噩运或者确切说是由于他经常判断失误所造成的恶果，给他日后的政府间谍工作也带来了不少麻烦。

约克郡守托马斯·高尔爵士（Sir Thomas Gower）因为在英格兰东北部拥有无孔不入的间谍网络，所以在镇压这次暴动时起到了重要作用，他称有两个证人可以提供确凿证据起诉莱文，把他判处绞刑。但约克郡的高级治安官罗杰·兰利爵士（Sir John Langley）却认为，与其把这个囚犯吊死在绞刑架上起到震慑作用，倒不如留他一命让他为政府当线人，从而发挥更大的作用。他建议贝内特：

> 如果有办法让莱文先生出狱而且又不引起同党的怀疑，他可能会派上大用场，因为他向我保证说自己绝对会告诉您现在伦敦叛军委员会中一些成员的名字。[43]

1664年5月，兰利交给莱文10英镑盘缠，然后把他转移到伦敦塔关了一段时间。莱文在那里给国务大臣积极写信吹嘘自己，说如果能让他重获自由，他可以招出伦敦至苏格兰边境处特威德河（River Tweed）之间区域可能酝酿的每一场阴谋。为了掩盖他的间谍行动，他建议伪造一场越狱，然后将身份转变为政府线人。[44]为了在表面上假装忠实于叛乱事业，他仍然与同伙们保持着联系，还发誓说宁愿接受任何痛苦的惩罚也不会背叛他们。[45]

1664 年 7 月的某一天，莱文成功"越狱"，不久后便开始执行任务。他用化名"伦纳德·威廉斯"迅速渗透了激进的伦敦长老会委员会，发现他们正忙着谋划攻击国王和怀特霍尔宫的计划，还打算一并占领伦敦塔。他说布拉德是谋划这出大胆阴谋的主要人物之一。

冒险家布拉德很可能在 1663 年的最后三个月离开了爱尔兰，还去兰开夏郡与他的岳母玛格丽特·霍尔克罗夫特进行了一次密会，其间险些被人抓获。他游走于英格兰北部，威廉森的特工则紧随其后。1664 年年初，布拉德逃往荷兰，还在那里结识了荷兰海军英雄人物米希尔·德·鲁特耶（Michiel de Rutyer）上将，鲁伊特"欣然将他引入了自己的社交圈，还对他进行了热情的款待，以此回报英格兰人民对自己的尊重与爱戴"。[46]

1664 年 3 月左右，布拉德回到伦敦，与第五王国派成员混在一起，因为他发现这些人与自己一样大胆而勇敢，他们的行事原则也与自己的想法不谋而合，于是便决定冒险参与……他们的事业"。值得注意的是，布拉德断定第五王国派"非常适合为他所用"，因为他一直坚信"那些与自己的行事原则或利益相悖之人或事永远不值得信任"，[47]而第五王国派的狂热分子们完全符合他的要求。

1664年9月12日,贝内特的情报部门拟出了一份13人名单,这些人现在正用假名以及伪装身份待在伦敦。名单中包括了约翰·阿特金森(化名为彼得·约翰逊)、洛克耶上尉(Captain Lockyer,化名为罗杰斯)和艾伦先生。这份名单中提到的最后一个名字——布拉德,虽然出自同一笔迹,但显然是用不同墨水写成的。威廉森在名单最后加了一句话:"最重要的集会地点在小法兰西(Petty France)的一个寡妇家里,我的线人说,他们筹到了所需经费,打算在伦敦实施阴谋,攻占伦敦塔。"[48]

国家对这一威胁高度重视,当天下令修缮伦敦塔,延长从伦敦城进入塔内的锁链,并把锁链的钥匙交给了军械总长保管。同时,还禁止百姓前往伦敦塔旁边的泰晤士河码头。[49]

1664年12月,有些未经证实的报告称,布拉德和两名曾经参与过都柏林城堡阴谋的同伙——长老会牧师安德鲁·麦考马克以及吉比·卡尔上校悄悄潜入爱尔兰北部地区,去了邓恩郡的罗斯特雷沃(Rostrevor)。还有传言说从苏格兰水陆运来了300支步枪供叛军使用。政府虽然历尽各种艰辛的搜查,却依然无法找到这三名逃犯的踪迹。[50]

第二年,有张纸上罗列着一份名单,包括了"涉嫌于5月22日在伦敦城及其附近地区出没的各色人等"。在一份7人名单中,还提到了"布拉德(别名艾伦)",说他们常在科尔曼街(Coleman Street)附近的天鹅街碰头,有时也在肖尔迪奇(Shoreditch)的捻丝工罗伯特·墨尔本(Robert Melborne)家里碰面。其中,专门负责购买武器的两名阴谋分子是蒂莫西·巴特勒(Timothy Butler)与克里斯托弗·道森(Christopher Dawson)。[51]

第三章 阴谋的滋味

莱文1665年开始定期汇报，他和另一个线人伙伴约翰·贝特森（John Betson）因为给贝内特当间谍，每人可以得到20英镑报酬。而莱文却对贝内特抱怨说他的酬金少得可怜："这笔钱根本不够用。我为了当间谍冒了很大风险，也产生了很多开销。多给些报酬可以让贝特森先生更加卖力地为国王效劳。"[52] 不久后，他再次要求加薪："一举抓获了16人，这比抓住约翰·阿特金森还令人快慰。"[53] 一年前北方起义失败后，阿特金森从约克郡逃到了伦敦。

阿特金森羁押在伦敦塔里接受审问时承认自己认识布拉德、洛克耶还有其他同谋，而且与穷途末路的再洗礼派有牵连。但他已经厌倦了这些人自私的诡计，想找机会揭发他们。他坦白交代了一些密谋者的地址，但是警告说一旦有人被逮捕，其他人肯定会立即逃离，而且以后很难继续追捕。

莱文也向他昔日的雇主——约克的罗杰·兰利爵士汇报了自己的工作进展：

> 1663年3月，阿特金森作为一场阴谋的活跃分子，加入了谋逆分子布拉德、洛克耶、怀斯上尉（Captain Wise）、罗杰·琼斯上尉、卡鲁（Carew）[54] 和李中校等人组成的委员会。他们打算在伦敦塔和白厅附近的房子里囤放武器，谋害国王、约克公爵、阿尔伯马尔公爵和大法官克拉伦登。阿特金森知道这里提到的绝大部分阴谋分子住在哪里，如果抓到他们……他还会坦白交代出政府想了解的其他任何事情。[55]

布拉德的第一位传记作者理查德·哈利韦尔对"布拉德先生

领导的"这个秘密委员会做了介绍。为了确保安全，他们在威斯敏斯特市小法兰西的寡妇霍格顿（Hogden）家里碰头，其间，每天至少有30名卫士为他们提供人身保护。[56]

在这个委员会里，所有下发的命令、所有的情报搜集及检索手段，所有需要仔细筛选和讨论的大小事宜，都应该符合他们伟大的计划。

这时，布拉德开始怀疑两名同党背叛了他们的事业。无论是出于悔恨还是希望得到丰厚的回报，这二人开始在法庭上揭露这起阴谋。

布拉德约这俩人在城里的一家酒馆见面，他们按照吩咐马上赶了过去，却被抓起来后从酒馆一路带到了某处黑暗的地方，由此，二人的线人身份曝光了。[57]

这个"黑暗的地方"，可能是科尔曼街或者它旁边的天鹅街上某家酒馆的房间或地下室，这种地方在17世纪是处罚背叛者的"热门"地点。[58] 布拉德回想起自己的军旅生涯，于是正式召集了一个私人军事法庭来决定这两名叛徒的生死。二人被判有罪，将在48小时内由临时行刑队执行枪决。

行刑的时间到了，二人被带到刑柱那里，除了等着受死外毫无希望可言。

> 而后，就在这个令人绝望的当口，布拉德先生却大发善心宽恕并释放了他们，给他们自由，还让他们去找自己的主子，告诉他们布拉德这伙人到底都做了什么……而且一旦他的士兵们（阴谋分子们）落在这二人的主人手里，也希望他们可以得到类似的宽恕。[59]

据信，威廉·莱文正是获释的两个叛徒之一。他有段关于自己接受同党拷问的描述与布拉德的传记作者描述的布拉德开设私人法庭的情形非常吻合。

莱文的叙事开始于1665年2月一个寒冷的星期日晚上，[60] 两个朋友邀他参加一个秘密会议。他们护送他"一路上拐了很多次弯，然后来到一处昏暗的地方"，突然，在那里遇到一群人用手枪和刀剑威胁他，愤怒地指责他是一名间谍。当然，莱文予以强烈否认，但却遭到了两天秘密监禁，他一直想知道到底是谁在诬陷他。后来，他得知告密之人是政府线人兼白金汉雇用的情报员亨利·诺斯（Henry North）。这些阴谋分子认为莱文背信弃义，所以罪有应得。但是奇怪的是，他们居然决定饶他不死，还把他给放了，只是让他郑重保证不再与贝内特或他的任何特工见面而已。[61]

1665年3月底，莱文想回到家乡达勒姆去劝诫朋友们承认自己参与过那场失败的叛乱，于是要求阿灵顿伯爵贝内特为他提供"国王亲自签名盖章的保命文函"。但结果却差强人意：他只拿到一张"雇佣关系证明"，如果遭到逮捕或监禁，可以把它拿给警长和治安官看。

> 兹证明威廉·莱文受雇于本人，因此不得干扰或限制此人从事任何搜索或调查工作。
>
> 亨利·贝内特[62]

那年5月，这份证明文件就派上了用场，莱文当时在莱斯特郡被捕，但是亮出身份证明自己是国王的仆人后便得到了释放。

尽管莱文焦虑地抗议，却依然得在那年炎热的夏天奉命留在伦敦，逃不开鼠疫的风险。据称，这场流行性瘟疫当时夺走了首都10万人（占伦敦总人口的20%）的性命。为了避免感染，王室带着议会和高等法院先是在7月迁到了汉普敦宫（Hampton Court），然后又搬到了威尔特郡（Wiltshire）的索尔兹伯里（Salisbury），最终在9月留在了牛津。再看看伦敦这边，罹患黑死病的人被锁在自己家里，大门上涂着"求主怜悯"这几个字，以此警告别人不要进去。大多数受到感染的人家都有1—3人病死。大街上荒草丛生，人们认为这场"大瘟疫"是通过家畜传播的，于是雇了专业"杀狗人"总共宰杀了4万条狗和20万只猫。实际上，造成莱文绝大多数家人患病致死的致病元凶其实是伦敦城里大批黑老鼠身上的跳蚤。[63]布拉德在这场瘟疫中幸存了下来，这使他自信地认为这肯定是一个神迹，说明上帝默许他参与煽动和反叛行动，从而改变这个邪恶的国家。[64]

1665年10月底，长老会成员在（克伦威尔时期利物浦市的行政长官）布朗上尉[65]位于利物浦的家中召开秘密会议，打算在英格兰、苏格兰和爱尔兰发起新的起义。都柏林的奥雷里很快便通过伪装成狂热分子的情报员得到了"这群疯狂分子议事"的消息，了解了他们此次商议的细节。这帮爱尔兰叛乱分子的代表人物是布拉德和他实施都柏林城堡阴谋时的同伙——威廉·穆尔中校。第三位则是我们的老朋友菲利普·阿尔登，他此时仍然是政府的卧底线人。

这次战略会议的结果是派出两名反叛分子前往苏格兰复兴他们的党派。穆尔把头发剃光后戴上了浓密的假发套[66]，穿过芒斯特的边界，也来到爱尔兰。他打算从芒斯特出发……去阿尔斯特的苏格兰人那里鼓动他们加入新的叛乱行动。奥雷里向阿灵顿报告说：

> 我派了一些可靠的间谍跟踪他，希望可以将他逮捕。他们最近经常在桑兹上尉（Captain Sands）家以及普赖斯（Price）先生家碰头，极力反对陛下的权威，尤其对爱尔兰总督大人以及本人表示不满。
>
> 他们许诺说要在圣诞节后搞出大事来。[67]

1666年2月，奥雷里的另一个间谍报告说，在爱尔兰北部布拉德的老同伙吉比·卡尔上校家或者卡尔的妻子在都柏林附近的家里可以找到布拉德，他们打算攻占芒斯特省的利默里克市。现在有消息称利物浦的"狂热分子"开会推迟了所有叛乱的时间，打算等王室海军忙着［在第二次英荷战争（Anglo-Dutch War）中］与荷兰交战时再采取行动，届时，政府就得分出一部分精力去应付海外战事。[68]他们声称可以调配1万名骑兵，但是只有一小部分能行军去苏格兰。[69]奥雷里通知奥蒙德说布拉德和一个名叫乔治·艾雷斯（George Aires）的人拥有各种假身份，"如果小心行事，可以在都柏林南部库姆（Coombe）的酿酒商考克（Cock）或库克（Cooke）家抓到他们"。[70] 他建议由一些熟悉这两人面孔的间谍来监视酿酒商家。否则，他们就可能逃过搜捕。[71]

他还随信额外附上了一份篇幅有两页半的信，这似乎是爱尔兰国务大臣乔治·莱恩爵士的妻子多卡斯·莱恩（Dorcas Lane）夫人给丈夫写的信，提到某个阴谋分子向她供述说"一场反叛国王陛下以及英格兰、苏格兰和爱尔兰所有贵族的可怕阴谋已经酝酿一两年之久了"。爱尔兰所有的城堡和堡垒都会遭到突袭，任何阻挠者都将被赶尽杀绝。行动日期虽然从元旦往后有所推迟，但相信不久之后叛乱就会开始。给她提供线索的人"掏了一大笔钱来推动这场邪恶的阴谋"，他们已经收买了包括都柏林城堡在内大部分要塞地区的所有士兵，并且为此"破费了不少真金白银"。他让多卡斯夫人庄重起誓，要对她所听到的事情保守秘密。

> 此人第一次告诉我这件事时，我真以为他疯了或是喝醉了……他本该把这么事关重大的阴谋告诉一个愚蠢点儿的女人，所以我没太重视他说的话。
>
> 但是一两天后……他又来了……再次恳求我替他保守秘密。
>
> 我佯装欣赏他的计策，实则想尽量套取他的情报，但是我没能从他口里得知到底有谁参与了这次阴谋。
>
> 尽管我已起誓，但良心告诉我不应该为这个恐怖的阴谋保守秘密，它将威胁到许多无辜的性命，让他把这个阴谋透露给我是上天的旨意，因此，我不该对这件事有所隐瞒。

第三章 阴谋的滋味

多卡斯夫人也清楚，她手中握着这位泄密之人的性命："有欠妥当的是，我揭发阴谋就会把他置于死地。"毕竟，她只知道有这档子事而已，她得保护自己的周全。于是，便告诉自己的丈夫说：

请别提到我的名字，就说这件事是通过别的渠道打听到的。

我忘了告诉你，他们打着自由和宗教的旗号，但我相信，谋杀和叛国绝非上帝的旨意。

这伙人确实认为上帝在助他们一臂之力，因为他们的阴谋算计自始至终还未曾被人发现。[72]

或许，布拉德在爱尔兰的反情报工作非常有效，让他重新回到了英格兰。他还要处理其他重要事务，似乎是想进一步推动异教事业。1666年3月，布拉德在第五王国派成员约翰·洛克耶的陪同下，化名为莫顿（Morton）[73]来到了尼德兰联省（United Provinces of the Netherlands），在途中还拜会了从前的议会骑兵指挥官埃德蒙·拉德洛，此人当时正忙着撰写自己的回忆录。拉德洛流亡到瑞士洛桑后，把母亲娘家的姓氏稍做改动，给自己起了个假名叫"爱德华·菲利普斯"。[74]

布拉德和洛克耶此行的目的是想护送拉德洛与逃亡的弑君者阿尔杰农·西德尼（Algernon Sidney）一同前往巴黎进行谈判，好从法国及荷兰盟友那里获得大量资金，在英格兰重新发动一场起义。不幸的是，布拉德和洛克耶因为没有护照或者其他身份证明，所以在荷兰的泽兰（Zeeland）被人当作英国间谍抓了起来。[75]但是，他们得到了定期从瑞士老家回访荷兰的流亡弑君者约翰·费尔普斯（John Phelps）的帮助，想尽办法说服荷兰人释放了他俩。[76]

当然，这其中另有蹊跷。1663—1667年，约瑟·威廉森在地址簿上记录着150多个名字，其中有一位通信联系人的名字只是非常隐讳地写着泽兰的"T.B.先生"[77]，此人会从荷兰写信给伦敦的"托马斯·哈里斯"（Thomas Harris），而"托马斯·哈里斯"这个名字，正是当时白厅国务大臣办公室的其中一个代称。托马斯·布拉德会是一名间谍吗？他是不是为政府工作的双重间谍呢？他现在是否正在参与某项秘密行动，好说服拉德洛离开瑞士的避难所然后对其进行暗杀？或者至少把他绑架后带回英格兰接受审判？这其中肯定有什么缘由，不然布拉德和同伴在一起时为什么还要使用假名呢？人们会对布拉德这样难以捉摸的神秘人物产生重重疑问其实不足为奇。虽然缺乏确凿证据，但这也许可以解释为什么他能奇迹般地逃脱追捕，而且就算是后来干出了那么离经叛道的事却依然能得到查理二世和政府的优待。[78]

然而，正在此时，都柏林那里正酝酿着对布拉德极为不利的事情。1666年4月2日，奥蒙德向伦敦寄送了一份偏袒托比·巴恩斯上尉（Captain Toby Barnes）的土地授予草案。这位巴恩斯曾在爱尔兰和海外侍奉过查理一世以及现任国王查理二世。[79]那些打算用来拨发的土地是布拉德的剩余财产，在他被政府宣布归为叛国逆贼后已被收归国有。9天后，查理二世往都柏林回信表示赞同：

> 为了感谢托比爵士的尽忠职守……我们特命你经加盖国玺批准，在米思郡邓博因男爵领中萨尔内的布雷斯顿与佛尤斯顿地区选出合适的市镇或土地租借给他，另外还有威克洛

第三章 阴谋的滋味

郡格伦马鲁尔（又名格林斯）的 500 英亩贫瘠的山地，这块土地曾经属于萨尔内的托马斯·布拉德，但是最近因为他犯有最高谋逆罪已被国家褫夺。[80]

这可不是什么明智之举，可能会动摇双重间谍的忠心。然而，把布拉德的土地转送他人或许纯粹是因为机缘巧合或是官僚机构的无为无能？也可能确实是想借此维护并提高布拉德在叛乱分子中的声誉？

当然，不论是布拉德还是莫顿都没能成功护送拉德洛去巴黎。这位议会将军对布拉德和约翰·费尔普斯（John Phelps）在洛桑所说的话不为所动，而且他还听说"英格兰派出了几名杀手，要杀掉所有可能与他见过面的人"，所以拉德洛变得格外谨慎，不打算轻易外出。[81] 毫无疑问，两年前 3 名保王党特工在洛桑一间教堂的庭院里暗杀弑君者约翰·莱尔（John Lisle）的事对他来说依然记忆犹新。况且拉德洛也不信任荷兰人，1661 年，英国大使乔治·唐宁爵士（Sir George Downing）在荷兰抓捕了弑君者迈尔斯·科比特（Miles Corbet）、约翰·巴克斯泰德（John Barkstead）和约翰·奥凯（John Okey）。[82] 拉德洛认为此举与谋逆造反及杀人越货无异，荷兰人应该在上帝面前幡然悔悟。

经过深思熟虑，拉德洛拒绝离开瑞士，决定继续在这里隐姓埋名安全地生活下去。当然，布拉德也对这位共和派英雄印象平平，认为他"无法胜任那份工作"，觉得他胸无大志，只在意"撰写他自己称之为历史的回忆录而已"。[83]

与此同时，阿灵顿开始聚焦英荷海战，于是放缓了自己对爱尔兰新动乱的关注。他在接下来的 8 月警告奥蒙德说布拉德和其他臭名昭著的阴谋分子会到爱尔兰去煽动整个民兵队伍，还补充说自己的一些线人也提出要去爱尔兰。但是，也许阿灵顿认为当地人更适合执行这一任务，于是决定除非奥蒙德主动提出支援需求，不然就不派人手过去。[84]

威廉森从他的一个间谍——前议会特工约翰·格赖斯上尉（Captain John Grice）那里接到情报说布拉德和罗杰·琼斯上尉（臭名昭著的"梅内·泰科尔"）"已经去爱尔兰……搞破坏了"。[85]格赖斯慷慨地提出要参与逮捕行动，还建议抓住欧斯曼敦（Oxmantown）黑男孩客栈的老板，因为"他知道爱尔兰的所有阴谋"。[86]

虽然冒险家布拉德已经于 1666 年初夏从欧洲回到了伦敦，[87]但是奥雷里 9 月随同爱尔兰总督巡查芒斯特省时却依然认为布拉德一直待在爱尔兰。因此，他安排了全省戒备，以防发生骚乱。他还向阿灵顿保证说所有人都齐心协力，严阵以待。[88]

一个间谍告诉乔治·莱恩爵士说"都柏林新娘街（Bride's Alley）的烟草商约翰·布雷顿（John Breten）与圣帕特里克街的鞋匠约翰逊"可能知道逃犯的下落。

> 此人是都柏林北部欧斯曼敦黑人男孩客栈的老板……在那里为布拉德提供安身之所。那天早晨，布拉德的马就在客栈，或许也可能是他命人把马牵到那里的，方便从都柏林逃跑时使用。
>
> 我想不起来这个人叫什么名字了，但是因为他妻子是盲人，您或许可以通过打听她而找到此人。[89]

第三章 阴谋的滋味

布拉德就像是新时代的"红花侠"（Scarlet Pimpernel）*一般无处不在。他被控于1666年9月2日凌晨1点在布丁巷（Pudding Lane）的托马斯·法里纳（Thomas Farriner）烘焙坊纵火引发了伦敦大火（Great Fire of London），这场大火直到3天后才被扑灭，致使伦敦这座建于中世纪的城市大部分地区惨遭焚毁。[90]当时的《伦敦公报》报道称"不明身份的陌生人、荷兰人和法国人在火灾期间遭到逮捕，因为涉嫌参与纵火而被收监入狱"。[91]再后来，反对天主教的狂热分子提图斯·奥茨（Titus Oates）的疯狂盟友以色列·汤奇（Israel Tonge）认为布拉德也参与了纵火，并说这是一出"天主教会与法国共和派联手搞出的阴谋，而布拉德则是共和派的特工"。[92]在给查理二世的信中提到的另一位罪犯是约翰·梅森上尉。但是经过调查发现，这些都是毫无根据的指控。威廉森发表了一份备忘录总结道："经过国家重臣们的多次调查……发现伦敦大火纯属意外，是风干物燥所致，除此之外并未发现其他可疑之处。"[93]

就在大火造成一片混乱之际，阿灵顿于9月6日向乔治·莱恩爵士报告说有人在兰开夏郡见到了布拉德，但在火灾发生后他来到伦敦，还差点落入法网。[94]

5周后，阿灵顿改变了主意，打算在爱尔兰加强情报网络建设，于是把自己的间谍莱文以及后来与他同为间谍的弗里尔

---

* 红花侠这一人物出自1905年匈牙利裔英国女作家艾玛·奥希斯女男爵（Baroness Emmuska Orczy）（1865—1947）创作的小说《红花侠》（Scarlet Pimpernel，"红花"即猩红色的繁缕花）。故事描述的是法国大革命期间，法王路易十六被送上断头台，王室和贵族也纷纷遭到陷害。英国花花公子帕西化身为传说中的蒙面侠客红花侠，不断潜入法国，出生入死地搭救受难贵族逃亡海外。每次解救成功后，他就会留下一朵红色的繁缕花作为记号。——译者注

(Freer)或弗赖尔(Fryer)派到了都柏林。为此,莱文又拿到一封呈递给爱尔兰总督的保护信:"此信的持有人被派往爱尔兰的目的是抓捕布拉德及其同伙。他的真实姓名为沃德(Ward),用的是化名威廉斯。"[95]这名间谍头目对待特工身份的问题一向行事谨慎,他给莱文分别用了两个不同的假名。

间谍人员在人生地不熟的环境下执行任务往往特别困难。毕竟,学识再渊博也不如在当地多认识几个熟人。无论如何,莱文还是设法混入了阿尔斯特的长老会信徒群体,并在11月16日向奥蒙德提供情报称布拉德和其他同谋从爱尔兰逃走了。[96]他和弗里尔在爱尔兰待了10个星期,然后才在12月返回了英格兰。莱文在爱尔兰发回的最后一条信息中说后悔自己没能在爱尔兰抓到布拉德或者"梅内·泰科尔",但是他遇到了这两名逃犯的几个熟人,还把他从这些熟人那里套取的情报交给了奥蒙德。[97]

与此同时,苏格兰确实发生了一场由长老会引起的叛乱。事件的起因是1666年11月13日,几名士兵在柯尔库布里郡(Kirkcudbrightshire)的达尔赖(Dalry)欺负一名老人,因为他没参加权威教会仪式,也没缴纳罚款。虽然整件事看起来毫无征兆,却有迹象表明这出骚乱是提前计划好的。4名市民救下了挨打的老人,射中了一名下士的腹部,另外4名士兵的武器也被他们抢走了。民愤开始高涨,200人来到邓弗里斯(Dumfries)绑架了(当时还穿着睡衣不知所措的)当地军事指挥官詹姆斯·特纳爵士(Sir James Turner)。这些暴民在最终被捕入狱前还打败了两个步兵连,令政府颜面尽失。[98]邓弗里斯的叛乱迅速升级,叛军队伍增长到了2000人,而且个个身材精壮。但是,叛军们依然坚定效忠查理二世，只不过要求在苏格兰结束英国国教统治，同时恢复长老会信仰，并让之前遭禁的重新执业。[99]

三天后，苏格兰枢密院动用了托马斯·达尔齐尔中将（Lieutenant General Thomas Dalziel）率领的部队。因为担心有内奸支持反叛者，于是苏格兰首都爱丁堡将城门紧闭，并在夜间由宣誓效忠伦敦政府的民兵加强巡视。[100] 11月28日清晨，还剩下1000名并未放弃的叛军，他们在距爱丁堡7英里远的鲁里昂格林（Rullion Green）与达尔齐尔的军队发生了正面交锋。叛军在一个白雪覆盖的山顶上全力抵抗，最终还是在日落时分被政府军的三次进攻彻底击溃。在当晚的追捕行动中，大约50名叛军遇难，120人被俘。[101] 其中一名死者便是布拉德企图攻占都柏林城堡时的同谋——牧师安德鲁·麦考马克。[102]

能证明布拉德参与过彭特兰（Pentlands）起义的证据少之又少。这次起义失败不久，查理二世本人将布拉德在其中所起的作用告诉了康韦子爵（Viscount of Conway），奥雷里也对奥蒙德说根据阿灵顿提供的情报，布拉德确实参与其中。[103] 1667年4月，威斯特摩兰郡（Westmorland）的首席司法行政官菲利普·马斯格雷夫爵士（Sir Philip Musgrave）在当时的一份报告中提到"去年冬天以及去年一整年爱尔兰发生暴乱期间，在苏格兰叛军里混迹着一个名叫布拉德的人"，称他联系一名固执的再洗礼派成员时，在那个人的家里被盯梢。最近的一些学术权威人士认为，长老会叛军被击溃时布拉德也在场，但却毫发无损地逃走了。[104] 但奇怪的是，政府罗列的苏格兰叛军领导人名单中并未提到布拉德。

1667年1月19日，伦敦发布了抓捕布拉德的逮捕令，[105] 3月

2日，伦敦政府又授权莱文动用一切武力手段就地捉拿布拉德、蒂莫西·巴特勒、洛克耶上尉和其他反叛分子。如果在伦敦或威斯敏斯特抓到他们，就扭送到阿灵顿那里接受审讯，如果是在乡村抓到，则就近扭送到当地的副总督或治安法官那里接受审讯。[106] 但是，显然这几个人早已从首都逃之夭夭了。1月21日，格赖斯报告称布拉德正用假名"艾伦"或"格罗夫斯"（Groves）生活在老家兰开夏郡的沃灵顿以及曼彻斯特地区。他打算在那里一直待到2月底。[107]

布拉德已经受够了这种生活，他决定远离危险的间谍世界。为了用一种更为安全且宁静的方式谋生，他做出了一个奇怪的决定，用化名"艾利夫"（Ayliff）在埃塞克斯郡（Essex）的罗姆福德（Romford）当起了医生。但实际上，他根本没有任何行医资质，无法想象他的病人是否能被治愈。他的妻子玛丽和长子托马斯则被送到伦敦北部肖尔迪奇的一家药房安顿下来，开始改用假姓韦斯顿（Weston）。[108]

除了非法行医外，布拉德俨然变成了一位遵纪守法的好公民。

但是他这身医生打扮只是为了掩饰身份的又一种伪装而已。其实，他最伟大的冒险行动还没有华丽上演。

第四章

患难见真情

> 两个士兵……把布拉德孤立出来,驱逐到一个院落,他站在那里,一只手拿着利剑,另一只手拿着手枪。
> ——《关于布拉德先生的生死评论》(*Remarks on the Life and Death of the famd Mr Blood*)[1]

政府的间谍机构正在缓慢逼近那些虔诚的阴谋分子。1667年2月28日,其中一名间谍威廉·莱文上尉(又名伦纳德·威廉斯)又向威廉森讨要了一份逮捕令,用来抓捕一场新的反政府阴谋中的15名主犯,其中包括亨利·丹弗斯上校(Colonel Henry Danvers)、约翰·洛克耶上尉、蒂莫西·巴特勒、拉尔夫·亚历山大、布拉德少校和李少校。我们的冒险家布拉德又现身了。[2]但是,每一次抓捕这些革命者的行动却都以失败告终。

17世纪末的间谍工作可不是有利可图的差事。尽管按理说这项工作非常危险,但是获得的报酬却往往十分微薄。此外,这时的间谍机构还处于建设之初,在给谍报人员定期支付薪酬时做得不尽如人意。因此，莱文的手头总不宽裕。³ 为了弥补不稳定的收入，他被迫兼职当上了拦路盗匪，最初是在莱斯特郡作案，而后又和贫穷的线人威廉·弗里尔联手开始在约克郡利兹（Leeds）附近的丘陵和山谷中实施抢劫。

但是，莱文持械截停马车和骑马人后实施抢劫的新勾当干得并不顺利。虽然他能遏制住受害者，却几乎抢不到什么钱财。不久后，他就被当地治安警察抓住了，并于1667年5月18日关在了约克城堡中老鼠出没的肮脏囚室里。⁴ 弗里尔则设法逃过抓捕，然后跑到了利兹的平原地区。⁵ 羁押莱文的人在他口袋里找到一张揉皱的文书，上面写着他替国王效力的事实，还包括了一张释放特许卡，可以向这些错愕不已的狱官证明他的真实身份与职业。⁶

然而，这张纸却没起到什么作用，因为阿灵顿对这名倒霉的间谍另有安排。

莱文被带到伦敦，然后关进了伦敦市里的新门监狱。7月11日，他在狱中用哀怨的语气给阿灵顿写了一封信，解释自己是如何在不知不觉中堕落犯罪的。这是一个让人耳熟能详的故事，单纯无辜的初犯轻易受到酗酒惯犯的影响，听信了他们可以赚快钱的承诺：

> 由于没有就业希望，我去拜访了莱斯特郡的一些朋友……却交友不慎，犯下了罪行，虽然我没伤害任何人，但还是被关进了监狱。

莱文向来都急于向阿灵顿证明自己的价值，他补充说自己虽然囚禁在约克城堡里,却丝毫没有懈怠。他遇到了一个名门之后,愿意放下自己的事业去给国王当谍报员,他这么做并非出于恐惧或生活所迫,而纯粹是良心使然。莱文夸口说:"他能揭露国内外任何一桩反叛行动。"[7]

两天后,莱文惊恐地听说自己要从新门监狱转移到约克去指控即将受审的罗杰·琼斯上尉("梅内·泰科尔")、约翰·阿特金森和罗伯特·乔普林(Robert Joplin)这3名1663年英格兰北方暴动失利后被擒的反叛分子,于是马上给威廉森写了封信。要知道,在法庭上抛头露面对线人来说可不是什么好事,隐匿的身份是他得以在充满血腥报复的孤独世界全身而退的唯一保护伞。

可以预见的是,他的请求并未获得应允。7月20日,新门监狱的看守官收到令状,命他安排相关事宜,护送莱文去约克的巡回法庭出庭作证。同日,伦敦塔中尉约翰·鲁滨逊爵士(Sir John Robinson)也奉命安全押解约翰·梅森上尉去同一个巡回法庭接受审判,几乎可以肯定的是,他将以谋逆罪论处。[8] 梅森是北方起义以及多起阴谋造反行动的骨干力量,多年以来一直被政府视作眼中钉、肉中刺。现在,线人莱文和叛党头目梅森都将沿着北方大道(Great North Road)一路押解到巡回法庭。

威廉·达西下士要领导着约克公爵麾下王室骑兵卫队(Horse Guards)[9] 中抽调的7名骑兵护送两名囚犯骑行210英里才能到达约克。莱文可能要奉命汇报这名同行囚犯在6天行程中的谈话内容,并且试着从中找出日后指控他的罪证。他自己肯定也一直担心:仅由寥寥数人组成的骑兵小队来押解约翰·梅森这样一名高调的反叛分子,他们极有可能在前往英格兰北部途经某处偏僻位置时遭到袭击。

莱文对这次押解行动感到不安其实不无道理。

1667年7月25日星期四晚上7点左右，他们在西约克郡庞蒂弗拉克特东南方达灵顿村（Darrington）与文特布里奇村（Wentbridge）之间的一条狭窄的小巷遭到伏击，这里距离约克还有25英里的距离。[10]

率领这次营救行动的正是托马斯·布拉德。

但是，由于冒险家布拉德在实施大胆救援行动时过于粗心大意，我们不难看出，整个过程无不渗透着悲喜交加的成分。其间，犯人梅森在连催带赶的情况下才想到要溜之大吉，精神紧绷的约克理发匠斯科特先生刚刚在常有拦路盗匪出没的危险路段加入最后一程的护送队伍，就丢掉了性命，布拉德因为忘记束紧马鞍上的束带，三次从马上摔了下来。当然，诸如此类的事情还有很多。总的来说，这次救援行动与其说像是埃罗尔·弗林（Errol Flynn）*在电影中鲁莽大胆的勇敢出击，倒不如说更像是启斯东警察（Keystone Cops）†一般没头没脑地疯狂冒险。

在不同的报告中，与布拉德一同参与救援的人数存在差异：5天后在伦敦发表的一份新闻报道称护送队伍遭到13名精壮骑手的袭击，[11]但是当时执行护送任务的达西下士却估计有10个袭击者。[12]当然，与布拉德一起持械同去的肯定有他的几个老伙伴：（1663年在诺丁汉参与过反政府阴谋的）[13]第五王国派成员约翰·洛克耶上

---

* 埃洛尔·弗林是20世纪三四十年代好莱坞红极一时的性感男星，他主演了许多冒险题材的动作片，代表性角色是"罗宾汉"和"布拉德船长"。——译者注

† 指的是1914—1920年由美国启斯东电影公司拍摄的喜剧片中经常出现的一群愚蠢而无能的警察。——译者注

第四章 患难见真情

尉,在叛党中担任军需官和军械师的蒂莫西·巴特勒,以及其他几个人。

布拉德定是及时收到了密报,得知与他具有特殊情谊的梅森会被押解到北方去。他有非常精确的情报,知道达下士率领的小分队具体实力如何,装备情况怎样,以及可能会选择哪条出行路线。押解队伍最可能在7月20日早晨带着囚犯离开伦敦,布拉德和三个同伙便在当天晚上紧随其后。为了防止惹人怀疑,他们此行没穿靴子,骑着小马,还把手枪藏在了裤管里。布拉德等人在诺丁汉郡的纽瓦克北部追上押解队伍前,一切似乎都非常顺利。

与布拉德同时代的传记作者理查德·哈利韦尔将这件事记录了下来:

> 他们设下了一处哨站,负责观察即将到来的梅森。但不知是出于恐惧还是负责盯梢的人对这样一种单调而乏味的工作感到厌倦,哨站那边没给他们传来任何消息,无论是囚犯的消息还是护卫的消息。
>
> 于是,布拉德先生和他的同伴们开始觉得像这样在前面的路上盯梢其实是徒劳无功的。

现在,押解队伍已经从伦敦出发上路5天了。再过24小时,梅森就得老老实实地待在约克郡的监狱里,那时候,再想救他恐怕也爱莫能助了。尽管他们成功的机会非常渺茫,布拉德还是催促同伴们不要放弃。那天晚上,因为行动失败,他们留宿在约克郡达灵顿的一家客栈里[14],决定住一晚后返回伦敦。而后,出乎意料的是，他们竟然交到了好运。

布拉德一行人在临街的一间房里刚刚落座不久，才开始为舟车劳顿和朋友的厄运抱不平，就发现护送囚犯的队伍居然声势浩大地走来，还与他们入住了同一家客栈。

后来，他们才发现是梅森无意中推荐了达灵顿的这家"他最熟悉的客栈"，好让一天来风尘仆仆的骑兵护卫们稍事休息，用些饮料和茶点。

布拉德先生仔细打量了一下他的朋友和那群他要对付的护卫。

然后，点了一份简单的晚餐坐在火炉旁吃了起来，如此一来，他就能腾出一点时间跟同伴们商量下一步的对策。

因为押解梅森上尉的队伍不打算留宿，所以布拉德只能粗略地告诉自己的同伴，说让大家跟着他一起见机行事。

这群满怀希望的劫囚匪徒匆忙把饭钱和酒钱扔在桌上，告诉客栈女主人说他们在这里遇到了相谈甚欢的伙伴，打算继续上路，不回伦敦了。梅森上尉骑着一匹马与4位指挥官先行离开，留下3名士兵在客栈大厅里静静地喝完了剩下的啤酒。

此时，布拉德和几名同伴一直按捺着紧张而急躁的心情，等着士兵们喝完酒后离开。一名骑兵终于喝净了杯中的酒，随即离开，而后，剩下的两个骑兵也跟着走了。

第四章 患难见真情

在客栈外面的院子里，布拉德和同伴们正在马背上不耐烦地等着最后这两个落后的士兵离开。他意识到，如果他能尽快制伏这两名士兵，护送队伍的力量就会大大削弱，这样一来，营救梅森的成功率就能大幅提高。但是，提前出发的护送队伍已经走出多远了呢？

他们很快就超过这两名士兵。而后，布拉德骑马走在两名士兵的右手边，他的朋友则在他们的左手边骑行。就这样，4人并排骑马走了一段时间。

突然间，布拉德拉住旁边这匹马的缰绳，他的朋友也遵照他的指令，做出了同样的动作。他们把士兵们意外拉下马后，随手牵着马缰绳让它们找了块地方随意吃起草来。

这两名士兵肯定以为布拉德先生追上来是为了抓住他俩。

但事实并非如此，布拉德去追赶他们的其他同伴了，现在的押解队伍只剩下6个同伴外加一个约克郡的理发师……布拉德先生策马直追，朝着押解队伍冲去，打算拦住他们。

凭空出现的布拉德让达西和士兵们都惊讶不已，大家显然认为这个肮脏的骑士不是喝醉了就是疯了，没想到这会是一个陷阱。士兵们面带轻蔑的表情，以为只是个平民百姓挡住了他们执勤的去路，便用手里的马鞭敲打布拉德的马匹，试图把他从路上赶走，"与其说对他表现出嗔怒之情，不如说是对他充满了鄙视"。而后，就在千钧一发之际，他的同伙们赶过来参与了突袭。

此刻，布拉德剩下的最后一名同伴也骑马追了过来，双方展开了一场近地战，一边开枪交火一边还不时催赶着马匹向前奔跑，试图挥剑给对方致命一击。

在一片混乱的叫骂声中回荡着阵阵枪响，尽管押解的士兵呵斥斯科特先生别搅和进这场与他无关的混战，但这个倒霉的约克郡理发师却还是激情四射地加入了武装冲突。他手里握着剑一通胡乱挥舞，激动有余但是谨慎不足，[15] 很快便被人打倒在地，没了气息。就这样，他成了这场冲突中的第一个牺牲者。但他到底是死于刀剑还是子弹之下，我们就不得而知了。鉴于斯科特在这一天的运气不佳，他很可能是被霰弹或跳弹射中身亡的。

这时，梅森骑上他那匹只值"30 先令的破马"，了无牵挂地扬长而去，还出人意料地冷静地回头望了望，看看身后究竟发生了什么。

他起初猜测这是给他设下的陷阱，好像是押解士兵有意让他逃跑，事后再以此作为证据更有力地指控他。

于是，梅森又跑了回来，这时，布拉德先生对他喊道："骑马快跑，骑马快跑！"听到这个提示后，他先是一愣，简直不敢相信这竟然是自己朋友的声音。

梅森周围依然冲突不断，而他却突兀地决定起身下马，最终，他在布拉德绝望的叫喊声中开始行动，一把抓住一匹没人骑的马，跳上马鞍扬鞭而去。

冲突还在继续上演，布拉德因为自己心存大意，忘了重新束紧刚进客栈时马夫放松的马鞍，所以从坐骑上跌下来 3 次。屡屡痛苦坠马让他开始感到厌烦，也许是为自己在面临险境时居然犯

第四章 患难见真情

下如此愚蠢的错误而感到气恼。布拉德明知对手骑在马背上可以更加自如地使用手里的武器，却依然枉顾自己的劣势，极不明智地决定下马徒步与敌人对战。他已经被近距离枪击射出了4处皮肉伤：

> 两个士兵把布拉德孤立出来，驱逐到一个院落，他以挑衅的姿态站在那里，一只手拿着利剑，另一只手拿着手枪。
>
> 其中一名士兵朝他毫无遮挡的身体射击，射中了他的肩胛骨附近，这时他身上还有4处之前造成的枪伤。
>
> 这名士兵……将一把用尽子弹的手枪用力朝布拉德扔去，刚好击中他前额下方的鼻梁正中位置，然后惊讶地发现，他居然把布拉德打得失去了知觉。
>
> 然而，就像是一场真正的斗鸡比赛[16]一样，公鸡在断气前还要给对手最后一击，布拉德在一种充满挑衅与绝望的情绪的驱使下，拿手中的利剑向马上的敌人猛砍过去，发起了复仇式的反击，将敌人打落马下，身负重伤，而且伤势比他还要严重许多。

满心愤恨的布拉德打算实施报复，刚要提着沾满血污的佩剑冲向那名仰倒在地的士兵，就听到还没逃离现场的梅森对他大喊道："且慢，请饶他一命，一路上只有他善待我。"于是，尽管极不情愿，布拉德还是放下了高擎利剑的手，勉强饶过了那名士兵的性命。对他来说，现在可不适合弘扬骑士精神，也不该怜悯无助的敌人，但是既然朋友开口求情了，即便是在激烈的战斗中，他依然对此做出了一般性的礼貌回应。

而后，梅森与布拉德一同开始对付其他的骑兵，持续激战了大概两个小时，最终取得了胜利。

据称共有两名士兵牺牲，但是根据密报，这个数字其实并不准确，因为倒霉的约克理发匠也被计算在内了。3名骑兵坠马，其他人也都受了伤。

> 虽然这次激战发生在一个村庄里，有许多围观者，却没人胆敢冒险帮助任何一方，因为他们不知道到底哪一方才是正义之师。
>
> 对于这场殊死搏斗，他们只是冷眼旁观，认为如果去帮忙的话，只会自寻死路，别无益处。[17]

但是，历史不该谴责这些村民的胆小怕事。毕竟，冷眼旁观已经是一种英勇之举了，至少他们可以活下来把这件事告诉自己的子孙后代。

莱文也像受惊的村民一样，并未参与这场残酷的冲突。枪声刚一响起，他就骑上一匹离群的马，迅速就近躲到了一所房子里。

布拉德和同伙们救出梅森胜利离开后，莱文才从避难所现身，向身负重伤、气喘吁吁的达西下士投降。当晚，间谍莱文便向阿灵顿报告说他在激战之初回到达灵顿是想找人给士兵们帮忙，"但是那里的人都胆小怕事……跑回自己家里躲着，没有一人现身"。

莱文对领头的袭击者再熟悉不过了，他指认说这些人里有"布拉德少校、洛克耶和巴特勒"。

当地的治安官兼杰出乡绅斯汀格（Stringer）从位于沙尔斯顿（Sharlston）的家中策马疾驰了几英里后气喘吁吁地赶来接管现场。他在当地找来一位外科医生给伤兵治疗，莱文根据梅森上尉熟知的乡村为斯汀格和几名同行的司法人员指明了这伙人的去向，后者还发出了全民追捕令[18]。莱文建议阿灵顿挑选一些可以从人群中认出梅森和布拉德的人手，将他们安插在伦敦北部郊区，因为这伙人很可能向首都逃去了。[19]

为了给阿灵顿大人提供更全面的情报，莱文并未着急把这封信从约克寄出。两天后，威廉森在城里的线人马斯科尔（Mascall）提供了有关这次袭击事件的更多细节。他声称布拉德和他的手下都佩戴着头盔、手套和铠甲；如果真如他所言，布拉德一行人肯定得从伦敦沿路的某个熟悉的地方取走这些胸背板和护头用具。

> 冲突之初，他们既没说一句话也没炫耀武力，而是直接从士兵们的背后开始放枪……
>
> 看样子，他们打算杀掉一起押解上路的莱文。据信，押解队伍中有三四人遭到了致命的伤害。
>
> 与士兵们结伴而行的约克郡市民斯科特当即殒命。
>
> 这群劫囚的歹徒行事谨慎，在所有通往该地的出入口都安置了几名侍从以及他们的同伙。[20]

遇袭4天后，尚未伤愈的达西暂住在约克郡科尼街（Coney Street）的黑天鹅旅店，他把两页官方报告寄到了查尔斯·惠勒爵士（Sir Charles Wheeler）的办公室，此人是威斯敏斯特市旧宫院

（Old Palace Yard）鲁珀特亲王的马队官员。[21] 让这个充满抱负的年轻士兵推敲措辞，谨慎描述这次失败的任务确实有些强人所难，他非常清楚军用马匹的重要性：

> 我有责任向您描述上周四晚上六七点钟我们在约克郡达灵顿村的不幸遭遇。
>
> 行至一个狭窄的小巷时，10 名歹徒从背后对我们发起了袭击。据我判断，他们都全副武装，用手枪朝我们开了几枪后说道："快投降，不然你们就只有死路一条。"
>
> 于是，我立刻转过身来，带着士兵们与歹徒激战了半个小时，直到大家都身负重伤才就此作罢。普罗克特（Procter）的身体被子弹射穿，尼弗顿（Knifton）被击穿了胳膊，洛布里（Lobley）被打中了大腿，休伊特（Hewet）被射中了背部，我自己则手部和头部受伤，我的马腿也被子弹击中了。
>
> 洛布里、普罗克特和杰克逊（Jackson）的马被抢走了。
>
> 我射中一人，还抓住了他们的一匹马。有人骑走了辛格尔顿（Singleton）的马，但是洛布里却把他打落在地，随后又将那匹马重新夺了回来。

现在只有达西承认犯人丢了：

> 他们救走梅森后，我们发出了全民追捕令。
>
> 一同押解前往约克城堡的犯人莱文认识其中 3 名劫囚者，他告诉斯汀格法官说这 3 人分别是洛克耶、巴特勒和布拉德。

第四章 患难见真情

> 一位掉队的约克郡绅士被他们杀害了。
>
> 我身边只有辛格尔顿和杰克逊,所以迫不得已向当地村民求援。其他人被落在了后面,但是没有生命危险,我竭尽所能对他们进行了料理。村民们很需要钱,因为他们还要3个月才能收获庄稼。[22]

抓捕梅森、布拉德及其同伙的行动正式开始,乡绅们普遍认为这些人犯下重罪是因为他们"对国王及政府的蔑视行为"。[23] 可以预见的是,曾经追随克伦威尔的变节者埃德蒙·拉德洛此刻正安全而舒适地躲在瑞士,认为营救梅森是"上帝默许的任务"。[24]

在达灵顿成功劫囚后,这些逃犯非常明智地选择分开逃跑,几天之内就都各自找到了可以藏身的安全庇护所。

布拉德骑行了一整夜,还迷了路,他的身上和衣服上都沾满了血污,从头到脚没有一处干净地方。他在约克郡距离达灵顿大约30英里远的地方设法找到了一个身份不明的朋友,在朋友家让当地的外科医生替自己处理了枪伤。为了让医生对此事保持沉默,想必布拉德一定给了他一大笔钱。[25] 就这样,布拉德留在那里养好了伤。[26] 而后,就像从前一样,又消失得无影无踪了。

在伦敦,另一位政府线人兼莱文的好友约翰·贝特森认为他可以组织抓捕"梅森的一些朋友"。而且,他已经开始接触长老会中一个可能变节的成员了,但同时,他也警告说"自己需要经费"。

几个星期前,贝特森抱怨说自己在之前抓捕梅森的行动中殚精竭虑,却只得到区区10英镑作为间谍服务的报酬。因为这件事,他在阿灵顿那边的声誉一落千丈。贝森特自鸣得意地告诉间谍头目说"给我40英镑外加得到您的器重，就能令我满意"。[27]现在，贝特森开始着急求见阿灵顿。"我今天早上等着阁下，希望您别对我产生反感，"不过他还非常谦顺地补充说，"如果您对我反感，那也是我咎由自取。不过，我誓死保证不再犯错了。"[28]他还想让国王赦免自己过去的重罪以及其他的不法行为。

8月8日，政府又发布了一份逮捕布拉德的公告，悬赏100英镑捉拿他还有他的同伙梅森等人。

> 兹告知约翰·洛克耶、蒂莫西·巴特勒和托马斯·布拉德（通常被称为布拉德上尉）伙同其他几人最近在约克郡文特布里奇附近达灵顿村以一种最为狂乱无章且大逆不道的方式暴力袭击了负责押解叛国者梅森从伦敦塔去约克城接受审判的队伍。
>
> 他们杀害了几名卫兵，还不顾一切地打伤了其他人，救走了人犯梅森，而后藏匿在秘密的地方，至今仍未投案自首。
>
> 责令英格兰各郡郡守、治安官员、市长、法警和民众在任何地点都竭尽所能地搜查并抓捕这些逃犯。凡是隐匿、包庇逃犯者，将遭到严厉的起诉。[29]

与此同时，莱文在7月31日收到一份缓刑令，除了重罪外的其他所有罪责全部被一笔勾销。[30]他回到约克城堡，依然担心自己会有一天要出庭作证。于是，便使出撒手锏，给约克巡回法庭的文书罗伯特·本森（Robert Benson）写了封信，请求他不要让自己当证人去指证琼斯、阿特金森或乔普林，因为他对这几个人知

第四章 患难见真情

之甚少，所以根本就没什么可指证的。莱文还拿他作为政府线人的良好表现佐证自己所提要求的合理性，他强调说："我和狂热分子为伍时，一直对他们很忠诚，后来我开阔了眼界，认识了更加优秀的人，并且国王陛下宽宏大量地饶恕了我，还雇我当上了政府线人。"[31]

这是惶惶不可终日的莱文写下的最后一封信，他总是害怕自己投靠查理二世间谍组织的事终有一天会被人发现，进而遭到狂热分子的血腥报复。

报应最终还是来了。在莱文这封一页长的信件正面潦草地标注着一行字，宣布写信人的尸体是8月5日被人发现的。在约克城堡里本该非常安全，但是莱文却在这里被人找到后遭到了毒杀，他的尸体很快便被悄悄葬在约克市的一个公墓里。

是谁杀死了莱文？[32] 表面上看，托马斯·布拉德似乎嫌疑最大。他在达灵顿冲突时就认出了莱文，一定猜出他此行的目的是要去约克当证人指证自己的叛军同伙。布拉德肯定还知道莱文已经在营救梅森时认出了自己以及同伙洛克耶和巴特勒，而且很可能为了邀功已将这些信息汇报给了政府部门。因此，布拉德有足够的理由实施报复。而且他当时仍在约克郡（可以到达约克城堡），可能有机会借着其中一种伪装身份在那里实施毒杀。当然，因为他之前有假冒医生的经验，所以清楚自己到底该用什么方法投放哪种毒药。

正如我们接下来要看到的，复仇对布拉德而言是强大而持续的动力，将会驱使他犯下更为大胆的罪行。然而，他似乎又不太可能直接参与谋害莱文一事。

在布拉德看来，所有冒险经历中的行凶手法一直代表着他想向外界传达的一部分信息。投毒是布拉德从未用过的作案手法，在他离经叛道的行动中，他更喜欢使用那些吸引眼球且有些浮夸的方法，而不是借助这种无声无息且含混不清的手段实施致命的报复。

况且，此时布拉德还身负重伤，距离达灵顿冲突才不过11天，他的身体状况根本不允许他远行。但是，他也可能已经把容易藏在身上的一小瓶毒药私下弄进了约克城堡，还安排他人将药放进了莱文的食物或水里。至于下毒者，有可能是布拉德事业的支持者，也可能是某个收到巨额贿赂的人。

另一个嫌疑人可能是约翰·阿特金森，他在约克郡酝酿的叛乱被粉碎后逃到了伦敦，1665年春天被莱文出卖。后者还要在即将举行的审判中出庭作证，因此，他也有强烈而直接的个人动机。而且在谋杀案发生时，阿特金森也羁押在约克城堡里，但是根据推测，他在监狱内的活动是受到限制的。[33]

最后，凶手还可能是一个重量级人物——第二代白金汉公爵乔治·维利尔斯。莱文因为提供证据指控白金汉有意协助那些反对国王的密谋者而得罪了这位权贵。莫须有的谋逆罪指控被撤销后，白金汉最近刚从伦敦塔获释出狱，[34] 为了谨慎起见，他可能决定除掉指证他的证人。当然，其他那些跟他有过节的人也将死于非命。

有趣的是，白金汉后来或许认为自己不需要模棱两可的证明，反倒应该否认那些诬陷他投毒杀人的指控。于是，他写道："如果有人能证明莱文真是被毒死的，那此人真是帮了我的大忙。事实胜于雄辩，我保证会说出为什么要这样做。"[35] 所以白金汉有动机

第四章 患难见真情

也肯定有办法派人杀死莱文。

与此同时，莱文的朋友、与他同为线人的威廉·弗里尔因为拦路抢劫遭到指控，被带到约克郡韦克菲尔德（Wakefield）严肃且易怒的地方法官怀特（White）面前。就像之前莱文所做的一样，弗里尔拿出一份文件来帮助自己出狱——这次是国王给他出具的罪责赦免令。但是，这次的文书却没起到作用，因为上面没盖国王的印章，所以怀特认为它是无效的。

弗里尔恳求阿灵顿在九天内给这位地方法官写两三行证明文字，好让他得到释放，否则他将被送到约克城堡羁押起来。他对未来的生活感到惴惴不安，害怕自己也被谋害莱文先生的凶手毒死。

弗里尔在被捕前并未浪费自己的时间。他提供的情报帮助政府抓到了一个人，此人知道几个资助者，他们为那些与布拉德和巴特勒藏匿在一起的人提供过帮助。但是他们不会对国家构成任何危险，因为他们彼此之间根本互不信任。[36]

但是，他那孤注一掷的恳求以及辛勤的情报收集工作实属徒劳。9月28日，关在约克城堡的弗里尔还在恳求阿灵顿给怀特法官写信："他要将我绳之以法，请让他给我自由，国王答应过饶我不死。"这时，他可能从别的囚犯那里了解到一个惊人的消息：

> 布拉德已死，其余人都在伦敦。我希望重获自由时能将此事告知蒂莫西·巴特勒。
>
> 如果最近在伦敦塔待过的人能保证他没死，他定会通知所有相关人等。[37]

关于布拉德的消息其实是假的。我们只能凭空猜想是否布拉德的朋友为了掩饰他的行踪才散布出这样一则假消息。或许，这只是弗里尔自己一厢情愿的想法。当然，政府有关部门对这些逃犯的追捕力度丝毫未减。

搜查逃犯的行动还牵连了其他人。9月底，威斯特摩兰郡的首席司法行政官菲利普·马斯格雷夫爵士报告坎布里亚（Cumbria）卡莱尔城堡（Carlisle Caste）驻军的守卫情况时说有位名叫埃尔顿（Elton）的中尉曾在议会军中服侍过梅森。此人是再洗礼派成员，生性固执且毫无原则，生活常常无以为继。因此，我希望尽快把他从卡莱尔赶走。[38]

尽管那年9月，在温莎城堡关押的囚犯名单上出现了"约翰·梅森"这个名字，[39]但实际上他仍然逍遥法外。3年后，我们发现他在伦敦经营着一家酒馆，没有半点儿畏惧。而且，仍然密谋参与着反政府的阴谋。[40]

布拉德伤愈后再次决定远离阴谋算计，回到埃塞克斯郡的罗姆福德重新以艾利夫/艾伦医生自居，又当上了江湖郎中。[41]他的妻子玛丽带着家人仍然用韦斯顿这个假姓生活在伦敦城北边肖尔迪奇的药房里。

1667年，他的儿子托马斯在萨瑟克（Southwark）给曾任议会军外科医生的苏格兰药剂师塞缪尔·霍姆斯（Samuel Holmes）当学徒。[42]他的仆人记录说他"在那里生活时总是穿着破衣烂衫，但后来穿得很漂亮"。[43]然而，托马斯半年后放弃了学徒生涯，转而来到罗姆福德工作，先是跟着父亲向那些容易轻信的市民兜售药品，然后试着独立开起了杂货店。他也许还当过绸布商，倒卖过各种纺织品和面料,尤其是丝绸、天鹅绒以及其他昂贵的面料。裁缝出身后来开始经营杂货生意的塞缪尔·韦耶(Samuel Weyer)在罗姆福德受雇于布拉德父子,但是后来又被解雇。[44]

后来,小托马斯陷入了"堕落的生活",身为父亲的布拉德悔恨地记下了儿子渐渐"误入歧途"的过程。[45]他欠下巨额债务后在萨里郡(Surrey)沦为拦路抢劫的强盗,靠掠夺路人的钱财来筹措现金,行凶时用的是假名"托马斯·亨特"。显然他取得了一定的成功,因为霍姆斯的妹妹伊丽莎白·普莱斯夫人觉得他有500英镑的身家,而且作为一个年仅21岁且精力充沛的强盗,他在风流韵事方面也颇有建树,她回忆说,他服侍过一位年轻的淑女。[46]

但是,犯罪是要付出代价的,不久后,"托马斯·亨特"就受到了法律的制裁。1670年7月4日,他在吉尔福德(Guildford)的萨里郡巡回法庭上受到了首席法官基林(Keeling)和法官莫顿的审判,控告他5月份在克罗伊登(Croydon)殴打并意图抢劫治安官约翰(John Constable)。他接受了67英镑的罚款,随后被关进了萨瑟克的马夏尔西监狱(Marshalsea prison)。[47]

布拉德为了离儿子近一点儿,便搬到了萨瑟克,假扮成"亚历克博士"寄住在裁缝巴纳比·布劳克斯顿(Barnaby Bloxton)的温彻斯特庄园(Winchester House)里。布拉德想让房东给他儿子作担保,却遭到了布劳克斯顿的断然拒绝,但他把酿酒商威廉·芒福德(William Mumford)[48]介绍给布拉德。芒福德与埃塞克斯郡沃平(Wapping)的威廉·甘特(William Gant)都同意了布拉德的请求,二人凑足了所需的钱。鉴于他们担保小布拉德在7年内都能本分行事,"托马斯·亨特"一个月后就被释放了。[49]

10月17日，在弟弟埃德蒙的见证下，这名失败的强盗从朗伯斯（Lambeth）的治安警官托马斯·德雷顿（Thomas Drayton）那里签收了他的佩剑、腰带和手枪。[50]

老布拉德因为心里还惦记着其他事情，便回到了罗姆福德。

正所谓"君子报仇，十年不晚"，这句话的英文表达到底源自哪里，其实是存在争议的。[51]当然，它恰如其分地描述了托马斯·布拉德的信仰或个人信条。为了对某一敌人进行可怕的报复，他已经耐心等待了7年多的时间。

现在，他认为复仇的机会来了。

第五章

圣詹姆士街袭击案

> 刺杀奥蒙德公爵的可怕阴谋已经轰动全国……所有人都开始费尽心思地说自己对奥蒙德是多么爱戴,对这起阴谋是多么憎恶。
>
> ——罗伯特·本森于 1670 年 12 月 24 日致信威廉森[1]

17 世纪末,皮卡迪利(Piccadilly)大街[2]西侧是伦敦城市建成区的边界。从泰伯恩路(Tyburn Lane)开始,我们就能领略到米德尔塞克斯郡的田园景致,感受到乡村里清新的空气了,那里再往北是伦敦城传统的刑场,非常接近今天的大理石拱门(Marble Arch)。[3] 1660 年,在皮卡迪利大街的另一端竖着一个风车,位于伯克郡(Berkshire)雷丁市(Reading)公路的起点与布里斯托尔(Bristol)"西大街"(Great West Road)的交会处。这条未铺石子的马路北侧有 6 座宏伟的建筑,其中就包括了新落成的克拉伦登大宅(Clarendon House),这是大法官克拉伦登出资 4 万到 5 万英镑建造的住所，但他只在这里住了很短的时间。[4]

　　1667年8月，克拉伦登失势后，这座宅子被奥蒙德公爵在1670年租用了几个月。[5] 前爱尔兰总督[6] 在伦敦的这个家可谓蔚为壮观——这是一座庞大的三层"山"字形建筑，两个翼楼以及中间的炮塔建在庭院后面，位于皮卡迪利大街和圣詹姆士大街交界处丁字路口的后方。门口有两扇高大的铸铁大门，两侧是门房的住处，临街一侧还饰有隐形柱子。这里从前是农业用地，面积为30英亩，其中24英亩曾经属于斯特兰德大街（Strand）附近"老鹰与孩子酒馆"的寡妇奥斯丁（Austin）。[7] 自君主制复辟以来，奥蒙德就一直担任王室内务大臣，然后在1661年3月开始出任英国王室总管大臣（lord high steward），这座宅邸非常方便他出入宫廷执行任务。

　　圣詹姆士大街始建于17世纪初，南起皮卡迪利大街，沿着缓坡一直通向亨利八世于1531—1536年在一座治疗麻风病妇女的中世纪医院[8] 原址上用红砖修建的圣詹姆士宫。它正对着蓓尔美尔街那两座令人印象深刻的高耸的双子门楼，依然透露着古老而怪异的王室气息。这里先前曾被日记作者约翰·伊夫林称为"泥潭沼泽"，在1661年被铺成了宽阔的大路，后来，路边林立的24套住宅之间还散落着许多伦敦人喜闻乐道的时尚咖啡馆和巧克力屋。[9]

　　1670年12月6日星期二晚上7点钟过后，布拉德在圣詹姆士大街的街口处上演了一幕骇人听闻且轰动全国的袭击案，不仅震撼宫廷，还引得上议院展开了疯狂的调查。布拉德伙同包括他长子托马斯在内的四五个亡命徒把奥蒙德从马车中拽了下来，打算绑架或者暗杀这位昔日的爱尔兰总督。

第五章 圣詹姆士街袭击案

这次犯罪行动显然是经过精心策划的。布拉德肯定从好心人（或者奥蒙德被收买的家臣）那里得到了可靠的情报，知道王室总管大臣那天要在伦敦城参加国务活动。此外，他还知道公爵返回的确切时间以及他回家的路线。

表面上看，这纯粹是一种报复行为。布拉德与袭击案的其中一位同伙——现居于伦敦格雷律师学院街（Gray's Inn Lane）的威廉·穆尔中校因为7年前参与都柏林城堡阴谋失利，二人被判犯有谋逆罪，他们在爱尔兰持有的产业因此遭到褫夺。于是，二人都认为奥蒙德是导致自己一直深陷贫困泥淖的始作俑者，当然，小布拉德也是这么认为的，因为他从此失去了获得遗产的希望。虽然时隔多年，但他们对公爵的仇恨却没有丝毫减退。

如果我们这位现已自封为上校的冒险家此前的恶名还不够昭著的话，那这次的袭击事件则让我们真正知道什么是小巫见大巫了。布拉德在王宫门口犯下如此胆大妄为的罪行后，查理二世政府开始想尽一切办法追查并逮捕同他一起实施犯罪的一干人等。

然而，极有可能参与这场阴谋的核心人物是个具有高贵血统的贵族，但是此人却未受到一丝盘问，亦未受到法律法规上的牵连，因为他在御前春风得意。

时逢伦敦政府正忙于应付盛大浮华的国事访问，正是发起攻击的大好时机。3年前德·鲁伊特的船队在肯特郡攻破了防御梅德韦河（River Medway）的水栅，烧毁了停靠在查塔姆（Chatham）的几艘英国战舰，还兴奋地拖走了"尤妮蒂号"（Unity）与旗舰"王室查尔斯号"（Royal Charles）当作战利品，由此结束了第二次英荷战争，英国蒙受了极大的国家级耻辱。1667年7月31日，这两个敌对的海军大国在布雷达城堡（Breda Castle）签署了停战协议，自此又恢复了和平关系。[10]

奥兰治亲王（Prince of Orange）威廉抵达英国进行为期5个月的访问，主要是为了收回斯图亚特王朝欠荷兰奥兰治王室的巨额债务，价值2792859荷兰盾（约合28万英镑）。当然，查理二世的财政一向捉襟见肘，根本无法偿还这笔借款。最终，威廉大度地同意少收回10万英镑。英王一直负债累累，再加上荷兰海军成功攻陷梅德韦给他带来了挥之不去的耻辱，这些都令查理二世怒火中烧，不情愿招待这位来客，但是碍于奥兰治的慷慨之举，英国王室对他盛情款待其实也不足为怪。

其实，英国君主在宫里慷慨款待这位21岁的亲王，当然还有其他更加乐观的原因。他在1662年5月迎娶的葡萄牙王后、信奉天主教的凯瑟琳·布拉甘萨（Catherine of Braganza）未能完成国王配偶自古以来应该完成的第一要务：诞下万众瞩目的健康的王位继承人。她历经了4次艰难的怀孕过程，但不幸的是，所有孩子不是流产就是胎死腹中，最近的一次怀孕是在1669年6月。[11]国王查理的弟弟、既定王位继承人约克公爵詹姆斯也是天主教徒，在许多人看来，信仰问题给他顺利继位带来了大麻烦。为了抑制或转移议会及大众的这种不安情绪，国王查理想到一个主意，打算把詹姆斯的长女玛丽嫁给坚定信奉新教的威廉，哪怕她比威廉小11岁，而且尚未成年，此刻依然是王室育幼院里玩娃娃的小女孩。[12]

12月3日星期六，国王查理、王后和（刚刚在学术胜地剑桥大学结束愉快访问的）奥兰治亲王微服来到伦敦圣殿，满意地观赏了各式各样的舞蹈表演，这里通常在每年的这段时间都充满了

第五章　圣詹姆士街袭击案

欢乐。[13] 接下来的星期二，亲王在市政厅（Guildhall）里 15 世纪建造的大厅接受了市长理查德·福特爵士以及伦敦城富豪们的款待。宴会结束后，威廉还欣然观看了训练有素的城市民兵部队在正对着格雷沙姆街（Gresham Street）的庭院里进行的阅兵表演。

奥蒙德现已是一个 60 岁的虚弱老人，却也应邀出席了这次宴会。他在 5 点后离开市政厅，搭乘马车向西穿过伦敦城打算返回克拉伦登大宅。不同寻常的是，他没在马车后面安装侍从可以捆绑在车上一起搭乘的束带；事实上，公爵有点儿无情，为了防止仆人们搭便车，他还在马车车厢上钉了一大堆凸起的铁钉。如此一来，侍从们不得不沿着街道两侧一路气喘吁吁地追着马车在后面奔跑。通常情况下，会有 6 名男仆手持火把为他照路，有些还跑在前面骄傲地警告路人："快给奥蒙德公爵让路！"[14]

过去两周一直风雨交加。[15] 奥蒙德的马车缓缓穿过狭窄且肮脏的街道，来自萨福克郡（Suffolk）霍普顿（Hopton）的牧师迈克尔·贝雷斯福德（Michael Beresford）正在考文特花园（Covent Garden）广场散步，这里是 1673 年由古典建筑师伊尼戈·琼斯（Inigo Jones）在圣马丁路与特鲁里街（Drury lane）之间建造的有高大柱廊的开放广场。[16] 他后来告诉阿灵顿说自己在那里认出一个名叫托马斯·艾伦的人，此人当时打扮精致，头上还戴着一顶漂亮的棕色假发。贝雷斯福德早前结识艾伦时他正给迈克尔·利夫西爵士（Sir Michael Livesey）当男仆，这位利夫西爵士是给查理一世签发过死刑令的清教徒，曾于 1660 年逃往荷兰。[17] 贝雷斯福德这次看到的确实是托马斯·布拉德，他像往常一样用了自己最喜欢的一个化名。

"艾伦"从牧师身边走过好几次才停下来，转身礼貌地与其寒暄。贝雷斯福德反过来也想确认一下他的身份，便回答说："艾伦，迈克尔·利夫西爵士是否健在？"艾伦住在伦敦的什么地方？当然，他肯定不会说出自己的落脚点，但却补充说之前待在爱尔兰，最近才过来，还说自己在肯特郡谢佩岛（Isle of Sheppey）有几位亲戚。艾伦的闪烁其词让贝雷斯福德不由得产生了更多的疑问。

艾伦在这里干什么？"无所事事"。

艾伦愿意和他一起去（附近的莎士比亚酒馆）喝一品脱啤酒吗？不幸的是，艾伦不得不拒绝牧师的盛情邀请。

"迈克尔·利夫西爵士在镇上做什么？"艾伦完全无视这个问题，而是看起来非常害怕地随口说："附近有一些可怕的阴谋。"

"啊？"贝雷斯福德一声惊呼，然后补充说，"我们已经经历太多阴谋了。"艾伦也神秘兮兮地评论说："我们都绝望了。"

暮色中，二人正向北朝朗埃克（Long Acre）走去，这时一个送信的男孩过来神神秘秘地对艾伦说："马之前已经走了。"于是，艾伦即刻大步流星地走了，留下牧师一个人困惑而尴尬地站在街上，甚至没来得及道别。[18]

牧师与艾伦这次离奇的会面大概是6点半以后结束的。布拉德与同伙们约定的见面地点是查令十字街老泉公园（Old Spring Gardens）那里一家名叫公牛首（Bull Head）的酒馆[19]，从朗埃克步行一刻钟即可到达。[20]负责从酒馆的木酒桶里给客人倒啤酒的马修·普雷蒂（Matthew Pretty）以及店里年轻的侍者威廉·威尔逊（William Wilson）事后证实有5个身穿斗篷带着佩剑的男子骑马

第五章 圣詹姆士街袭击案

来过这里，还点了一些酒水。

他们喝了大概 6 品脱酒——加纳利葡萄酒[21]、雪利酒和白葡萄酒，每人都喝了 2 品脱，其中一人还说他们是牧场主[22]，让酒馆侍者再拿些好酒来。

而后，侍者问他们是否认识已故牧场主韦斯特先生以及布莱克沃尔（Blackwall）的牧场主波尔特尼（Poultney）先生。他们说认识二人。

酒馆侍者回忆说，他们所骑的其中一匹马是"暗红色的，马脸没什么毛"，骑手是一个"身材高大，体形瘦削且面色苍白的男人，留着黑色的短发"，还说他不会为了区区 10 英镑就卖掉自己那匹秃毛老马。侍者觉得他应该是葡萄牙人，之所以对他印象深刻，是因为早先曾给这个人往住处送过一封信，但是此人非但没给小费还对他大打出手。普雷蒂说这伙人中有两个非常年轻，据他估计大概只有 26 岁。

据这两位目击者说，快 7 点时，刚有一名公爵的仆人一边喊着"快给奥蒙德公爵让路"一边跑了过去，就有一个穿着斗篷的人走进酒馆，此人一定是布拉德。恰逢此时，每个人都看到公爵的马车在天色渐暗的街道上隆隆驶过，后面还跟着几个气喘吁吁的家臣。

"牧场主们"和新来的这位客人又喝了两品脱白葡萄酒。一刻钟后，他们点了 3 份可以装进白陶土烟斗的烟丝，而后便丢下酒钱和尚未喝完的酒，拿起烟丝打算匆匆离开，然后骑马向西朝着干草市场（Haymarket）或蓓尔美尔街疾驰而去。这可把侍者[23]和普雷蒂高兴坏了，他俩很可能把留在桌上的硬币揣进了自己兜里。

这伙人中除了布拉德、他的儿子（依然用着假名"托马斯·亨特"）和穆尔中校外，还有第五王国派成员理查德·哈利韦尔/霍洛韦（Holloway）。另外一位叫西蒙斯（Simons）的同伙我们不太了解，但"西蒙斯"这个名字很可能是1667年7月参与营救梅森的第五王国派成员威廉·史密斯所用的假名。[24]

奥蒙德的马车和男仆们一路朝蓓尔美尔街走去，在街道尽头的詹姆士宫向右拐，沿着圣詹姆士大街尚未点灯的坡路一路上行，离这条鹅卵石路尽头的克拉伦登大宅越来越近。这位老公爵结束了一天以来漫长而劳累或许还非常乏味的外交工作，马上就要到家了，此时此刻，他根本不会想到有人打算伏击他。

而后，布拉德一伙人扑了上来。

坐在马车车厢前方高箱上的车夫亨里（Henley）忽然听到从他身边骑马过来的人大喊说前方街道上躺着个死人，让他勒停马车。

马车夫赶紧拉紧缰绳，马车随后戛然而止，马匹身上的套索和缰绳都被拉得紧紧的。两名骑手用手枪瞄准了惊恐万分的车夫头部。

在马车后方，一名攻击者拿枪抵着仆人埃克斯比（Exby）的胸膛发誓说如果他敢动一下去帮助他的主人，就立马开枪击毙他。[25]其他家臣被骑马的袭击者驱散后开始四处逃命。

毫无疑问，奥蒙德因为骤然停车的惯性而趴倒在车厢地板上。他的第一反应以为只是遇到了拦路抢劫的卑鄙盗匪。[26]

他很快就明白自己想错了。

第五章 圣詹姆士街袭击案

布拉德用枪柄威胁着奥蒙德,把他绑下马车,来到泥泞的鹅卵石路上。尽管奥蒙德挣扎不止,布拉德还是设法把一张写着为什么抓捕并处决他的纸按在他胸前。[27]

而后,布拉德粗暴地将他赶到跨在马背上的"亨特"身后,用一根绳子将其与小布拉德绑在了一起。奥蒙德急忙说如果马上放了他,可以交出40几尼(约合42英镑)现金以及价值1000英镑的珠宝作为赎金。[28]

布拉德而后沿着皮卡迪利大街一路向西朝泰伯恩街飞驰而去,显然是为了查看那条路北边三个绞刑架上是否挂着套索。他打算用政府的绞刑架像处决普通罪犯那样将奥蒙德活活吊死。

黑暗中,车夫在一片嘈杂和混乱里抓住了逃跑的机会,扬鞭策马,朝着不远处的克拉伦登大宅跑去。

其他袭击者跟着布拉德,"托马斯·亨特"最后也跟上了队伍,(在他身后还绑着不停反抗挣扎的奥蒙德)。父亲告诉他说要一路骑到指定地点才能停下来。[29]

但是,公爵非常坚韧不屈。他曾在1641—1647年的爱尔兰同盟战争中担任过指挥官,后来又参与镇压过爱尔兰议会军,久经爱尔兰冬天湿冷天气的严峻考验,这些经历都不是儿戏。这名老兵开始猛烈地反抗,想要挣脱束缚,而"亨特"却因为自己一手拿着佩剑和缰绳,另一只手握着手枪,根本无暇将他制服。

在伏击计划开始实施前,袭击者们一路骑行经过了伯克利大宅(Berkeley House)[30]。

奥蒙德设法撞掉了"亨特"手里的枪,然后又把脚放在"亨特"腿下猛地一掀,将他从马鞍上踹开。二人都从受惊的马背上掉了下来，在泥泞的皮卡迪利大街上一连打了好几个滚。公爵重重地落地后压在"亨特"身上，还想设法从他手中夺下利剑。

黑暗中有火把和人声向他们靠近，"亨特"切断了公爵身上绑着的绳子，然后上马离开，他的同伴们则用手枪向蜷缩在泥地里的奥蒙德疯狂扫射。不知是因为天色过暗还是因为他们的恐惧使然，居然没有一颗子弹命中目标。

在克拉伦登大宅门口当值的门房托马斯·布鲁克斯（Brooks）证实

仆人回来叫门，但我却没看到马车，我向外望去，听到一阵嘈杂声，于是跑出去寻找主人，然后费了好大力气想要把他带回家。

他们叫嚷着"杀了暴徒"，但是我正在大门里搀扶着主人，只好让他们逃脱了。

奥蒙德家的审计员托马斯·克拉克（Thomas Clarke）刚巧正在宅子前面的院子里，他召集起几名仆人，连同门房布鲁克斯一起沿着皮卡迪利大街一路奔西跑向发生骚乱的地点。

公爵的脑袋被撞了一下，手上有一处被剑割伤，身上还因为坠马造成了几处瘀伤。他躺在地上毫无生气，因为全力反抗而变得精疲力竭。[31] 这次袭击持续了不到10分钟。

前来搭救伯爵的仆人们只能凭借感觉来识别受害者，他们听不到公爵发出任何声响，只好用手指去摸公爵外套上别着的星形嘉德勋位徽章。他们把瘫软的公爵抬回家，让他躺在床上恢复精神。[32]

第五章 圣詹姆士街袭击案

与此同时,布拉德已经束紧了绞刑架上的套索,他不知道为何伙伴们带着囚犯迟迟未到,于是骑马回去一探究竟,在泰伯恩街尾处发现了两手空空的同伴。因为在骚乱中弄丢了坐骑,他们只能4个人同骑两匹马。布拉德一行人折回威斯敏斯特的西郊,搭乘利文斯洛普(Leventhorpe)夫人经营的渡船[33](即现在的跨河大桥朗伯斯桥所在位置)骑马越过了泰晤士河。而后,这伙人向东骑行了1英里来到萨瑟克(伦敦桥对面),希望可以躲过接下来的全民追捕。

托马斯·亨特的银质手枪,搏斗中被扯下的皮带及利剑落在了案发现场。

他们弄丢的两匹马中有一匹是栗色的,因为马脸上有一道白色条纹和一道发光的皮毛,也被奥蒙德的仆人认出来后抓走了。他们把武器和马匹带回克拉伦登大宅作为证据。手枪(后来显示曾经属于穆尔中校)与利剑上都潦草地刻着一个名字缩写的大写字母"T.H."。

次日清晨,布拉德的妻子玛丽离开她在萨里郡莫特莱克村(Mortlake)校长乔纳森·戴维斯(Jonathan Davies)家的临时住所,同她的一个女儿一起消失得无影无踪了。

查理二世勃然大怒,不仅因为这是一次胆大妄为的袭击,还因为这么骇人听闻的事居然就发生在圣詹姆士宫附近,着实令人感到不安。为了不让逃犯逃离英国,各大港口都设下了严密的监视措施。

17世纪末的伦敦还没有正式的警察队伍。维持法纪的群体包括教区选出的当地巡逻队以及治安官指挥的治安警察。此外还有赏金猎人，他们的数目比治安警察多，靠捉拿小偷然后从失主那里领取赏钱。伦敦的第一支有组织的警察部队是18世纪中期由作家亨利·菲尔丁（Henry Fielding）组办的弓街跑探（Bow Street Runners）；职业都市警察队伍是1829年由内政大臣罗伯特·皮尔（Robert Peel）爵士组建的。很久之后才出现侦探这一职业。

精明的阿灵顿利用自己的谍报部门亲自负责调查，以此证明他在追捕袭击奥蒙德的凶徒时没有丝毫怠慢。经过一番精明而勤奋的侦查工作，他很快便确定了主犯。

阿灵顿认为凶手袭击奥蒙德的动机不是劫财或索命，而是想把他带到一个偏僻的地方，迫使他交出10万~20万英镑的赎金。[34] 更可笑的是，有人夸大了绑架公爵的目的，认为这是一个狡猾的计划，凶徒打算把他卖到北非的荒原上，让其余生都沦为奴隶。[35] 当然还有其他各种谣言：有人认为袭击公爵的只有两个人，其中一人背着他走了一段路，[36] 而威尼斯驻伦敦大使吉罗拉莫·阿尔伯蒂（Girolamo Alberti）却说有12人参与了袭击，"其中一人还骑马驮着奥蒙德"，[37] 他发誓称袭击者的目的远不止抢劫那么简单。[38]

12月7日，查理二世在白厅签署了一份公告，悬赏1000英镑（约合现在的14.2万英镑）给任何可以揭发6名匪徒的人……他们强迫奥蒙德公爵离开马车……还骑马驮着他坐在一名匪徒身后，打算把他带到城外某处隐蔽的地方实施更加邪恶血腥的阴谋。公爵为了自救身受重伤……现在正躺在克拉伦登大宅的病榻上痛苦疗伤。任何参与袭击者如果能与同伙决裂，并就这起凶残且泯灭人性的阴谋将自己知道的一切如实交代，将得到王室赦免以及这份令人垂涎的赏金。[39] 如果有人能说出凶徒留下的马匹或者手枪的

第五章 圣詹姆士街袭击案

主人是谁,还可以额外得到 100 英镑的奖金。

第二天的《伦敦公报》刊登了 4 名袭击者的名字,还说他们绑架未遂后立即越过泰晤士河逃走了。第一个嫌疑人是最近住在伦敦市衬裙巷(Petticoat Lane)不远处还没到比肖普斯盖特街(Bishopsgate)的煎锅巷(Frying Pan Alley)[40]的烟草切割匠理查德·哈利韦尔。据称此人"中等身材、面部臃肿,带有天花留下的痘疤,面容端庄,头戴棕色短发套,衣服颜色暗沉,年龄在 40 岁左右"。

第二名嫌疑人(我们现在知道是布拉德)据称是"假扮成外科医生或内科医生的托马斯·艾伦,化名作阿洛伊特(Alloyt)及艾利夫,有时住在埃塞克斯郡的罗姆福德,但最近住在阿尔盖特(Aldgate)附近"离伦敦城东大门不远处的犹太人聚居区。此人

> 相貌平平、脸形瘦削、满脸麻子,穿着一件棉外套[41],平时穿精纺羽纱斗篷,头戴的假发套呈棕色偏红,年纪大约为 36 岁。

这段对布拉德年纪的描述似乎太慷慨仁慈了,事实上,他已经 52 岁了。接下来提到的是他的儿子"托马斯·亨特":

> 此人非常高大,且身材匀称,面色红润,大约 33 或 34 岁,戴着淡黄色的大卷花假发……但有时也戴黑色假发套。他穿着黑色衣服,有时也穿黑色精纺羽纱长外套,有一条腿不能伸直。

最后一名嫌疑人是一位名叫"赫斯特"（Hurst）的人（后来被证明是"约翰·赫斯特"），据称此人"中等身材、肤色细滑，头戴深色假发，通常穿一件黑色外套"。

阿灵顿定是雇用了许多伦敦黑道人士当他的线人，所以才能这么快就得到关于这帮歹徒的许多情报。《伦敦公报》接着讲述了袭击奥蒙德的嫌疑人是如何逃脱的。"经调查发现，上述人等在实施暗杀之后……朝着骑士桥（Knightsbridge）方向逃走，在威斯敏斯特市的疫病患者接收所——整洁屋（Neat Houses）[42]附近经由托西尔广场跨过了泰晤士河。"[43]随后，他们在泰晤士河南岸"穿过朗伯斯进入萨瑟克，4人同骑2匹马，还有一人单独骑着一匹黑毛母马，这匹日前在朗伯斯区被人抓住的长有一只白蹄约16掌高*的马匹主人正是在萨里郡史密斯汉姆博顿山谷（Smitham Bottom）[44]里因为拦路抢劫而被人擒获的托马斯·亨特。"[45]

《伦敦公报》随后就有关托马斯·亨特的更多发现发表了一篇文章进行详细阐述。将他的年龄减少了10岁，变成了23岁，还提到"他右眼处有一个硬币大小的疤痕"，大概是当盗匪时留下的伤痕。[46]

袭击案发生两天后，备受国王青睐的罗伯特·维纳爵士（Sir Robert Viner）搜查了亨特寄宿于比肖普斯盖特不远处位于贝德莱姆（Bedlam）的耕犁酒馆附近药剂师约翰·安德森（John Anderson）家的房子。[47]"托马斯·亨特"的邻居说他在爱尔兰住了几年，但却不是在那里出生的。有人说他是一个"身材高大、

---

* 英国旧时没有国际公认的度量单位，所以人们往往用自己的脚来测量实地的面积，用自己的手掌来测量马的体高。1掌宽=4英寸=10.16厘米。——译者注

面色红润的年轻人",还有人说他"精力充沛、英俊年轻、面庞圆润,大概21岁"。他们除了知道他父亲一直绝望地生活在伦敦之外,就对其一无所知了。[48]

12月10日星期五凌晨2点钟,市长理查德·福特爵士和维纳搜查了哈利韦尔位于煎锅巷的房子。哈利韦尔迅速穿好衣服,爬出阁楼顶部的小窗逃过了他们的抓捕。警察搜查他家一层时,哈利韦尔正爬过旁边一家的房顶,然后跳到了街上。

与哈利韦尔家人一起生活了两年的12岁侄女玛格丽特·鲍特(Margaret Boulter),在凌晨遭到了盘查。她告诉市长说哈利韦尔从昨晚八九点钟起就一直待在家里,他从阁楼的窗口仓皇逃走前还恳求妻子凯瑟琳(Katherine)告诉不速之客说自己从未回过伦敦。这孩子显然说的是实话,而且对他们的罪行感到羞耻,她说经常能在家里见到"托马斯·亨特",大概6点钟时还来了3个男人。其中一人便是神秘的赫斯特,"此人中等身材,没有工作"。[49]福特等人在房间里一件湿斗篷中起获了很多"大逆不道的物证",包括外套口袋中藏着的一封哈利韦尔写给第五王国派同伙的信,以及托马斯·艾伦(又名布拉德)写给哈利韦尔的两封信。他的妻子凯瑟琳和幼子遭到了羁押。

他们把这些物证转交给阿灵顿。哈利韦尔在信中指责他的"狂热者"同伴们过于冷淡,还责怪他们不敢违背"禁止宗教集会的丑恶公告"。经过一番冗长而杂乱无章的愤怒谩骂后,哈利韦尔在信的末尾威胁说如果同伴们不能幡然悔悟,他就要退出第五王国派。[50]布拉德写的两封信都没标注日期,落款处神神秘秘地写着代表托马斯·艾伦的名字缩写"T.A."。第一封信中抱怨说他没听说过某件缺乏细节描述的外套和紧身裤，还说想安排一次会面。第二封信上说他想借一件大衣、一把手枪和一把剑。写信人在末尾处还说会将这些物品顺利归还给哈利韦尔。[51]

安全藏身的哈利韦尔厚颜无耻地给那天清晨突袭他家的一名治安警官写了封信。这位名叫豪厄尔（Howell）的织布匠住在比肖普斯盖特街另一端的半月巷（Half Moon Alley），是哈利韦尔的朋友及近邻。因为哈利韦尔非常清楚威廉森统领的邮政总局可能会拦截并阅读信里的内容，于是便委托本希尔街（Bunhill Row）附近蓝锚巷（Blue Anchor Alley）的威廉·莫斯利（William Mosely）父女二人亲自送信。[52] 还随信附上了一封他想请豪厄尔交给市长大人理查德·福特爵士的信。信中内容并无不妥之处，他向豪厄尔保证说写此信只是为了自证清白。[53]

这封信集卑微乞怜与义愤填膺于一身。哈利韦尔想"点醒"福特，让他知道自己并未参与袭击奥蒙德。他与托马斯·亨特只有商业利益关系，还有就是那件他从去年春天起就再也没穿过的旧外套中起获的信，信里提到关于手枪的事。此外，他提到这些武器是为"一次海上冒险"准备的。那件湿斗篷是一个年轻男孩不小心落在哈利韦尔家的。有好几名证人都可以为他提供确凿的不在场证明，因为他整天都待在家里，不可能参与袭击。然后，他开始抱怨说妻儿未经法律诉讼便遭到囚禁，二人因未得到妥善对待而且缺少食物，变得惶惑不已。他补充说：

> 尽管有《赦免法》（Act of Indemnity）[54]，我依然如此行事的目的是为了免遭严厉对待，不想让他人因为我的宗教

第五章　圣詹姆士街袭击案

信仰或是之前当兵的经历就对我抱有偏见。

如果能对我进行审判，我便欣然自首，如果没有审判，我就拒不投降。

恳求大人不要让我被迫堕落。[55]

哈利韦尔夫人被市长大人扣押了6个星期，定期就"恐怖的奥蒙德遇袭事件接受盘问"。她说："感谢上帝，我是完全无辜的，虽然我全然不知丈夫为什么会失踪，但我希望他也是清白的。"而后，改由国王的一位使臣对她负责羁押。后来，政府部门发现她通过佩林（Perryn）夫人给哈利韦尔送去一件斗篷，而且还拒绝透露这位太太的地址，于是开始觉得她的抗辩似乎不那么言之凿凿了。[56]

12月11日发布了艾利夫医生、他的儿子"托马斯·亨特"和理查德·哈利韦尔的逮捕令。

经过证明，调查过程中取得的第一个突破只不过是幻象而已。参与袭击奥蒙德而遭到通缉的第四人是"约翰·赫斯特"，有人在12月9日看到他出现在哈利韦尔家里，但阿灵顿很快就失去了他的踪迹。

他调查发现一名叫作赫斯特的人，是剑桥一位牧师之子，这位牧师曾为诺丁汉郡的弗朗西斯·利克爵士（Sir Francis Leake）服务过六七年。12月19日和20日，这个赫斯特在威斯敏斯特市托西尔街威廉·邓恩经营的金羊毛酒馆里待了两天，之前还留宿过特鲁里街附近皇后街（Queen Street）上约翰·琼斯经营的白天鹅酒馆。[57]早先的10月，琼斯在自家门口看见赫斯特在马背上说他是住在阿伦德尔大宅的霍华德大人家的仆人欧文（Owen）的弟弟，[58]在袭击案发生的第二天，他曾探望过这位生活境遇非常不佳的兄弟。12 月 20 日和 21 日，还有人看到赫斯特在威斯敏斯特宫附近的圣约翰头颅（St John's Head）酒馆［也可能是天堂（Heaven）酒馆］内喝酒[59]，还把他兄弟的马卖给了邓恩，并且说他马上要受托去牙买加接收奴隶。后来，他因为欠下微不足道的债务而被关进了马夏尔西监狱，还从那里提押出来接受了证人的指认，但阿灵顿却懊恼地发现这个赫斯特并非他们想抓的赫斯特。[60]

12 月 12 日，阿灵顿又就另一位赫斯特问询了几个证人，这个赫斯特是一名约克郡律师，于 1669 年 9 月去了爱尔兰，将妻子伊丽莎白留在伦敦。他曾去过苏格兰，但最近又回来了，打算迎娶泰晤士河南岸船坞地区德特福德（Deptford）的一个寡妇（可能涉及重婚问题）。托马斯·特里沙艾尔（Thomas Trishaire）说这个赫斯特年龄在 40 岁左右，身材高大，黄头发，是个"大骗子"。不足为怪的是，他还因为撰写煽动性材料而遭受了相应的刑罚，其中一只耳朵被人割掉了，还戴着颈首枷遭到过公然示众。从表面上看，这个赫斯特的过往经历似乎非常可疑，极有可能就是布拉德这伙亡命徒中的一员。事实上，一个叫泰勒（Taylor）的人说袭击案发生一周后，在王室交易所见到他跟哈利韦尔待在一起。[61]然而，没有证据可以证明他和奥蒙德遇袭案有关。

调查发现了第三个名叫约翰·赫斯特的人，这名出生于苏塞克斯郡的水手 4 个月前刚从驻扎了 8 年的西印度群岛（West Indies）中的尼维斯岛回来。他在 12 月 17 日接受了调查，但却能证明袭击案发生当晚自己正在劳伦斯上尉家中。此外，赫斯特还可以让切尔西（Chelsea）的劳伦斯夫人和其他证人担保自己绝

第五章 圣詹姆士街袭击案

对清白无辜。[62]

尽管付出了这么多努力,但是针对赫斯特的调查似乎还是陷入了僵局。于是,这个名字从调查名单中被悄悄删除了。

当然,混淆视听的事还不止这一件。圣诞节那天,阿灵顿的办公桌上放了一封信,信中似乎想帮助布拉德从这场袭击暴行中撇清关系。遗憾的是,我们只能看到附言部分,因为这封信的其余部分都被撕掉了。

> 我听说《伦敦公报》中提到的涉嫌参与袭击奥蒙德公爵的疑犯艾伦/艾利夫正随波特兰号(Portland)护卫舰[63]待在海上,曾在该舰上当过外科医生的詹宁斯(Jennings)/詹尼斯(Jennins)是他的密友,可以说说这个艾伦的为人如何。
>
> 詹宁斯住在圣马丁大街的赛马场(Coach and Horses)对面,他妻子在王室交易所上班。您去那里找他准没错。[64]

背书留言的内容是:"此信是约翰·罗杰斯于12月24日从林肯(Lincoln)客栈的威廉·罗杰斯那里拿到的。约翰·罗杰斯认为此信寄自伍斯特郡(Worcestershire)。他不知道这名愿意把此事写下来告诉已经身在格洛斯特郡(Gloucestershire)的威廉·罗杰斯的执笔人到底是谁。""罗杰斯"是约翰·洛克耶上尉所用的一个假名,此人曾经伙同布拉德一起营救过约翰·梅森,还曾在欧洲陪他怂恿埃德蒙·拉德洛去巴黎。这封信绝对不可能是洛克耶写的,却又似乎非常合乎情理,这样一来,可以为布拉德制造一个虚假的不在场证明,谎报他的行踪,转移阿灵顿手下那些密探的注意力。阿灵顿或者他的谍报人员可能很快就要询问外科医生詹宁斯有关布拉德的海上历险一事了。如果他作了假证，那他的说法也不足为信。

与此同时，曾收小布拉德为徒并教他药理知识的药剂师塞缪尔·霍姆斯因为涉嫌参与袭击奥蒙德而遭到逮捕。12月9日，伦敦市长、法官胡克（Hooker）对他进行了审讯，3天后，阿灵顿也对他进行了审讯。他承认托马斯·亨特曾向他拜师学艺，他还认识"艾利特（Aylett）医生"/"埃利奥特（Elyot）"，但是已经半年都没见过这两个人了。他认为二人都是长老会成员。他对亨特的父亲一无所知，也从未听说过托马斯·布拉德其人。[65] 因为涉嫌在奥蒙德公爵袭击案中协同犯罪，他被押到盖特豪斯（Gatehouse）监狱[66] 单独关了起来。[67]

科尔曼街不远处贝尔街（Bell Alley）的裁缝约翰·巴克斯顿（John Buxton）告诉国务大臣说自己怀疑霍姆斯"牵涉其中"，因为他与3名嫌犯都有联系，还曾在议会军中当过外科医生。他说："这3个人是第五王国派的末路狂徒。"曾与巴克斯顿住在一起的伊丽莎白·普莱斯夫人是霍姆斯的妹妹，她曾有四五个月的时间都与托马斯·亨特一起共进晚餐。[68] 因为巴克斯顿似乎很了解这些人，阿灵顿便递给他一份逮捕令，让他可以一见到这些人就当即把他们拿下。[69] 不过，霍姆斯指认了亨特后，还交纳了保证随时出庭作证的保证金，阿灵顿便在1671年1月23日把他放出监狱了。[70]

圣诞节前一周，阿灵顿审问了住在格雷律师学院街的弗朗西斯·约翰逊，此人曾在牛津万灵学院（All Souls Oxford）担任过研究员，假装自己是公理会教士，还曾当过奥利弗·克伦威尔的牧师。

第五章 圣詹姆士街袭击案

12月7日，在他家当了3年房客的穆尔中校彻夜未归。审问记录背面写着：亨特所用并遗落在犯罪现场的手枪曾为穆尔所有。[71]

尽管各种喧哗躁动不断，但是阿灵顿还是毫无头绪。错综复杂的调查过程中的每个环节最终都成了死路。3名前往法国的路过的商人，2个来自格洛斯特郡的屠夫，1个后来被证明是小偷的爱尔兰造假者[72]，以及1个伦敦厨师，都遭到了扣留和仔细盘查。就连王后凯瑟琳·布拉甘萨的一名御用卫兵也涉嫌参与了此案。[73]经证明，所有这些人都与绑架案无关。[74]12月31日，王座法庭的法官威廉·莫顿爵士告诉奥蒙德说他仍在积极搜寻布拉德和穆尔中校，因为他听说了二人在伦敦出没的消息。[75]

1月14日，上议院的69位宗教界及非宗教界成员[76]受命成立了一个委员会，负责审查国王陛下的王室内务大臣最近遭到暴力袭击、伤害、抢劫的这起案件，并就此案向上议院提交报告。这些议会成员或其中的某5个人那天下午要在王子的住地碰头，他们有权随时暂停会议，派出大家认为合适的人选。[77]

但是，上议院的调查几乎没有新的进展，只发现了几个曾在公开场合对奥蒙德公爵妄言之人。

国王的使臣托马斯·伍德豪斯（Thomas Woodhouse）奉命拘捕托马斯·桑德兰（Thomas Sunderland），因为后者曾为奥蒙德遇刺事件进行过辩解，或者至少宣称刺客的支持者和公爵本人一样都是好人。桑德兰只在监狱里待了两天就获释了。[78]

曾在都柏林附近的懒山（Lazy Hill）中住了17年的前议会军人出身的厨师约翰·沃什怀特（John Washwhite）因为对奥蒙德公爵出言不逊而被关进了盖特豪斯监狱。1月23日，他被带到上议院诸位大人面前，否认自己对公爵使用过威胁性语言，同时否认自己曾经公然希望公爵在 1649 年 8 月 2 日都柏林附近的拉思曼斯战役（Battle of Rathmines）中"失去腿脚"。更可怕的是，他还曾预言奥蒙德不会寿终正寝。沃什怀特对这一切都矢口否认，声称指控他的那些人是某个想让他接受莫顿法官审判的幕后主使的朋友，目的是将他送进大牢，从而阻碍他为国王效劳。上议院成员们相信了他的辩解，打开了他的枷锁。[79]

来自萨瑟克地区河岸边棚户区的屠夫托马斯·迪克西（Thomas Dixey）也被指控辱骂过奥蒙德。2 月 3 日，他在接受法官莫顿的审判时被控参与了袭击案。他大胆地回答说："此事与你有何相干？"一向作风谨慎的莫顿则回复说："我确实更怀疑这个家伙，因为他是大胆冒失之徒……住在萨瑟克，而那些袭击公爵之人就是从那里逃走的。"

2 月 8 日和 10 日，这名屠夫被扭送到上议院委员会那里，逮捕他的治安警察发誓说他说过："他们能指控我的全部罪状就是我说过奥蒙德公爵是个无赖，我会为此进行辩解的。我想自己会被绞死，但我根本不在乎。"他自信地认为人称"弹跳樱桃"（Cherrybounce）的弟弟约翰[80]会联手粗心的上尉威廉·凯尔利斯（William Careless）来救他。1651 年 9 月 3 日，凯尔利斯曾陪伍斯特战役（Battle of Worcester）中失利的查理二世藏身在博斯科贝尔（Boscobel）树林里的一棵橡树后面。

迪克西被发配到盖特豪斯监狱后，在那里用一种更加温和的语气给阿灵顿写了封信，苦苦哀求保释出狱，其时，他的物品已被没收，妻儿也都被逐出家园。[81]上议院也许怀疑这名屠夫只是出

第五章 圣詹姆士街袭击案

口伤人,实际上并无大害,让他缴纳担保金保证日后行为良好后便将他释放了。[82]

针对两名布拉德的决定性证据是在皮卡迪利街的泥淖中落下的镶银手枪、佩剑和皮带,这些都成了指向"托马斯·亨特"及其父亲参与这场骇人袭击案的重要一环。

这些证据是由治安警察约翰·德瑞普(John Draper)以及朗伯斯的亨利·帕特里奇(Partridge)提供的。去年5月,小布拉德袭击抢劫治安官约翰后,二人参与全民搜捕时从他手中起获过这把手枪,所以知道该枪的主人正是小布拉德,还因此从政府那里得到了100英镑的赏金。[83] 此外,小布拉德10月缴纳保释金后从马夏尔西监狱获释,他们便将所有武器都还给了他。武器签收单上的署名是亨特,这也可以作为额外的佐证。[84] 最后,政府部门得知同样在朗伯斯区起获的那匹伏击时用到的16掌高且有一只白蹄的黑毛母马正是托马斯·亨特的坐骑。

2月下旬,阿灵顿向委员会报告说疑犯"琼斯、布拉德(人称"艾伦")、其子小布拉德(去年遭到控告时被称作"亨特")、哈利韦尔、穆尔和西蒙斯都是打着第五王国派旗号的亡命之徒"。一向行事谨慎的国务大臣敦促议员们不要公布嫌疑人的真实姓名,他建议说:"不要通过议会的议案暴露他们的名字,让他们就这么藏匿在英国,那些与他们接触却憎恶其罪行的异教徒们或许愿意将他们绳之以法。"[85]

显然没人接受阿灵顿的建议。盘查了几名证人并阅读了阿灵顿的审讯报告后,上议院于1671年3月9日生成了他们的最终报告,就奥蒙德遇袭案对布拉德、他的儿子以及哈利韦尔提出了一条真正的议案,但是议案中所用的只是他们的假名。他们必须限时自首,"如不自首,则会被判作袭击罪名成立"。[86]

当然,这三人根本就没出现。此事已交给财政大臣马修·黑尔爵士(Sir Mathew Hale)处理,但是并未获得更多进展。

尽管阿灵顿认为收取奥蒙德的赎金是这次袭击案件背后的主要动因,但如果说布拉德想要杀死自己的宿敌也不无道理。有显著迹象表明,他想把奥蒙德这个老兵像罪犯一样吊死在泰伯恩刑场的绞刑架上,从而为这出谋杀案抹上羞辱对手的色彩。奥蒙德戏剧性的结局会令这次犯罪更加令人发指,布拉德想让自己留名于世。

但是,复仇并非这次伏击的唯一动力。跟钱财可能也有很大关系——这位在英国身居高位的大臣几乎拿出了自己的全部身家。

间接证据表明,这个希望奥蒙德去见阎王的神秘人物,正是第二代白金汉公爵乔治·维利尔斯。

据了解,白金汉公爵对奥蒙德恨之入骨,[87]可能因为他在六年前一直从中作梗,破坏了两家的联姻打算。[88]此外,人们还普遍认为白金汉曾在1669年2月极力阻挠奥蒙德重任爱尔兰总督一事。[89]他总是残酷无情、野心勃勃,经常在宫中与自己的对手叫板,尤其是阿灵顿,甚至还跟国王的弟弟约克公爵发生过口角。[90]人们认为白金汉是那个时代最为放浪形骸的人,不论罪孽大小,他都有所染指。[91]奥蒙德在宫中还有一个宿敌——第一代克里夫兰女公爵兼卡斯尔梅恩伯爵夫人(Duchess of Cleveland and Countess of Castlemaine)芭芭拉·帕尔默(Barbara Palmer),这个有意干政的女人是查理二世众多情妇中的一个。[92]从这个意义上讲,她可能

第五章 圣詹姆士街袭击案

和白金汉是一伙的。

事实上,在宫中大家一致认为白金汉公爵和克利夫兰女公爵是雇用布拉德去暗杀奥蒙德的金主。虽然在白金汉的主导下,总督奥蒙德遭到免职,但他仍然认为奥蒙德对国王的影响可能会挫败他与自己的利益集团为了颠覆国家所做出的努力。布拉德发动袭击前不久,白金汉公爵和他的亲信曾散布谣言称克拉伦登与奥蒙德的长子——奥索里伯爵(Earl of Ossory)托马斯·巴特勒雇凶谋杀维利尔斯。值得注意的是,刺客虽已被人毒杀身亡,但他们在临死前就已招认了这次的谋杀阴谋。[93]

白金汉与众多非国教政治团体都有联系,在伦敦尤其如此。他的"情报员们"自如游走于这个充满隐秘勾当的肮脏而危险的世界,悄悄散布着妄图颠覆政府的各种秘密和狂妄计划。他们不难替他物色人选,此人既要有足够的胆识去承担这项使命,又要有智慧和决心去策划实施犯罪并将其坚持到底。理想情况下,行凶者本身还应对奥蒙德怒火中烧,如此一来便可以混淆视听,不让人将谋杀案与神秘的中心人物联系到一起。托马斯·布拉德非常适合完成这项任务。事实上,整个伦敦没有比他更能胜任或者更愿意完成这件事的人了。

可以说明布拉德与白金汉之间存在联系的间接证据呈现在一封信中,根据阿灵顿的调查,这封日期为1670年11月17日的信是托马斯·艾伦寄给玛丽·亨特夫人的,收信地址是莫特莱克的戴维斯先生家。我们知道托马斯·艾伦是布拉德的假名,而且信中的文字用的也是他独特的笔体。信中简略地写道:

我愿意让托马斯星期五早上到我的住处来。

让他带上斗篷。

我们思忖着上帝是否会在本周初给我们机会签署协议，这是目前的全部内容。

你的朋友托马斯·艾伦

信背面的留言出自另外一人之手："住在比肖普斯盖特街耕犁酒馆附近的药剂师约翰·安德森。托马斯·亨特留宿于此。"[94] 托马斯·布拉德打算与谁签订协议呢？仅凭推测或猜想，会是他与白金汉签署的意在对奥蒙德实施谋杀计划的协议吗？[95]

尽管只是道听途说，但最令人信服的证据是圣詹姆士大街袭击案发生不久后奥索里和白金汉之间的一段对话。奥索里看到站在国王身旁的白金汉，便怒气冲冲地告诉他：

大人，我很清楚您是最近指使布拉德袭击家父的幕后主使。

因此，我要在此警告您，如果家父受到刀剑或者手枪造成的暴力伤害，如果他死于恶徒之手，或是死于更不容易被人察觉的毒杀，我肯定知道谁是主谋……

我定会认定您就是凶手。

我将对您一报还一报，无论我在哪里遇见您，我都会用手枪射击您，即便您站在国王身后也不能幸免。

我在陛下面前将这些告知于您，请您相信我定会言出必行。[96]

第五章 圣詹姆士街袭击案

他这番情真意切的威胁被当时同处一室的御用牧师弗朗西斯·特纳记录了下来。遗憾的是，他没能记录下查理二世的反应，或者更确切地说，没能记录下白金汉的反应，但记录中却也告诉我们，一向容易动怒，挑起决斗才肯罢休的公爵显然这次没有向奥索里发起挑战。

当然，正如我们将在下一章中看到的，这件事让布拉德在王室内部结交了一些位高权重的朋友。

更具讽刺意味的是，布拉德袭击奥蒙德之后没多久，1667年1月当选多塞特郡韦茅斯与梅尔库科里杰斯（Melcombe Regis）议员的约翰·考文垂爵士（Sir John Coventry）就在12月21日遭遇了袭击。凌晨2点，他在威斯敏斯特酒馆喝了一整晚酒后回家，途中在萨福克街遭到了殴打。

遇袭头一天，考文垂在下议院提出要向剧院和剧场征税，还在发言时妄加讽刺查理二世与女演员内尔·格温的风流韵事。国王与情妇露西·沃尔特（Lucy Walter）于1649年生下的第一个私生子——第一代蒙默思公爵（1st Duke of Monmouth）詹姆斯·斯科特觉得这个笑话过于露骨，对考文垂的无礼行为感到极为不满。他委托骑兵连的军官托马斯·桑兹（Thomas Sandys）去伏击考文垂，将他痛打一顿，好好教训一下这个无礼的家伙。一些人事后表示，蒙默思的计划得到了国王的批准。

对议员考文垂监视了两三个小时后（酒馆吃下的晚餐明显已经消化得差不多了），桑兹和多达20个帮手（很可能都是士兵）拦住他的去路，"一些人用他的斗篷将他牢牢裹住，然后紧紧抓着他，其他人则残暴地殴打他的面部"。[97]

事实上，他们用刀切破考文垂的鼻子露出了鼻骨——这曾是对窃贼或欠债不还者的惩罚方式。*袭击者还偷走了议员的假发以及他仆人的佩剑和腰带。[98] 下议院因为其一位成员遇袭而感到愤愤不平，同时还认为议会的权威受到了侮辱，于是通过了一项议案，用以防止恶意伤害他人身体。[99]

在奥蒙德案中，要解决的最后一个问题是为什么执法人员不能一直追捕嫌疑犯并将他们缉拿归案。答案是他们要优先完成其他任务，而且可以动用的资源有限。奥蒙德遇袭 3 周后，政府获悉了一起意图攻占白厅同时弑君的阴谋，发起者是我们的老朋友约翰·梅森上尉，他在行事时用到了一个不太可能使用的化名——天主教"托马斯神父"。

这起阴谋明显早于奥蒙德遇袭时间，揭发它的是克伦威尔时期的士兵理查德·威尔金森（Richard Wilkinson），此人现在是驻扎在怀特岛（Isle of Wight）的步兵连中士。梅森征召了 50 人负责攻打怀特霍尔宫大门口的岗哨，他们都穿着临时性的防护外套（衣服里面塞着许多层可以用来抵挡卡宾枪子弹的纸张）。穿戴所有这些防护衬垫进行攻击的时候，恰逢宫中举办一场盛大辉煌的娱乐活动，就像是"假面舞会及其他娱乐运动"一样。[100]

12 月 23 日，鲁珀特亲王收到威尔金森所写信件的复本，信中说威尔金森知道梅森的下落，也知道他正用什么名字生活着。告密者看到了密谋者们在半年前就印好的一份宣言。

---

* 这种刑罚源于英国的一个习语"paying through the nose"，据说，这个习语可以追溯到9世纪，海盗要当地的爱尔兰人捐贡，凡不捐者就会被切开鼻子。而鼻子被划开自然要出血，后来人们就用此比喻需要付出极大代价才能办到的事。当然，汉语中也有"出血"一说，与这个习语有异曲同工之妙。——译者注

如果您能对此事保密，并且确保威尔金森能够得到自由，他就保证能在很短时间内完成此项任务，否则就甘愿接受绞刑。[101]

阿灵顿在12月底对威尔金森进行了审讯，当时他承诺要拿到这份宣言的复本。他曾保证说："见过梅森，但是因为此人当时手头拮据而且不确定自身状况，所以一直没去与他的同伴会合。"威尔金森不知道这些密谋者之中是否有人也参与了奥蒙德遇袭事件。[102]

其他间谍得到情报说布拉德、约翰·洛克耶上尉和蒂莫西·巴特勒参与策划了最近这次袭击国王的阴谋。巴特勒12月时确实待在伦敦，然后于1月去了肯特郡的格雷夫森德（Gravesend）。[103]鉴于布拉德和梅森的友谊，外加上他和洛克耶以及巴特勒在1667年营救梅森时所扮演的角色，他如果真的卷入这场阴谋，其实也不足为奇。

但眼下，他正心事重重地谋划着自己整个人生中最为辉煌且大胆的冒险经历。

第六章

最大胆的罪行

> 依照国王的指令，此二人被带到白厅，经证明，其中一人便是臭名昭著的叛国者及纵火犯布拉德。
>
> ——1671年5月11日的《伦敦公报》[1]

按照惯例，圣爱德华（St Edward）王冠由威斯敏斯特大教堂的主任牧师及教士们保管，存放在教区内的圣器礼拜堂，1642年，一向急于筹措经费的议会贪婪的双眼虎视眈眈地盯上了这些王室珠宝（Crown Jewels）。虽然遭到教堂权威人士的强烈反对，议员们依然认为这些只是君主华而不实的小物件，想逮住机会把这些年代久远的物品换成急需的现金。而教会要员却无畏议员们的强权，也不理会他们的突发奇想，不仅拒绝放弃王冠，还索性把它们锁了起来。议会仅通过一次表决就达成了搜查教堂并强行打开锁柜的决议，在后续的动议中，议会还设立了一个委员会，专门负责罗列清单来记录这些加冕仪式所用的物品。[2]

议会认为，自1649年1月查理一世在白厅遭到处决后，王室

第六章 最大胆的罪行

珠宝便成了累赘。英国将走向共和制，而这类富贵之物则显得非常格格不入。于是，那一年的8月9日，下议院下令：

> 受下议院委托的王冠保管人员需将其交托给委托人，令其对已故国王、王后及王子的物品进行拆解、变卖。
>
> 为了实现英联邦的最大利益，将王室珠宝里的金银熔化，将宝石进行变卖。存放在沃德罗布塔内的王室珠宝也要按照此法处置。[3]

变卖所得的全部款项将用于资助组建新型舰队，同时弥补英联邦海军不断增加的运营成本支出。

在这些王室珠宝中，最主要的是1042—1066年在位执政的英王兼圣贤"忏悔者"圣爱德华（St Edward the Confessor）的王冠。在16世纪宗教改革期间，由于"圣爱德华王冠"这个名字在政治上有欠妥当，因此便被巧妙地更名为"阿尔弗雷德大帝（Alfred the Great）王冠"，丝毫没有顾忌历史的准确性。藏品中还包括了一把盎格鲁-撒克逊（Anglo-Saxon）风格的梳子以及11世纪的圣爱德华之妻、王后伊迪斯（Queen Edith）的王冠，这两件物品很可能是几个世纪以来从大教堂王室墓穴中获得的。从王冠上取下的贵重金属都被送到塔内一家王室铸币厂熔化后制成了铸币。其他物品则卖给了出价最高的竞买人。

对议会而言，最有价值的物品当数都铎王朝时期为亨利七世在1485年加冕时打造的王冠，上面饰有28颗钻石、19颗蓝宝石、37颗红宝石和168颗珍珠。该王冠一经售出，将这批王室珠宝的总价提高到了 1100 英镑，相当于现在的 12.8 万英镑。

在这场 17 世纪售卖风波中唯一幸免的几件物品包括君主加冕仪式上用于为君主施膏的圣油（1399 年亨利四世加冕时首度使用此物），以及一把在相同的宗教仪式上使用的 13 世纪镀银汤匙。[4]

共和制灭亡后君主制复辟，查理二世需要在 1661 年 4 月 23 日的加冕仪式上佩戴一顶新的王冠。次年 6 月，（一向付款拖沓的）国库向罗伯特·维纳爵士（我们之前见到此人时，他正在缉拿奥蒙德公爵的袭击者）支付了一笔 31978 英镑 9 先令 11 便士的款项，用于置办一套全新的王室珠宝以及能够尽显君威的华服美饰，其中只有 1.2 万英镑是用来置办加冕王冠的。[5] 这些包括了两顶镶嵌着宝石的"帝国王冠"，其中一顶被再次称作"圣爱德华王冠"，根据嘉德首席纹章官（Garter Principal King at Arms）爱德华·沃克爵士（Sir Edward Walker）一份记述："国王将戴着这顶王冠接受加冕，其他装备则是在加冕仪式之后，国王陛下回到威斯敏斯特大厅之前的着装。"[6] 这顶"帝国王冠"镶嵌着所谓的"黑太子红宝石"（Black Prince's Ruby），这是一块约为鸡蛋大小、重达 170 克拉（34 克）的珠状尖晶石。[7] 新物件中还包含了 1 个上面置有十字架、底座上镶着珍贵宝石的金球，3 柄权杖，1 枚红宝石戒指和 1 副黄金马刺。[8]

在花费了所有这些开支后，还须安排人手专门妥善保管这些王室珠宝。正如我们之前所见，在以前的统治时期，加冕王冠一直保存在威斯敏斯特大教堂中，但是帝国王冠和其他珠宝则存放在沃德罗布塔内。1508 年，亨利七世在中央白塔（White Tower）的南侧建造了一间保险库；1535 年，其子亨利八世又对这里进行了重建，并在窗户上安装了结实的铁条，用以加强安全系数。因为烟囱里冒出的烟和火花可能会对白塔堡垒中储存的大批火药造成安全隐患，于是在1668年，白塔周围的附属建筑便被逐一拆除了。[9]

然而现在，王室珠宝的安全性却已经大不如前，或许是查理二世误以为爱国的英国人都不敢染指这顶象征着君主制复兴的神圣王冠，但更可能是因为他自己常年国库空虚所致。

与此同时，忠诚的保王党人士吉尔伯特·塔尔博特爵士（此人在攻占柏林城堡的阴谋流产后想要索取托马斯·布拉德被褫夺的财产，但是未能如愿）结束了流亡生涯，回到英格兰后变得穷苦潦倒、流离失所。就像许多忠于斯图亚特王室的人一样，他在流亡法国与荷兰的王室成员所建立的王庭军机处尽心竭力、不计报酬地担任了多年的引领官，自然会理所当然地期寄新任国王能够赐予他"财富与威望"。在奥蒙德的帮助下，他在查理二世那里觅得了一份闲差，在王朝复辟之后便欣然掌管了珍宝室（Jewel House），出任司库一职。

自1669年起，王室珠宝开始存放在爱尔兰塔（Irish Tower）即现在的马丁塔内。这座三层塔建于1238—1272年，位于伦敦塔幕墙内的东北角，自身建有防御城墙以及铅层屋顶。这里过去曾被当作监狱，在伊丽莎白执政时期关押过一个"7个星期只睡10小时"的可怜失眠者，还有一个名叫海伍德（Heywood）的不幸囚徒，此人因为强迫自己毫无节制地大笑，造成失血30盎司。[10] 人们一直很好奇他究竟觉得什么事情如此好笑。

还有一名囚犯是第九代诺森伯兰伯爵（9th Earl of Northumberland）

亨利·珀西（Henry Percy），因为他喜欢摆弄各种稀奇古怪的科学实验而且自身也对炼金术抱有异乎寻常的兴趣，所以被人们戏称为"奇才伯爵"。1605年，珀西因为涉嫌参与天主教徒发起的火药阴谋（Gunpowder Plot），在马丁塔被关押了17年。但是，他在囹圄之中的社交生活却非常丰富，监禁生涯过得还算比较愉快。他甚至沿着这座半圆形的城堡搭建了一条木质的室内保龄球道，每天可以借此消磨几小时的监禁时光。[11]

非常遗憾的是，塔尔博特在马丁塔获得的官邸以及在王庭中用以彰显自己新身份的官服却令他大跌眼镜。司库官在马丁塔内的房间仅为"楼上两间非常简陋的厅室，通往房间的走廊在正午时分都昏暗无比"，塔尔博特轻蔑地将楼下的餐厅描述成"一间除了椽子没有任何顶棚的野地谷仓"。他打算任命父亲先前的侍从、77岁高龄的塔尔博特·爱德华兹（Talbot Edwards）担任助理管理员一职，代替自己在那里生活。这样一来，他自己便可以欣然前往更为宜居的怀特霍尔宫住地。爱德华兹除了年事已高外，这位值得信赖的老兵有着令人无可挑剔的资历。

于是，爱德华兹带着他的妻子和女儿伊丽莎白住进了马丁塔，虽然那里并不宜居，生活上也存在着诸多不便，但他们住得还是很开心。他的儿子威瑟（Wythe）在海外的佛兰德斯（Flanders）常年服役于约翰·塔尔博特麾下，所以儿媳也搬来与他们同住。[12] 1702年，一张由军事工程师们绘制的平面图呈现出了爱德华兹1668年住在马丁塔时那里的布局情况。餐厅位于一层，在巨大的弧形石墙里有一个壁橱和一个橱柜，还有一条从地下室延伸而上的窄楼梯。厨房外面是一间"小客厅"，还有一间形状怪异的厨房

第六章 最大胆的罪行

及灶台。穿过楼梯末端的平台，可以看到一间只有一个蹲位的厕所。外面是一间两层高的木棚，有一段楼梯可以通往画廊，那些腐烂残毁的地方很可能就是诺森伯兰伯爵昔日的保龄球道。[13]

王室的王冠存放在地下室层一个筑有厚墙的房间壁龛内，只有两道向外开启的铰链交叉门可以起到微不足道的防护作用。在过去10年里，塔尔博特·爱德华兹向游客展示王冠时，总是习惯性地站在这两道门后，以防有人触碰它们。[14] 在马丁塔的内苑，只有一道可以进入珍宝室的大门，入口处也没有哨兵把守。

虽然担任助理管理员一职是可以领到薪水的，但是多年来爱德华兹却从未说服吝啬的国库让他取走一分钱。官员们声称他的任免纯粹是出于私人原因，跟政府没有任何瓜葛。[15] 此外，吉尔伯特爵士也发现，这份差事已经不再具有一些曾经公认的特权，连他自己都"根本拿不到足够的报酬"。[16] 作为补偿，查理二世慷慨地提出让爱德华兹向那些充满好奇心的游客展示王室珠宝，向"那些有意付费观赏的游客收取费用"。查理二世认为私人经营无伤大雅，这样一来，国王不用付出分毫，还可鼓励游客前去参观。收取"门票"变成了一门有利可图的生意：爱德华兹去世后，吉尔伯特爵士便出价"500个布罗德（broad，相当于20先令）金币"出售助理管理员这一职位。[17]

参观马丁塔内的王室珠宝其实并非一种新奇的营生。从中世纪开始，纳税的公众就可以不时地亲见帝国王冠的真颜，这种盛况在17世纪初期便被记录在册。1669年，皇冠被转移到马丁塔后，游客们则随时都可以参观到这些王室珍宝。[18]

如此种种，都给日后的重大罪行埋下了隐患，这就同仅靠一把锁来提供安全保障的保险箱一样危如累卵。

珍宝室几乎没有任何护卫安保人员，只有一位老人负责看管这些王室珠宝。伦敦塔现已成为一处旅游景点，吸引着众多游客前往围墙内的王室动物园（Royal Menagerie）[19]参观，他们同时还能亲眼见到王室的珠宝。游客们可以对这些王冠进行常规鉴赏，如果缴纳一定的费用，甚至还能把王冠拿在手里欣赏。在此期间，马丁塔本身却因为容易让囚犯逃脱而变得名誉不佳。塔内还常住着许多平民，从国王卫队抽调过来常驻于此的哨兵们从不刁难这些自由进出马丁塔大门的男男女女以及他们的亲朋好友。

对于某些追名逐利之徒而言，王室珠宝似乎是一种不可抗拒的诱惑。而此人，正是托马斯·布拉德上校。

与他同时代的传记作家在他死后不久写道：财物问题一直困扰着他，"他确信还有一件未尽之事，可以令其非成即败"。

> 他确信自己如果逃跑，肯定能成功。如果盗窃不成，他就毁掉这顶英国王冠，让自己成为第二个赫洛斯塔图斯（Herostratus）[*20]，从此在世界上声名大噪，化作别人故事中的谈资。[21]

尽管存在诸多安全隐患，但是伦敦塔这座占地面积12英亩的王室城堡周围紧紧环绕着高耸的围墙，依然可以吓退一般的盗贼。人们都觉得偷盗王室珠宝是一种罪恶滔天的无耻罪行，再胆大妄

---

* 古希腊的一个年轻人，他于前356年7月21日纵火烧毁了位于土耳其以弗所的世界七大奇迹之一亚底米神庙。——译者注

为的盗匪也肯定不敢造次。但布拉德这个大胆的冒险家却有着果敢的胆识和丰富的逐利经验，他可以随时做好准备，利用任何可以抓住的机会。他觉得偷盗王室珠宝既是大赚一笔的绝佳机会，又可以放肆地嘲笑政府机构，在这件"唯勇者胜"的事情上，除了他，别人都不可能成功。在任何情形下，他都不允许自己的掘金过程出现"不可能"这3个字。关于这一点，有些刻薄之人可能会觉得他这种与生俱来的大胆鲁莽是疯狂的利己主义表现。

为了完成他的计划，布拉德将一些值得信任的人召集到一起，他们大多是去年12月袭击奥蒙德之后在逃的通缉犯。布拉德那个深谙抢劫之道的儿子也位列其中，此外还有理查德·哈利韦尔，可能还有威廉·穆尔中校，但是穆尔具体在其中扮演着什么角色，目前尚不明确。参加布拉德这次冒险行动的新成员是来自第五王国派的牧师罗伯特·佩罗特上尉（Captain Robert Perrot），他曾在托马斯·哈里森少将（Major GeneralThomas Harrison）率领的军团[22]中担任议会中尉，现为紧邻伦敦塔西侧泰晤士街上的一名染丝商人。布拉德早几年便对此人在新教徒反叛伦敦王室的几次阴谋中所起的作用有所耳闻。威廉·史密斯也是第五王国派成员，此次被招募进来主要负责看管马匹或团伙逃跑时的"侦察"工作。[23]还有一名后来被称为拉尔夫·亚历山大的同伙，这个酿酒商曾在1666年4月参与过臭名昭著的拉思伯恩阴谋（Rathbone plot），密谋反对国王的统治，但是似乎没有证据支持这一怀疑。[24]

1671年4月中旬，布拉德来到伦敦塔参观王室珠宝，他对伦敦的名胜充满了好奇，从表面上看与其他来自乡下的普通游客无异。他将自己伪装成一名牧师，身穿"一件长长的披风及长袍，还戴着教士腰带",用的是自己常用的化名"艾利夫医生"。[25] 在他的传记中,有更多关于这名牧师医生装扮的信息:"(在喉咙处)有根带子绑着长长的假胡须,一顶护耳帽……还有一件披风。"[26] 与他同行的"妻子"也是个体面之人,她也非常急于看到著名的宝冠。事实上,这可是个十足的冒牌货:因为布拉德的妻子玛丽此时正在兰开夏郡的老家抱恙在床[27],他便花钱雇了一个名叫珍妮·布莱恩(Jenny Blaine)的爱尔兰年轻女演员来代替自己的妻子。[28]

当然,他此行的真实目的是为了侦察马丁塔的格局,研究王冠在安防方面是否存在缺陷或弱点,同时窥探从城堡越过护城河然后进入伦敦东区那些熙熙攘攘的街道,而后到达周围安全区域的最佳逃生路线。与其他游客不同的是,上校还需要一个可以说得过去的借口,好让他可以多次往返珍宝塔(Jewel Tower),从而优化他的计划。

历史学家兼牧师约翰·斯特里普(John Strype)后来根据塔尔博特·爱德华兹这个倒霉管理员的描述记录了布拉德的惊世之举,这是我们所能获得的有关布拉德偷盗王室珠宝一事最接近目击者描述的内容。存放于牛津博德利图书馆(Bodleian Library)中的佩皮斯搜集的文稿也对这次罪行做过相关描述。[29]

布拉德的战略其实很简单,根本谈不上有多精妙,他想通过赢得受害人的信任打下良好的心理基础,从而达到自己预期的目标。

开始先由他的"妻子"对王室珠宝大加赞赏,然后她再突然病倒,因为胃部不适而感到头晕目眩。而后,忧心忡忡且充满关切的布拉德则

第六章 最大胆的罪行

希望爱德华兹先生可以给他们一些提神醒脑的药，爱德华兹先生则当即让他的妻子拿来一些她之前喝过的药剂，爱德华兹夫人还礼貌性地邀请她到楼上的床上小憩。

她接受了这一邀请，很快便恢复了健康。

他们在告别时对爱德华兹夫妇的礼貌之举感激不已。[30]

拿生病当托词绝对是不二之选。又过了三四天，布拉德回来了[31]，带着 6 双精美的白手套作为送给爱德华兹夫人的厚礼，以此转达妻子对她善良之举的无限感激。

他们就这样开始熟络起来，布拉德"夫妇"还经常造访那里，以推动这种关系不断升温，布拉德"夫人"声称自己对爱德华兹夫人的善良实在无以为报。[32]

答谢之后又过了一段时间，布拉德再次回来对爱德华兹太太说，他的妻子对塔内这些好人的纯良之举实在是赞不绝口……

经过长期的考量，他的妻子终于想到了一种可以回报她的方式。

甜蜜的陷阱已精心布置好。上校不再继续表达感激并馈赠礼品，而是抛出了一个具有强大诱惑力的诱饵。这可是每位母亲都渴望实现的秘密梦想：期冀着她的女儿能与一位家境显赫的年轻追求者结婚。

布拉德夸赞爱德华兹夫人的女儿伊丽莎白是一位"漂亮的淑女"，还突然补充说："在下有一个年轻的侄儿，每年能从我负责处置的土地上获得 200—300 英镑的收入。如果您的女儿没有婚约在身,而且您也赞许这桩美事,我就带他过来见见她,咱们好尽力促成他们的姻缘。"这使爱德华兹夫人欣喜若狂。[33]

布拉德设下的圈套就像一扇铁门一样,砰的一声牢牢关上了。

可想而知,他此番令人惊喜不已的话在爱德华兹夫妇心中激起了多少幸福的涟漪。一场意想不到的婚礼正向他们的女儿款款而来!那天,喜出望外的珠宝管理员"不假思索地同意了"布拉德的大胆提议,还邀请"牧师"与他一起共进晚餐以示庆祝。沉溺于这一假扮身份的布拉德理所当然地接受了邀请,在大家都落座用餐之前,他还不禁念起了祝祷辞。

> 他怀着虔诚之心高抬双目,为国王、王后和王室真心祈祷,并以此结束了他那冗长的祝祷。

随后,他在马丁塔参观了爱德华兹一家的住处,还"在那里见到一个做工精美的盒子,里面放着几把手枪",布拉德"表现出强烈的购买欲望,说是想把这些手枪当作礼物馈赠给他的邻居——一位年轻的勋爵"。当然,他真正的目的是确保自己再次造访时,爱德华兹一家身边没有可用的武器。

布拉德告别时用"经典的祝福语"向爱德华兹一家表达了诚挚的祝福,还约好了具体的日期及时间,好带着侄子过来见一见有意与他订婚的姑娘。[34]

这一天定在了 1671 年 5 月 9 日,星期二。

奇怪的是,他约定到访马丁塔的时间是早上 7 点,通常情况下,这个时间上门提亲未免有些太早了,但是对于热情的新郎而言则并不为过。显然,布拉德不想让太多人知道这次掘金行动,毫无疑问,天真的老爱德华兹正为即将到来的婚事而沾沾自喜,根本没有丝毫怀疑便欣然同意了这一安排。

到了约定的时间,他的女儿及时起床穿上了自己最漂亮的衣服,想用魅力给她未来的丈夫留下深刻的印象。就在她即将梳妆打扮完毕之际,父亲爱德华兹惊讶地看到牧师带着三个人来了。实际上到访的一共有 5 个人,爱德华兹根本不知道这些人都全副武装,每个人都随身携带着内藏刀剑的手杖、匕首和一支袖珍燧发枪。与布拉德同行的几位先生中包括了他的儿子、佩罗特,以及即将在不知情的情况下扮演羞涩新郎的哈利韦尔。[35]第五名同谋威廉·史密斯则守在伦敦塔的围墙外面,看管着这个团伙的马匹,以备逃跑之需。

"牧师"连同小托马斯·布拉德以及佩罗特进入收藏珍宝的马丁塔,留下哈利韦尔在外面负责瞭望戒备。爱德华兹的女儿伊丽莎白认为自己如果下楼迎宾会显得有失端庄,于是便派她的女仆"去看看这些来客,然后向她描述一下自己的情人到底长得什么样"。女仆认为正在外面闲逛以免引人怀疑的哈利韦尔就是主人所求之人,"因为他最为年少……于是她便回到年轻的女主人身边,向她描述了一下这个人给她留下了什么印象"。[36]伊丽莎白显然有所触动。想到去年《伦敦公报》上对一名通缉犯的描述:"此男中等身材、面部臃肿,带有天花留下的痘疤,面容端庄……年龄大约在四十岁。"人们定会质疑这位女仆的判断力、视力或者对所见事物的反应能力是不是出了什么问题。可以肯定的是,这里根本就没有什么"年轻的侄子"。

与此同时，布拉德对爱德华兹说，他和朋友们要等他妻子赶来为自己的姗姗来迟道歉，然后才会到楼上去。为了在等她的时候打发时间，说不定他会好心地向他们展示一下王冠？可能想到自己能得到更多费用，管理员便欣然同意了。对此事还有一种说法是布拉德解释说这些人都是他的朋友，将于次日清晨离开伦敦，"他答应他们可以亲眼看到王冠"，虽然也许现在时间尚早，但是不知爱德华兹先生能否"慷慨地满足一下他们的好奇心"。[37]

无论如何，几秒钟之后，这位保管员就将遭到残忍而野蛮的攻击。

这群人一进入放着王室珠宝的房间，便把房门砰的一声紧紧关上了，然后趁爱德华兹弯腰打开保护王冠的铁丝网门之际，用一件披风罩住了他的头。就在这位震惊的老战士奋力挣扎时，他们"用一个巨大的木塞堵住了他的嘴，这个木塞中间有个小孔，方便他呼吸喘气……"。他很快便被"打过蜡的皮革勒住了颈部……他们还在他的鼻子上勾了一个铁钩，这样他就再也无法发出任何声音了"。

布拉德对双目怒睁、正在痛苦喘息的爱德华兹直言称他们打算盗取帝国王冠、金球和权杖。之所以选择这项王冠而非圣爱德华王冠，显然是出于对王冠重量和体积的考量。

他们告诉爱德华兹说如果"他能够安静屈服……那他们就饶了他的性命"。否则，"就没好果子吃"，布拉德尖锐地补充道。

勇敢无畏的管理员"想尽办法让自己发出声响，希望正在楼上的家人们可以听到动静，然后拉响警报"。[38]

他的头被一把名为"大槌"的木槌[39]"无情地锤击"了好几下，整个人被打倒在地。他们带着这根木槌"既可以当作武器，还能锤瘪王冠，从而方便携带"。[40]

布拉德严厉重申了他的警告：如果爱德华兹"能安安静静躺着，他们就饶他一命，但是如果他负隅顽抗，再想试图揭发他们的话，他们就会把他杀掉"。为了强调他们的杀人意图，三人抽出短剑直抵着管理员的咽喉和胸口。

虽然爱德华兹可能现已年老体弱，但他并非懦夫。在制造了"更大的声响"后，他的头部又被强盗们击打了"9—10下"，（因为在他的头骨上发现了很多瘀伤），最终，他们用一把匕首扎中了爱德华兹的腹部，造成了严重的刺伤，爱德华兹开始大量出血。他的头上还有10处或11处砍伤。[41]

遭受到野蛮对待后，爱德华兹趴在地板上，佯装不省人事或气绝身亡。其中一名盗匪认为应该立即将他杀死，但布拉德"绝不容许发生这种恶行，由于他将自己伪装成了神职人员，如果抢劫过程中还实施谋杀，那就会让这件事变得更加令人发指"。[42] 在这种紧要关头，他的同伙们可没工夫体味他的这一论点到底能体现出什么微妙的智慧。其中一人跪下来查看这位王室珠宝管理员是否还有呼吸。他说："他死了，我保证他死了。"

他们顷刻间便不再担忧爱德华兹是否健康安宁，而是开始着手完成手头的任务。布拉德从壁龛中取出帝国王冠，然后将金球交给佩罗特，他便随手把它放进了宽松的束腿马裤中。布拉德的儿子打算把一根权杖掰成两半，因为它太长了，根本放不进他们带来的那个用来藏权杖的小袋子。布拉德则用大槌砸平了王冠上的弓状凸起,方便把它放进用披风兜进来的袋子里。

而后,事态出现了惊人的转折。

爱德华兹的儿子威瑟在海外服役10年之后,突然告假回到了家里。

候在马丁塔外面负责瞭望的哈利韦尔看到这个陌生人径直大胆向门口走来,着实吓了大一跳。他谦恭地问道:"来者何人?"但是年轻的爱德华兹却一把将他推开,走上楼去。他的母亲、妻子和妹妹都为他的突然到访感到惊讶不已。三人方才缓过神,便对他表示了热烈的欢迎。

团伙中的这名侦察员冲进珍宝室,警告布拉德说爱德华兹的儿子回来了。他们最不想对付的便是知道在战斗中如何取胜的身强力壮的士兵。此时,布拉德正俯在地上试图捡起捶打王冠时脱落的宝石。他们带着盗掠的皇冠跑了出来,却没把权杖带走,因为小布拉德没能把它掰成两半。他们认为爱德华兹已经死了,就没再费事绑住他的双手。这伙人离开后,爱德华兹挣扎着站起身来,按住腹部的伤口,拔出了塞在嘴里的木塞。他痛苦地喊着,声音显得非常急切与绝望:"有叛徒!谋杀!"

他女儿听到了喊声,跌跌撞撞地走下楼梯,发现浑身瘀伤的父亲瘫倒在地板上,身下还有一摊不断扩大的血泊。他结结巴巴地说出了事发经过,充满责任感的伊丽莎白踱步冲出门外,不断高喊着:"有叛徒!王冠被盗了!"

与此同时,布拉德一伙人正"以异乎寻常的速度"朝着东南方匆忙逃遁,他们穿过马丁塔内堂的一块空地,在过去的5年中,这里的旧建筑都被拆除了。正当他们绕过11世纪用大量石砖修建

第六章 最大胆的罪行

的白塔时,有人看到布拉德和佩罗特"一边慢跑一边肘击着彼此,此举让他们变得形迹可疑,因而遭到了追捕"。

再看看马丁塔那边,出生于瑞典的卫队长马丁·贝克曼(Martin Beckman)碰巧偶遇了威瑟·爱德华兹。贝克曼先前曾是一名碌碌无为的间谍,1664年开始在伦敦塔服刑,现已恢复自由,在伦敦塔弹药库当上了忠心耿耿的工程师。[43]

二人听到伊丽莎白痛苦的呼喊,径直冲进珍宝室,来到身负重伤的保管员身边。塔尔博特·爱德华兹正躺倒在地上昏然发呆,他们误以为他死了,便让他那悲痛欲绝的妻女留在所谓的尸体旁边,自己则跑去追捕布拉德一伙人。此时,他们心中的当务之急,便是要实现黑暗的复仇。

现在,几名逃犯已经绕过卫兵主要驻扎的建筑,朝着伦敦塔跑来。在这里,他们与伦敦塔哨兵进行了首次交锋。追捕者发出的急切喊叫声令这名受惊的士兵有所警醒,他命令这伙人"马上站住!",然后端起枪开始胡乱射击。在一阵疯狂扫射后,布拉德用一把手枪瞄准了哨兵的脸,但这颗子弹未能击中目标。也许是因为枪声或者单纯是出于恐惧,吓得屁滚尿流的哨兵一头栽倒在铺着鹅卵石的地面上,希望危险能够马上过去。[44]

在他们面前坐落着水门(Water Gate),从这里可以通往泰晤士河畔宽阔的伦敦塔码头。曾经当过议会士兵的哨兵希尔(Sill)认为自己的战友已被击中而且可能已经身亡,就没对迎面冲过来的盗匪做出任何拦截,让他们径直冲过了大门。

而后,这帮匪徒

沿着码头拼尽全力朝着伦敦塔东端被称为铁门（Irongate）的圣凯瑟琳门（St Catherine's Gate）处的马匹奔去，他们一边跑着还一边高喊："截住盗贼！"

没人觉得他们是罪犯，因为布拉德此时还穿着教士的服装。

贝克曼定是一位敏捷又稳健的擅跑者，居然能在这里追上他们，布拉德则稍事停顿，转身拿出他的第二支手枪向贝克曼的头部瞄准开火。贝克曼连忙闪避，子弹从他身边飞过，并未造成任何伤害。他一把擒住披风里塞着王冠的布拉德，挣扎着从他手中抢夺王冠，二人而后展开了一场不太像样又有些滑稽的拉锯战。

贝克曼最终从布拉德手里夺回了王冠，现已经沦为阶下囚的布拉德气喘吁吁地告诉贝克曼："这是一次大胆的尝试，但是没能成功……但为了王冠冒险是值得的。"[45]

王冠现已严重弯折，布拉德试图砸扁它时弄松的许多珍贵宝石也已不翼而飞。后来，贫寒却非常诚实的清洁女工凯瑟琳·马多克斯（Catherine Maddox）捡到了一颗大珍珠、一颗钻石和一些小宝石，她把它们悉数交给吉尔伯特·塔尔博特爵士，还因此举得到了一定的回报。一名理发师学徒也上交了一颗钻石。在布拉德的口袋中，其他的宝石也被找到了。[46]

在擒获布拉德之前，舍伯恩卫队长的一名仆人就抓住了佩罗特，还从他那肥大的马裤中起获了金球，从口袋中找到了"一块精美的枚红色尖晶石（红宝石）"。

如同对梅森的援救一样，布拉德企图盗取王室珠宝的计划开始向着近乎滑稽的方向发展，在混战中，实在难以区分伦敦塔围墙之下盘踞在河岸边的到底是敌是友。小爱德华兹追上了一个满身鲜血的男人，开始和他扭打起来，认为此人是他的杀父仇人之一。就在他要挥剑砍去的当口，贝克曼大声警告他说："住手！他跟那伙人没关系！"

而后，贝克曼本人也身处险境。他疾驰冲在追捕队伍的最前列，打算将小布拉德一举拿下，跟在后面缓慢前行的卫兵们正要朝他开枪射击，一个认出了贝克曼的人赶忙大喊："且慢！他跟咱们是一拨的！"

小托马斯·布拉德逃出了这场纷乱，一屁股坐在威廉·史密斯在伦敦塔码头远处铁门那里耐心看管的马鞍座上。他连同哈利韦尔以及史密斯从城堡成功突围了出去。爱德华兹赶忙敦促雷恩斯福德中尉（Lieutenant Rainsford）下令让他部队里的士兵骑上布拉德等人剩下的马匹进行追击，但却遭到了中尉的拒绝，因为他认为现在这些落在他手里的坐骑已经是自己的私人财产了。这几匹马被牵回了堡垒。[47]

这种莽撞的逃亡历程还在继续上演。离开马丁塔不到两小时，小布拉德在拥挤的伦敦街区还未走远，便在圣博托尔夫（St Botolph）教区东北角的砾石路（Gravel Lane）撞上了一辆正在缓缓拐弯的空货车。[48]他被货车上横放的一根圆杆击中头部，从马上摔了下来。但是，关键时刻这些匪盗顾不上道义，哈利韦尔和史密斯赶忙策马逃窜，离开了现场。

一只脚还别在马镫里的小布拉德很快便恢复了意识，这时一个皮匠跑过来喊道："这是汤姆·亨特（前文提到的托马斯·亨特），那个妄图残忍杀害奥蒙德公爵的人。大家快把他抓住。"在这样的危急时刻，虽然激动不已的皮匠非常言简意赅，但他很可能隐约觉出自己将要获得一笔丰厚的奖赏，同时还能青史留名。

一名过路的警察抓住了小布拉德，拖着他去面见当地的治安官史密斯，他听信了小布拉德"打包票"说自己不是强盗及绑匪汤姆·亨特的言论，正打算将其释放，这时听到外面街上传来呼喊声："有人从马丁塔拿走了王冠。"于是，治安官非常明智地扣押了小布拉德。49

沦为阶下囚的布拉德父子二人被中尉约翰·鲁滨逊爵士带回了伦敦塔。50

起获的证据为两支带有护套的短剑，剑刃薄而锋利，人称"愤怒的匕首"，可以追溯到1620年，从短剑上的印记看似乎是在苏格兰锻造的，出自爱丁堡刀匠亚历山大·布鲁斯（Alexander Bruce，此人自1593年起业务腾飞）以及亚历山大·汤森（Alexander Thomson，此人1588年起开始执业）之手。这两把短剑是布拉德上校1666年在苏格兰调查彭特兰叛乱期间得到的二手货，自此便一直佩戴着它们。较大的一柄有11.4英寸（29厘米）长的剑锋，较小一柄的剑身长度为9.2英寸（28.7厘米）。后面这把剑与罗伯特·佩罗特有着直接的联系。两柄可怕的武器上都装有针尖，这种设计可以让剑刃别在靴口处或腰带上，快速抽出就能发出致命的攻击。这也难怪塔尔博特·爱德华兹会害怕了。51

那天晚上，在国王陛下位于伦敦塔内的肮脏牢房里，布拉德父子睡在了发出阵阵恶臭的稻草垫上。

在伦敦白厅，负责护卫国王安全的威廉森和阿灵顿感到非常欢欣鼓舞，因为他们终于除掉了长久以来令他们苦不堪言的两颗

第六章 最大胆的罪行

眼中钉。

威廉森给友人布雷思韦特（Braithwaite）先生去信说："今天早上偷盗王冠一事，真可谓一桩传奇。但是，既然上帝指引我们抓住了布拉德，那便是对陛下而言比王冠本身更有价值的事情。那个家伙真是个亡命之徒。在此赞美上帝的美意！"[52]

但是，鉴于布拉德之前就曾逃脱过严酷的法律制裁，谁又能完全肯定他这次会在塔丘（Tower Hill）的行刑台前一命呜呼呢？

第七章

王室的赦免

> 布拉德这个恶棍，企图偷盗王冠，人赃并获却能得到赦免……还得到一笔养老金，关于这个谜团，几乎无人能解。
>
> ——枢密院成员罗伯特·索斯韦尔爵士
> （1635—1702）如是说[1]

1671年5月16日，对于布拉德最终收监伦敦塔这一喜讯几乎不敢相信的都柏林间谍罗伯特·利写信寄给他在白厅的主人威廉森。这个"臭名昭著的恶棍"居然胆大妄为地想要窃取王室珠宝，他能最终遭到逮捕，真是"让所有正直之士都觉得大快人心"，他兴高采烈地宣布着。国外的形势也非常乐观，国务大臣和他的特勤人员可以利用这次难能可贵的机会围捕到更多布拉德的谋逆同伙"以及那些企图谋杀奥蒙德公爵的凶徒"。利热切地希望这个老叛徒现在"能为其在都柏林和英格兰犯下的屡屡恶行付出代价"。[2]

如果布拉德一开始就打算"在世界上声名鹊起"，那他显然成功地办到了，而且即便他再自我膨胀，也没想到结果竟会远超自己之前的预期。事实上，他漫不经心地赌上了自己和儿子的性命，还由此赢得了世人的瞩目。

关于他企图窃取王室珠宝的新闻报道刊登在《伦敦公报》以及许许多多的私人手抄报上，这些内容被生活在伦敦的人散播到了英国各地。剑桥的柯克（Kirke）先生[3]收到了一份关于这次拙劣抢劫行动的详尽描述，另一份则送到了想法独到的布里斯托尔镇文书兼律师罗伯特·奥德沃思（Robert Aldworth）手中。[4]二人都把这个歹徒称为"老布拉德"，还认为他们父子俩肯定跟早先的奥蒙德遇袭案脱不了干系。送到布里斯托尔的这份记录中还罗列着布拉德从爱尔兰叛乱失利开始的过往劣行。他涉嫌参与了北方起义，还在押解队伍前往约克的半途中救走了囚犯梅森。但文中也强调称新近发生的这次冒险行动与政治上或宗教上的分歧无关。"他们自己供认称这次偷盗……仅仅是因为看上了这些珠宝的不菲价值"。

当然，关于这宗犯罪的各种阴谋论在首都的咖啡馆和小酒馆里激起了人们的热烈讨论。有一则通讯确认说这些实施盗窃的嫌犯是英国人，但是威尼斯大使吉罗拉莫·阿尔伯蒂在一份送往威尼斯共和国的报告中却指出：许多伦敦人已经当即"将这种背信弃义的行为怪罪在法国人头上，甚至开始散布一些卑劣的猜忌……"他稍稍有些沾沾自喜地补充道："据说此事充斥着各种严重的后果，很庆幸我自己没跟风将这一话题以讹传讹，因为现在看来，他们唯一的目的可能只是大捞一笔而已。"最后，"我只想说的是，在他们抓获的这伙人中发现了一个爱尔兰反叛分子，此人与我在去年12月19日提到的奥蒙德公爵遇袭事件有关"。[5]

经常创作讽刺诗歌攻击天主教及王室宫廷丑闻的形而上学的长老会诗人安德鲁·马维尔（Andrew Marvell）执笔写下了这些谩骂式的诗歌对句：

> 大胆的布拉德有租金要收回，
> 他要扣押王室的珠宝，
> 他选择了披风、教士的腰带[6]与长袍，
> 这些可是掠夺王冠之人的绝佳掩饰，
> 但他的怜悯之心[7]却占了上风，
> 虽然他身穿着牧师的法衣，救了管理员的性命，
> 但自己的行动却未能如愿，
> 主教是何其残忍，王冠不翼而飞。[8]

虽然这首诗对英国圣公会的神职人员进行了挖苦暗讽，却依然广为流传，还频频引发了普罗大众的苦笑。[9]

布拉德父子在伦敦塔码头及砾石路被捕后，便由伦敦塔中尉约翰·鲁滨逊爵士负责看管。士兵出身的威瑟·爱德华兹深知向指挥官层层上报的重要性，于是立即向他父亲的上司、珍宝室的管理员吉尔伯特·塔尔博特爵士汇报了事情的原委。塔尔博特颇为震惊，立刻在白厅恭候国王大驾，将爱德华兹所说的马丁塔里发生的这个骇人听闻的事进行了通报。国王查理命令塔尔博特当晚就去城堡里审问犯人。[10]

他在白塔见到了身负镣铐、由持械卫兵看守的布拉德父子以及佩罗特。外科医生已经对他们在逃跑反抗时造成的外伤及擦伤

第七章　王室的赦免

进行了包扎处理。布拉德上校"躺在角落里，性格倔强，低俯着身子，对任何提问都拒不作答"。[11]

两名急切又激动的地方法官来到这里调查这件轰动全国的劫案，但是上校却毅然拒绝接受他们的审讯。他竟然厚颜无耻地（或是出于慎重考量也说不定）一再强调说只有面见查理二世本人，才会对这些严厉的指控做出回答。或许他再清楚不过的是，这次孤注一掷是他可以免于一死的唯一机会。

令人咋舌的是，"快活王"[12]查理二世居然欣然同意对他进行审问——据说布拉德得知国王应允了自己的请求后，高兴得哈哈大笑。就这样，5月12日，布拉德父子二人带着镣铐穿过伦敦城，被士兵护送到怀特霍尔宫接受了王室审讯。[13]

我们完全不清楚国王查理到底出于什么目的同意让上校父子面圣。这只是因为帝王心血来潮，难以抑制住好奇心，所以想见见个臭名昭彰的叛国者兼纵火犯吗？在过去7年里，此人在英格兰和爱尔兰的作为罄竹难书，现在居然厚颜无耻地要求面圣。

虽然国王因气度不凡以及平易近人而闻名，但这次的举动却着实在让人觉得君意难测。查理二世的批评者认为他老谋深算、精明干练，在国内风起云涌的政治动荡中经常不择手段地操纵公众舆论，是一个不折不扣的阴谋家。还有一些人则更为刻薄，认为他身为君主却不精于政务，更多时候是靠着运气而非运筹帷幄的能力，仅能跟跟跄跄地从接踵而至的危机中转危为安，偶尔实现一些目标而已。

当然，国王之前也亲自审问过叛贼及谍报人员，因为勤恳的阿灵顿、威廉森及其特勤人员曾在一次又一次意图反叛神圣王室的阴谋中揪出了很多不良分子。他这次也同样愿意对这类人进行审讯。[14]

但是也许还有其他黑暗势力在暗中推动君主与叛徒之间的这次奇怪的会面。是时，国王查理正忙于款待一些造访宫廷的法国贵族。[15]

正如我们先前所见，布拉德参与的奥蒙德遇袭事件很可能阻碍了宫中一些耽于追名逐利的重要人物的邪恶利益。

上校明显在宫廷中结党营私（或者更确切地说，他是受雇人）。他还知道许多令人尴尬的秘密，可以用来指控宫中权贵的各种罪状。

白金汉公爵或许是为了配合与自己同样骄奢淫逸且贪婪无度的红褐色头发的第一代克里夫兰女公爵兼卡斯尔梅恩伯爵夫人芭芭拉·帕尔默，所以极力支持布拉德面圣的请求。白金汉和芭芭拉可不希望布拉德在接受审判时揭露一些可能会牵连到他们或者令他们陷入尴尬之事，所以想把这次审讯限制成小范围的私人会审。如果公然承认自己在政坛上冷酷无情又固执己见的情妇可能出于个人目的直接参与了奥蒙德事件，那国王查理本人也将蒙受耻辱并受到沉重的打击。[16] 日记作家约翰·伊夫林残酷地将此女称作"我国的诅咒"。[17]

此外，阿灵顿可能曾于1666年雇用布拉德担任过政府间谍，在荷兰及以后的行动中诱捕弑君者拉德洛前往巴黎，因此他也想尽量阻止这些关乎间谍秘密行动的细节作为法庭宣誓之下的证词而被人详细记录在册。

也可能还有一个更为阴险的动机：威廉森曾说捕获布拉德比

第七章 王室的赦免

"王冠本身的价值还要高10倍"。[18] 政府觉得他还有利用价值,如果不是继续危害国土安全,或许让他活着比处死他更有意义,不能让他因为非国教信仰而成为又一名殉道者。

因此,无论是出于个人原因还是政治上的考量,国王查理身边这些人都有一系列强而有力的理由,认为应该在私密场所让布拉德在一群重要人物面前为自己辩护。国王之所以同意见他很可能是听从了身边这些大臣极具说服力的游说。

奥蒙德公爵深谙宫廷政治(也是其中的受害者),他很清楚发生了什么事情。"此人无须绝望,"他对枢密院的同僚顾问罗伯特·索斯维尔爵士说,"可以肯定的是,只有国王有意宽恕这个罪犯才会同意与其见面。"[19]

这次审讯是在宫中一间非常的私密房间中进行的,约克公爵詹姆斯、鲁珀特亲王以及包括阿灵顿和威廉森在内的一些王室高级官员都列席了这次密审。布拉德对此番戏剧般的超现实主义场面似乎并不上心,在斯图亚特王朝的这些重要人物面前,他没有丝毫的局促不安。因为他曾经参与过太多次加害查理二世的阴谋,所以此时很可能依然身负镣铐,旁边还站着几名全副武装的国王卫兵。

在回答国王的第一个问题时,布拉德当即坦白承认自己在6个月前参与袭击了奥蒙德。然后,他被问到是什么原因促发了"如此大胆的攻击行为"。布拉德厚颜无耻且理直气壮地说公爵"夺走了他的产业,还处死了他的一些友人,于是他和很多人都发誓要报仇雪恨"。

谁是他的帮凶?布拉德拒不提及他们的名字,因为他"永远不会背叛朋友，也不会在自我辩护时否认自己的罪过"。[20]

虽然知道这只是徒劳无功，但上校依然为自己偷盗王室珠宝一事进行了辩解，他详细叙述着"自己遇到的不公待遇，受到的伤害以及蒙受的损失……还有自己在爱尔兰遭遇的耻辱与沮丧"。[21] 他试图通过抢劫国王作为弥补，因为正是这位国家元首令他被不公正地对待。

当这个老犯人听到加冕王冠的真实货币价值后，开始变得不知所措。他最初以为王冠"可能值10万英镑"，但却震惊地发现"国王为这顶王冠、权杖以及爱德华王子的物件总共才花费了6000英镑"。即将因为谋逆罪而被公然处死之际，他居然还能因为这笔不义之财的实际价值而觉得遭人欺骗，单凭这一点，就明显可以看出布拉德是何等放肆。出于过度自大的本性，他甚至还谎报了自己的年龄。

但是，布拉德对袭击奥蒙德以及窃取王室珠宝的罪行却直言不讳，他坦言说自己"要完全接受法律的处置，当然，他企盼得到严苛的制裁也许自有道理，因为他早有准备，所以并不太担心这一点"。[22]

出人意料的是，也有人对他的脾气秉性做出了无比宽厚仁慈的陈述。鲁珀特亲王证实布拉德在内战期间曾为保王党尽忠职守，认为他曾经努力捍卫过先王的政权，"是一个身体壮硕、胆识过人的家伙"。值得庆幸的是，没人提到上校后来在那次冲突中倒戈的事。[23]

其后，布拉德做出了戏剧性的陈述。他直勾勾地看着王座上的君主，主动承认自己还参与过一次暗杀国王的行动——"在泰晤

士河畔巴特西（Battersea）上游国王经常游泳的地方，从芦苇荡里用卡宾枪射杀国王……"他坦白说

> 他自己还有其他人之所以打算这样行动，是因为国王陛下限制了一些宗教团体的宗教自由，抑制了大家的虔诚良善之心。
>
> 但是，他站在芦苇丛里打算行刺时，内心却充满了威严的敬畏之情，这不仅令他自己大发向善之心，还劝服其他同伙也放弃了计划。[24]

所以，看到国王查理在沃克斯霍尔（Vauxhall）的河中裸泳后，他心中或许发生了戏剧性的变化。[25]布拉德称他突然意识到让国王"活着似乎对他们更为有利，以免出现一位更加不济的继任者"。于是，他放下了枪。

但是，这段关于密谋加害国王查理的供述（或许只是布拉德靠着疯狂的想象虚构出来的事情）是否恰恰源于爱尔兰人天生的巧舌如簧，为了在君主面前给自己塑造一个正面一点儿的形象呢？

如果此事属实，并非虚构，那么这次中断的刺杀行动一定是在1670年12月奥蒙德遇袭以前或是1671年4月中旬之前上演的，布拉德当时正在实施偷窃王室珠宝的第一步行动。但愿是因为冬天泰晤士河冰冷的河水让最为健壮耐寒的国王也望而却步，不想下河游泳了。[26]

还有一次，在300人袭击上议院时，布拉德参与了谋害国王查理的行动，但这是他不屑提起的往事，后来也只是轻描淡写地

称自己"忘记"向国王坦白交代此事而已。他声称这些人都是被招募来的，一直在等他发号施令采取行动。他后来坦率地向威廉森承认说"在国王缺席前，我从未有此想法"。

接下来的 9 月，间谍头目注意到，布拉德以及其他线人提供给他的情报称罗杰·琼斯上尉（我们在约克逃过制裁的老朋友"梅内·泰科尔"）在"袭击奥蒙德大人"不久之后便招募上校参与了这场阴谋。烟草商约翰·哈里森汇报称拉尔夫·亚历山大说在泰晤士街靠近伦敦塔的一所房子里已经放好了"一大批战斧或是带有利刃的长杖"，可以随时对贵族们发起攻击。这些密谋者还计划在"某个晚上偷袭"绑架脾气暴躁的温彻斯特主教兼王室礼拜堂教长乔治·莫利（George Morley）以及身为枢密院顾问的第一代克雷文伯爵威廉·克雷文（William Craven）。[27] 至于为何选择他俩作为目标，其背后的动机及目的尚不清楚。

计划发起突袭的时间也不确定。1671 年 4 月 22 日星期六，国王查理下令议会休会一年，其间，他本该"穿戴着象征王权的王冠及御袍，坐在王座上"出现在一众贵族面前。[28] 没有任何证据表明那天有发生袭击或骚乱的迹象，看来可以确信的是，作为事件主角的布拉德因为思忖着偷盗王室珠宝一事，所以延缓了那次暗杀行动。亚历山大后来透露说他们听说布拉德交代了此事，于是便把这批武器砸碎后偷偷扔进了泰晤士河。[29]

如果真是如此，布拉德的时间和精力根本无法应付，他不可能藏匿在泰晤士河畔巴特西附近的芦苇丛中狙击国王。即便是筹划一次简单的暗杀行动都要针对既定目标做详细的规划和情报收集工作。仅凭一人之力怎能在同一时间参与多起阴谋？更何况这个人是反复无常且暴躁易怒的布拉德？是的，这极有可能只是头脑灵活的托马斯·布拉德为了讨好国王而瞎编的一个故事。用巧舌如簧来形容他那些不切实际的谎言都不足为过。

布拉德真是一个集虚张声势、厚颜无耻、谦卑恭顺及赤裸威胁于一身的奇怪混合体，他居然能够如此直言不讳地回答这些问题。布拉德无耻地提醒国王说"没暴露身份的兄弟还有上百人，大家彼此团结一致，发下了同谋重誓，定会为兄弟复仇，让那些抓捕他们的人付出生命的代价"。他毫不客气地警告说，这种不可违背的血腥誓言将使"陛下以及诸位大臣惶惶不可终日，恐怕一场杀戮即将来临"。

换言之，"如果陛下能赦免一些人，饶恕他们的死罪，他或许可以让一些胆大妄为之徒接受国王的宽恕与美意，从此忠心服务于陛下"。布拉德变得越来越自负，"假装"自己有能力"在一群狂热的追随者中纵横捭阖，就好像自己是命定的元帅，可以将这些人纳入麾下一样"。[30]

于是，布拉德在宫中明目张胆地与国王做起了交易。他提议说：饶我性命，我便在危险的宗教异端团体中为您担任间谍。难怪他为什么之前极力想要接受国王的审讯了。

查理在审问过程中表现得相当"冷静且有所克制"。[31] 为了确保在场的每个人都能清楚布拉德正在开出的条件，国王便问道："如果我免你一死，你能如何？"上校很快回答说："我会竭尽全力让您觉得这个交易物有所值。"[32]

毫无疑问，布拉德的坦率令在场的所有人都为之震惊。"大家都赞叹他说话时居然可以如此果敢大胆。他告诉国王说很多臣民都没有感激之心，于是便义愤填膺地让自己站到了对立面上，称自己并非以窃贼的眼光去看待王冠，而是用敌对的眼光去看待它，认为战争中合法之事即为合法。"[33]

后来，一些人坚信布拉德唬住了国王，"宫廷上下都惶恐不安，认为贿赂他比处死他更能让人安心"。[34] 当然，国王查理对他"无比宽宏大量"。[35]

后来当上外交官的托马斯·亨肖爵士（Sir Thomas Henshaw）在当时是个消息灵通的律师兼朝臣，他写信给自己的朋友——议员兼枢密院成员罗伯特·帕斯顿（Robert Paston），向其描述了国王对布拉德的审讯过程。他认为上校"并非勇敢之辈，而是一个悄悄潜入再洗礼派的十足的恶棍"，但当他接受国王盘问时，却可以"如此坦率无畏地对答如流，着实让在场的每个人都惊讶不已"。亨肖称"通过他那灰白间杂的头发和胡须，人们猜测他看上去年龄在50岁上下"，但他却认为布拉德"不到45岁，他儿子也就21岁"。[36]

在宫中那间大屋里，审讯持续了一个多小时。最终，布拉德被带回伦敦塔中那间肮脏恶臭的牢房，国王查理与他的要臣们要商议下一步行动，以便遏制这个强悍的斗士与国王继续抗衡。

为了深入了解这桩王室珠宝偷盗案，阿灵顿和威廉森并未完全采纳布拉德的证词。这个团伙中还有哈利韦尔及史密斯依然在逃。这些嫌犯也遭到了围捕及审讯。

例如5月15日，威斯敏斯特市盖特豪斯监狱的看守收到了一份要求羁押约翰·巴克斯顿的特许状，"因其诸多危险行为以及勾结托马斯·布拉德父子"，此人遭到了严密的监禁。[37]

第七章 王室的赦免

贝尔街的约翰·巴克斯顿和科尔曼街的约翰·巴克斯顿其实就是同一个人。他曾在奥蒙德遇袭后遭到盘问，因为他与布拉德父子二人及哈利韦尔一向交好，还找了个担保人"为托马斯·亨特从马夏尔西监狱赎买自由之身"。[38] 由于缺乏有力的指控证据，在盖特豪斯监狱羁押了24小时后，巴克斯顿便再次重获自由。[39]

在王室珠宝盗窃案所有后续的往来记录中，有一份神秘的文件收藏于邱园（Kew）的英国国家档案馆（National Archives）中的《国家档案》（State Papers）里。看样子像是1671年5月19日布拉德从伦敦塔给查理二世写的一封信，里面揭示了一些有关这次珍宝劫案的重大细节：

尊敬的陛下：

此信将告知于您，正是您的两位海军司库托马斯·奥斯本爵士（Sir Thomas Osborne）与托马斯·利特尔顿爵士（Sir Thomas Lyttleton）让我偷窃了您的王冠，但是付钱给我的是詹姆斯·利特尔顿先生。而您的两位司库，是授意此人付款的幕后主使。

利特尔顿是个胆大妄为的邪恶家伙，一个十足的流氓，他将陛下的很多面值100英镑的钞票交给我和我的同伴，以此怂恿我们实施这次盗窃行动。

我恳请您不要将我坦白的这件事透露出去，我只是想要您了解一下您的朋友。

只有我是陛下您的囚徒，如果您能赦免我的死罪，布拉德就是您忠诚本分的臣民，希望陛下切勿取我性命。[40]

虽然最后一句一语双关的话体现了布拉德上校强装出来的幽默感，但显然这段关于政府中蕴藏着更大阴谋的描述纯粹是他虚假杜撰出来的。此信的笔迹与布拉德惯用的倾斜又潦草的字迹之间没有任何相似之处，难怪威廉森对它不予理会，当即便轻蔑地认为："这是一封荒谬愚蠢的信。"

有意嫁祸奥斯本和利特尔顿的这种做法，无疑是政治阴谋中另一种肮脏的戏码，在宫中也不乏这种用尽浑身解数谋求上位的现象。这两个人都是白金汉公爵的朋友——在那段时期，奥斯本是公爵最坚定的一位盟友，但后来却跟他闹翻了。利特尔顿（1647—1709）后来当上了下议院议长，但雄心勃勃的奥斯本（1632—1712）很可能才是布拉德这次想要嫁祸陷害的主要目标。

他是个好斗的盲目拥护者，站在英国国教一方坚决抵制天主教徒以及其他一切异教分子。1676年，奥斯本想要镇压伦敦的咖啡馆，因为人们总是在推杯换盏时"诋毁陛下的执政统治"。他是个非常容易树敌的人。的确如此，就在他受封为第一代丹比伯爵（1st Earl of Danby）并于1673—1679年出任首席部长后，（后来成为索尔兹伯里主教的）吉尔伯特·博内特（Gilbert Burnet）便认为他是"国王麾下有史以来最令人生厌的大臣"。

商人詹姆斯·利特尔顿是托马斯爵士的兄弟，于1668—1671年出任海军财务出纳。两年后，他接受了一项不讨喜的任务，强迫那些不愿服役的新兵在王室海军的战舰上当水手。

没人拿这份伪造的供述太当回事，奥斯本和两位利特尔顿甚至都没遭到任何质疑。

布拉德命运的关键在于驱使他去偷盗王室珠宝的个中因素。

他向来就不是什么职业惯犯。的确,他以前的各种冒险都具有明确的政治目的或宗教目的,儿子那种拦路抢劫的罪行也是他所不齿的。那他到底为什么去盗取王室珠宝呢?包括他朋友还有宗教极端团体以及地下共和派同伙在内的许多人也都想不明白。比如,逃到瑞士的埃德蒙·拉德洛就实在想不通"如果他们这番勾当能够成功,能对普罗大众有什么好处"。[41]

虽然布拉德一直坚称自己纯粹是因为利欲熏心,但是把这么备受瞩目的赃物打破后换钱,遇到的各种阻碍与盗窃所能获得的利润明显不成正比。虽然熔化金子是件轻而易举的事,但是接手辨识度这么高的宝石可能要付出高昂的代价。不管怎样,这些从王冠上撬下的钻石和红蓝宝石真能让他在伦敦黑市上成功出手吗?这可是他第一次做鸡鸣狗盗之事,所以真正的原因可能没有这么简单。

既然如此,那就有可能是出于一种具有纯粹象征意义的动机,目的在于破坏君主制:盗窃皇冠可能象征着从国王手里夺走一些可见的权力。这一点也许对某个前议会官员及第五王国派成员而言颇具吸引力,毕竟,他们把查理二世看作撒旦的代言人,但这些对于布拉德这种实干派而言未免过于深奥了。

他是想在激进的长老会成员中实现自我救赎吗?有迹象表明,奥蒙德事件严重损害了他在伦敦那些同谋者之中的声誉。一个线人高兴地报告称:"布拉德及其同伙之前经常联络的那些异教徒都对袭击公爵一事嗤之以鼻,如果他们有权力的话,定会对布拉德等人严加惩处。"[42]如果那次行动所造成的不良影响一直困扰着布拉德,那偷盗王室珠宝就未必能让他在狂热的激进分子中重拾美名。此外，因为抢劫珠宝还耽误了攻击上议院的计划，这也让他变得非常不得人心。威廉森的一个线人威廉·戴尔（William Dale）报告称，8月上旬，一位"心怀不满又极具远大抱负的危险人物"从伦敦化名成威廉·汤普森来到了埃塞克斯的劳顿（Loughton），此人正是曾经的议会上尉波维，他"压低嗓音说因为布拉德一干人等的虚假行为，应该将他们统统刺死"。[43]

布拉德是受雇实施抢劫的吗？盗窃王冠是否也是白金汉酝酿的怪异阴谋中的一部分呢？或许这是要刺杀查理二世的前兆，抑或是篡权者想通过占有帝国王冠进而强调自己的地位？就在珍宝室劫案发生后的星期二，大奥蒙德街（Great Ormond Street）也发生了盗窃事件，令这一特殊的阴谋论更加站得住脚。大法官奥兰多·布里奇曼爵士（Sir Orlando Bridgeman）的府邸就在这里。窃贼根本不在乎他家所有值钱的东西，唯独偷走了英国国玺。国玺失窃意义重大：其中一个重要意义就是它通常与重要的国务函件息息相关，没有它就意味着很多政府机构将停止运作。因此，必须抓紧赶制出一枚新的国玺。[44]

几个世纪以来，一直有传言称查理二世自编自导了这出王室珠宝失窃案。[45]一些人认为，国王是布拉德的幕后金主，所以上校才能得到非比寻常的优待。有一种说法认为国王查理常年财政窘迫，于是便构思出这样一种孤注一掷的办法，打算偷盗自己的王室珠宝，然后再将其销往海外，借以筹集急需的现金。于是，他到处寻找适合执行此事的罪犯，性情蛮勇的布拉德刚好符合国王的要求。由此，曾经雇用过布拉德的白金汉便奉命秘密安排了这起盗窃案。

第七章 王室的赦免

白金汉可能确实在国王查理的授意下承担了这项并不体面的任务，因为国王并未直接经手此事，一旦当中出现任何差池，他大可全身而退。对于我们这些浪漫主义者而言，这种想法充满了吸引力，但可悲的是，它只能是一种猜想罢了，因为目前并没有直接证据来支持这个观点。

还有一种不太可信的说法，称国王在宴席间恣肆失言，说自己在欧洲经历了多年痛苦的流亡生涯，现在没人能再夺走他的英国王冠。出于一时的疯狂，他竟然糊涂到为此设下了慷慨的赌注，觉得没人能将它偷走。布拉德听说了这次打赌，对国王的话信以为真，打算等归还王冠时再向国王讨要奖金。从阴谋论的角度来看，这种说法最符合实际情况：思路巧妙外加上一点儿疯狂的成分。

6月6日，约翰·鲁滨逊爵士报告称王座法庭的法官威廉·莫顿爵士意外造访伦敦塔，此人不仅因为效忠君主制政体而享有美誉，还因令人生畏的严苛而闻名，是当之无愧的司法典范，凡是由他审判的违法者，都会受到公正的处置。[1670年1月，正是这位莫顿法官在民众的抗议反对下，判处胆大妄为的法国"英勇盗匪"克劳德·杜瓦尔（Claude Duval）死刑。] 在去年调查奥蒙德袭击案时，他的表现尤为强悍，现在，他又像猎犬一样穷追不舍，要求对布拉德进行审讯。

这一次，莫顿却遭到了拒绝。可以想象的是，仅仅是因为官僚主义的不作为就令他不能如愿审判布拉德，这对他来说是多大的打击。鲁滨逊对威廉森说，由于没有接到允许法官来访的命令，他想要会见那位囚犯的请求遭到了驳回。中尉还轻描淡写地补充了一句:"布拉德看到他在窗外,感到有点儿意外。"[46]

在上校、他的强盗儿子及佩罗特接受审判期间,人们对即将揭露的事情产生了浓厚的兴趣。6月12日,威尼斯大使想知道上校在审讯过程中到底都说出了什么秘密:"王室珠宝大盗布拉德揭发的秘密就隐藏在他的审讯过程中。""先王查理一世的忠实而善良的仆人"已然变成了"谋逆者……即将对他进行的审判激发了大家的好奇心"。[47]

月底时,布拉德父子向阿灵顿递交了一份言辞卑微的申诉书,希望他能允许亲属探监——他俩抱怨称在塔内的"禁闭"正在损害他们的健康。一向忠于丈夫的玛丽·布拉德明显已经病愈,她从兰开夏郡回来后也在申请探监事宜,"现在他俩已经快被收监8个星期了……我既不知道他们是否健康,也得不到他们的任何消息"。[48]

此时,阿灵顿正在幕后为布拉德争取特赦。这是英国君主制所固有的一种古老而仁慈的特权。特赦意味着针对某一罪犯所犯下的罪行或者被判定的罪责,免除一切惩罚。据说这一过程可以使罪犯在社会及法律角度上"重新为人"。[49]阿灵顿的目标是利用现代间谍术语为布拉德"变换身份",聘请他担任政府的双重间谍,让他在对付长老会以及其他非国教分子的长期斗争中扮演重要角色。和查理二世商议之后,阿灵顿清楚,只要这个犯人还有利用价值,他便可以为其推开一扇通往自由的大门。

鉴于第三次英荷战争一触即发,阿灵顿为了国土的安定,不得不迅速抵消一切来自国内的威胁。他最不想见到的就是国内的宗教异端分子与荷兰的敌人缔结成非正式的联盟。如果一方面要

第七章 王室的赦免

抵御荷兰人的进攻,另一方面还要镇压共和派异端分子的造反起义,那前景将非常令人担忧,政府在海上战争及海外战争中的资源与注意力将遭到大幅削弱。阿灵顿必须着手草拟一份管理措施,为新教徒及天主教徒提供更大的宗教自由,以此适时弥合不同的宗教观念。[50]

与此同时,他还需要可靠的情报,用来了解危险派系的主要参与者们到底都有哪些意图、计划和行动。拉德洛认为,布拉德"很熟悉上议院的大部分秘密交易",[51] 而且他还参与过特勤任务,所以最适合在这种见不得光的世界里充当线人。[52]

阿灵顿打算雇用布拉德的想法得到了国务大臣约瑟·威廉森的赞同,后者认为布拉德作为间谍的价值比"王冠的价值还要高10倍"。虽然上校从未赢得两个间谍头目的绝对信任,但威廉森显然认为他和阿灵顿作为布拉德的新主人,现在拥有了一名能力超群的间谍人员。

上校不满足于被赦免死罪,还试图就赦免的条款和条件进一步讨价还价。第一代霍利斯男爵登齐尔·霍利斯(Denzil Holles,据国王所说是个"呆板且郁郁寡欢之人")以及支持对新教异端分子采取怀柔政策的阿什利勋爵(Lord Ashley)安东尼·库珀(Anthony Cooper)在这名变节者获释后马上找他谈判,问他是否愿意成为政府间谍。布拉德曾有一度明显想用自己的付出换取北美殖民地的总督一职,但是这个想法却未能如愿。作为替代,威廉森只是简单地指出国王"对他另有安排"。[53]

关于赦免布拉德,国王查理开出了一个不容更改的条件:上校必须为袭击奥蒙德公爵一事虔心向事主道歉。

道歉又不费什么事，于是布拉德便欣然按照要求给奥蒙德写了一封信，厚颜无耻地为他的伤人行为进行赎罪。从他所用的抒情措辞可以看出，他采用了一些别人建议的短语（可能是阿灵顿或威廉森提供的），虽然整封信的内容由一个漫无边际的单句组成，其中包含了16行文字，几乎没用太多标点符号，但是可以看出，他还是用到了一些编写技巧。

他在这封篇幅为一页长的信中写道：

截至目前，本人所犯之罪的恶劣程度已经超乎想象，虽然认错与罪行本身没有太大关系，但这并非一种发泄悲哀的方式，好让本人那如有重负的灵魂得以释怀。本人不会再对阁下造成进一步困扰，但考虑到您杰出的声誉，抱歉给您徒增了悲伤。我本是不值得被人尊敬的卑微小人，犯下了最令人发指的罪行，为此心中充满内疚之情，得蒙此机会，能以如此昭显的方式向阁下道歉，实属荣幸之至，虽然实际上本人不配有此机会。

阁下最谦卑的仆人托马斯·布拉德敬上[54]

阿灵顿代表查理二世去拜访公爵，请求他原谅布拉德时，很可能还带了此信。他告诉奥蒙德说陛下"出于某种原因，想要赦免布拉德的死罪，命令他对此也表示支持"。[55]作为一位忠实的老臣，奥蒙德公爵大度地回应称"如果国王可以原谅偷盗王冠的行为，我自己也可轻易原谅谋害我性命的行为，只要陛下乐意，这个理由足矣，大人您无须劳烦再向我多做解释"。[56]

第七章 王室的赦免

条件就这样谈妥了。于是，7月14日，阿灵顿与约翰·鲁滨逊爵士在伦敦塔共进晚餐，在他的口袋里装着一份签署好的释放布拉德和佩罗特的授权书。小托马斯·布拉德则要作为人质在监狱里多待一段时日，借以保证其父布拉德能够乖乖就范，同时也就他对政府间谍工作所做的承诺接受考验。[57] 他的释放令最终于8月30日签署完成，第二天，他和佩罗特就得到自由赦免。[58]

布拉德获得了自由。

1671年8月1日，布拉德得到了仁慈的赦免。阿灵顿在文书中用6行文字记录着："特此赦免托马斯·布拉德的所有谋逆罪行、谋逆包庇罪[59]、谋杀罪、恶性犯罪、袭击他人罪、殴打他人罪[60] 以及自1660年5月25日起[61] 由他本人或伙同他人犯下的任何罪行……"[62]

犯罪有时是要付出代价的。

此外，作为向政府通报异端分子各种阴谋的回报，布拉德还可从斯特拉凡（Straffan）的基尔代尔郡（Kildare）[63] 的土地上获得每年500英镑的年金，并且收复自己之前在爱尔兰及英格兰被褫夺的产业。他的任务是要改善王室与非国教信徒之间的关系，努力"减少或疏散"辖区内的"潜逃分子"。[64]

布拉德就此欢快地摆脱了阴影。他刚从塔里获释不久，托马斯·亨肖就看到他"穿着新衣服、戴着假发套在怀特霍尔宫金碧辉煌的庭院里闲庭信步……非常诙谐愉快。那时，他重获自由已经有两个星期的时间了。他的形象与我的想象相差甚远，他身材高大，骨架粗犷，双腿短小，满脸雀斑[65]，眼睛很小，就像蓝色的空洞"。[66]

日记作家约翰·伊夫林震惊地发现上校同"几位法国贵族"应邀到王室审计员托马斯·克利福德爵士家中一起共进晚餐。[67] 就伊夫林而言,这位前来赴宴的客人简直就是地狱来客。他实在羞于见到此人如此明目张胆地享受着自由以及伦敦政治社交中的各种乐趣。后来,他写道:

> 布拉德那个冒失大胆的家伙不久前企图从马丁塔中偷盗帝国王冠,先是假装好奇地观看那里的王冠,然后刺伤了看守人,但是伤口并不致命,他大胆地带着王冠冲破了所有的警戒,后来因为马匹意外跌倒才被捉拿归案。
>
> 不单是这次事件,还有他在爱尔兰以及这里犯下其他胆大妄为的罪行之后是如何得到赦免甚至得到他人青睐的,我实在无法参透其中的奥妙。
>
> 一些人认为他为多方提供间谍服务,与国务大臣和狂热分子都交情甚好,同时还为陛下提供间谍服务,这种出色的能力实在无人能及;但这肯定是最胆大妄为的行径,所以也只有这种独一无二的谋逆行为才能得到赦免。
>
> 此人不仅拥有大胆而邪恶无情的面孔以及一张虚伪的嘴脸,还非常善于言辞,喜欢进行危险的旁敲侧击。[68]

更有甚者,布拉德已经习惯于"经常"出入宫中,人们常能看到他在怀特霍尔宫的王室厅室中闲庭信步。他秉承着一贯的傲慢和无畏,"特意与奥蒙德公爵同处一室,虽然此举引起了众怒,但是国王陛下却对此忽略不计"。[69] 对于这样一个高度自我膨胀的

第七章 王室的赦免

人而言，这些抵制根本就不足挂齿。

毫无疑问，释放布拉德并赐予其大量奖赏的举动令许多人都感到惊讶。英国驻巴黎的使馆秘书威廉·佩威奇（William Perwich）于9月5日给威廉森写报告称巴黎的外交界有两大谈资。第一个是托马斯·克罗（Thomas Crowe）船长那令人遗憾的故事，他率领着装载了8门火炮的"灰背隼号"（*Merlin*）战舰却没尽到职责，未能开火射击一艘"拒绝向我国国王示好"的荷兰军舰。这条消息"在巴黎引起了不小的轰动，但什么也比不上布拉德获得赦免这条消息让人咋舌"。[70]

在伦敦，罗杰·伯戈因爵士（Sir Roger Burgoyne）从他在贝德福德郡（Bedfordshire）的庄园动身前往赞善里街（Chancery Lane）与朋友纳撒尼尔·霍巴特爵士（Sir Nathaniel Hobart）同住，他根本不敢相信如此"恶贯满盈"而且还可能会"酝酿出更多罪恶阴谋的"布拉德竟然能够得到宽恕。[71]

在那些朝臣中，经常喝醉的离经叛道的讽刺诗人、第二代罗切斯特伯爵（2nd Earl of Rochester）约翰·威尔莫特（John Wilmot）可能撰写了一首长达28节的诗歌，借以控诉查理二世的政策及个人行为，后来阿灵顿将其定义为"具有煽动性的谋逆诽谤"。[72] 该诗中包含了一段尖刻的文字：

  布拉德的谋逆罪显而易见
  十足的恶棍披上了牧师的教袍
  他在宫廷里风度翩翩
  只因偷袭了奥蒙德并盗取了王冠！

因为忠诚实在于人无益，

让我们索性也去偷盗国王的物资，一起战胜布拉德！

布拉德转做政府间谍的事已不再是秘密。确实，他获释后的炫耀行为令其失去了作为一名特工人员的最大保护伞——匿名的身份以及融入周围环境的能力。

但这其实是故意为之的结果。阿灵顿有意让布拉德在公众视野内重新出现，意在向他的其他仍然在逃的同伙彰显王室的仁慈，同时指出，只要他们放弃与王室作对，也有希望公开享受宽厚的待遇，从此过上正常的生活。

这种常态化的生活，意味着布拉德可以为重聚的家人们购置一所房子。得到资金的布拉德在威斯敏斯特市的大彼得街（Great Peter Street）与塔夫顿街（Tufton Street）的拐角处收购了一栋可以俯瞰保龄街（Bowling Alley）的房子，他从伦敦塔获释不久之后就搬进了那里。[73] 这是一个新近发展起来的繁荣地段，上校很高兴自己能与一些来自议会和王宫的高端人士成为近邻。他也许还在乡村购置了一处产业：有个未经证实的说法认为他住在明利（Minley）的一所庄园中，位于汉普郡耶特利（Yateley）教区的一座小村庄里。[74]

1671年9月26日，那些挽回了王室珠宝的人都得到了王室奖赏令。历尽所有磨难之后，忠诚的塔尔博特·爱德华兹获得了一笔价值200英镑的丰厚奖励。上尉马丁·贝克曼以及威瑟·爱德华兹也"因为后来全力阻止匪徒偷盗王冠"，每人获得了100英镑的奖励。[75]

不可避免的是，因为国王查理的国库陷入了危机，塔尔博特·爱德华兹没有收到一分钱。为了支付自己的医药费，治疗布拉德及其团伙对他构成的伤害，爱德华兹在万不得已之下，将奖赏令以极其微不足道的价格卖给了别人。

1674年9月30日，爱德华兹不治身亡，死因很可能是伤口感染。

第八章

重归大众视野

> 狡猾的布拉德私自会见了詹姆斯·英尼斯（James Innes）及其党羽，但却对国王只字未提。
> ——约瑟·威廉森爵士于1671年11月9日所做的记录[1]

托马斯·布拉德伪装之后的第一个任务便是受雇于政府，充当间谍或者中间人的角色，从而为他的主人提供支持，以便削弱激进的秘密异端分子，弱化他们对斯图亚特王朝所构成的威胁。1671年10月22日，阿灵顿在向外交事务委员会（Committee of Foreign Affairs）提交有关布拉德部分使命的概述时提道："得到赦免的布拉德离开了昔日的党羽，还带来了一些得到赦免后便可弃暗投明的兄弟。"[2]

鉴于迫在眉睫的英荷之战，以及同时存在的宗教异端分子煽动造反的风险，当务之急不仅是要打击已知的叛徒，更要消除非国教信徒们因政府对教会的处置方式而产生的怨怒情绪。此时，布拉德可以通过监视他的旧友以及促进政府与异端分子之间的幕后对话而令自己声名鹊起。

至少在布拉德与约瑟·威廉森爵士进行初期接触时,他还同时联系着自己的新东家——曾经在伦敦塔担任监狱看守官的约翰·鲁滨逊爵士。12月底,忙于抓捕贵格会里"愚蠢的傻瓜和乌合之众"的约翰爵士报告称"布拉德有时会来拜访我,告诉我他一直信守着自己的承诺"。[3]

17世纪60年代中叶,越来越多人反对将非国教信徒押到法庭受审,而张扬的《统一法案》却强调称除了英国国教仪式外,不得崇拜其他任何教派。正如在诺里奇(Norwich)、纽卡斯尔和雅茅斯(Yarmouth)的情况一样,赫里福德(Hereford)的大陪审团针对这些"恶性流血事件"也只交出了150个拒绝服从该法案[4]或者拒绝控告英国持续的异教行为的人。这种不情愿起诉的普遍现象反映了国王自身对起诉的不安:应召前来枢密院的布里斯托尔的托马斯·布里吉斯爵士(Sir Thomas Bridges)被明确告知,国王陛下不赞同那些反对异教徒的严苛程序。[5]

在各种阴谋的不断威胁以及英国圣公会高级神职人员的挑唆下,查理二世政府被迫对违法的异教活动采取了更加严格的控制。1670年颁布的《预防与制止煽动性非国教活动的法案》(Act to Prevent and Suppress Seditious Conventicles)[6]指出,那些参加英国国教以外宗教仪式的人将被施以重罚。初犯者要受罚5先令(25便士),再犯者要受罚10先令(50便士)。此外,如有牧师或其他任何人胆敢将其屋所用于这种非法用途,则将面临罚款20先令(1英镑)的风险。如有再犯,罚款金额将会翻倍。

其他惩罚则更加严厉。两名诺福克(Norfolk)男子因为在比斯顿（Beeston）参加非法异教活动遭到第三次逮捕，随后被判处流放到加勒比海的岛屿上从事10年劳役。他们被送到莱姆里杰斯（Lyme Regis）的多塞特港，却没船可以将他们载往海外，于是，二人自此便被关进了监狱。伦敦的乔纳森·詹宁斯也被监禁了3年，但最终他拿出了保证金，以此担保自己日后定会成为一名忠诚的子民。有一份关于这些人苦难记录的背书写着：3名非国教信徒获释。布拉德先生这个十足的老恶棍，正在以一种新角色试图挽回一些本身不公正的处罚。[7]

通过干预此事，布拉德或许想竭力挽回自己在非国教信徒群体中的地位，自从奥蒙德遇袭事件、盗窃王室珠宝未遂以及他与查理二世公然重修旧好以后，他的形象跌入了谷底。长老会成员中的第一代安斯利伯爵亚瑟·安斯利（Arthur Annesley）仍然在伦敦的异教徒中对布拉德大加吹捧。[8]令上校感到不安的是，突然有一个阴险的陌生人造访他家，他怀疑此人是"一些想陷他于不义的幸灾乐祸之人"派来的。他想知道国王希望自己如何处理"这些事情"。[9]

有时，通过威廉森百忙之中潦草记录的笔记，我们可以了解到布拉德代表政府所执行的一些任务。这种笔记类似于他记录部门日常工作的日志及备忘录。

早些时候，布拉德忙着帮助政府在伦敦市推行"英国与荷法两国事务"相关的政策，有时也会受命负责检查来自低地国家（Low Countries）流亡激进分子的信件，因为"布拉德清楚关键的密码和笔迹"。[10]

他很快便碰到了英国国教牧师尼古拉斯·巴特勒博士，此人当时非常鄙视他"依靠鲁珀特王子和其他权贵在宫中拉拢关系的行为"。[11] 他的另一个主要伙伴便是彻奇先生（Mr Church），这位弗利特河（River Fleet）东岸现已被称为法林顿路（Farringdon Road）附近弗利特监狱[12]的牧师非常热衷于向他提供关于爱尔兰的情报。

上校也开始接触苏格兰异教徒詹姆斯·英尼斯，这位韦德布里奇（Wadebridge）附近康沃尔（Cornwall）的圣布罗克（St Breock）教区前任教区长正在寻求机会与国王进行谈判，好让他在教会中的兄弟姐妹们获得更大的宗教自由。根据对待《非国教活动法案》（Conventicles Act）的不同态度，异教徒们遭到了分化。不少年纪较大的异教徒认为他们除了遵循这一严酷的法律外别无选择，因为他们囊中羞涩，无法在日常生活中与之抗衡。这批选择避免举行非法集会的神职人员普遍被大家称为"导师"（Dons）。其他更年轻也更激进的教会弟兄则不惜一切代价，继续坚持着他们的非国教宗教活动。这些人被戏称为"稚雏"（Ducklings），英尼斯便是他们的主要发言人。

1671年11月初，他恳求布拉德让其觐见国王，从而获得更大的宗教自由。布拉德断然拒绝了这一请求。后来，英尼斯还是见到了国王，于是恳请他允许大型团体在自己的聚众场所公开举行宗教仪式。虽然查理"非常亲切地"对英尼斯的请求表示同情，但他不可能承诺在短期之内为他们提供任何帮助或安慰。可是，他告诉英尼斯说"让他们集会时必须谨慎行事，他们应该增强而不是削弱国王的影响力"。[13]如果国王都可以对此事视而不见，那治安官们显然不会多有叨扰。但这还远远不够。基本的宗教自由仍然不被承认，更重要的是，没有法律方面的认可。

通过邮局拦截的布拉德与英尼斯的往来信件，威廉森意识到二人之间经常密会。他在11月9日的记录中印证了这一点："他们也许未曾察觉我们已经发现了布拉德与英尼斯之间的联系。"他为自己手下这名间谍的表里不一而深表震惊："记录得当。狡猾的布拉德私自会见了詹姆斯·英尼斯及其党羽，却对国王只字未提。"[14]

11月11日，国务大臣因为可能爆发的大规模异教徒起义而变得忧心忡忡。他匆忙记下自己心中的想法，称乡绅是抑制危机的真正关键所在："让乡绅们感到满足，如果他们不牵头，就不会闹出太大的乱子。"如果没有这些乡绅，平民根本不能成事。他们不满的地方有两点：第一，大多数乡绅的地位不及宫中其他权贵；第二，他们的付出未能得到回报，这一点尤其重要。写完这些具有社会学意义的胡乱猜测后，他将注意力转向了越来越有问题的布拉德，此人因为"让自己的两个朋友（巴特勒和彻奇）失望而引起了二人的反感。他们认为布拉德高不可攀，而他自己也确实自视甚高"。[15]

而后，11月16日到12月4日之间的某一天，布拉德突然从阿灵顿和威廉森那里转而投靠了肆无忌惮又生性放肆的苏格兰国务大臣、第二代劳德代尔伯爵（Earl of Lauderdale）约翰·梅特兰（John Maitland）。布拉德抛弃旧雇主这一决定实在令人匪夷所思，但很可能是由于他意识到了劳德代尔在国王查理面前的影响力，据说此人虽在王国北部肩负重任，但却"从未失去劝谏国王的能力"。这也是布拉德越发倾向于介入宫廷政治这一危险世界的

第八章 重归大众视野

征兆。

威廉森很快就意识到他的这名间谍不再忠于自己。他指出，布拉德"正在向劳德代尔大人靠拢，还到处吹嘘自己"。关于布拉德酝酿诡计的证据越来越多，这名间谍头目的耐心也开始被消耗殆尽。他在草草写下的备忘录中指出：上校"明显是痴心妄想"。国务大臣刻薄地写道：人们都知道他已经通过谍报部门的资金得到了还债用的钱，但是他"非但没有偿还分毫，还对债主们大呼小叫"。布拉德夸口说：

> 我每周都和坎特伯雷（Canterbury）大主教共进一两次晚餐，大主教对此不置可否。

他还觉得越过威廉森直接与阿灵顿谈判更容易。这名间谍头目还轻蔑地补充道："那些借助酒水、宴请拉拢利用他的狂热分子已经腐蚀了他的思想。"[16] 布拉德需要回避的事情太多了，包括烈酒、"过度享乐或浮华的着装……吹毛求疵或玩笑戏谑"，以及拉帮结派的其他趣味。[17]

威廉森现在严重怀疑布拉德的效用，以及他作为政府线人或政府与非国教信徒之间的纽带是否真有价值。他记录着："当前已知的所有打算向他靠拢的人，都转而投靠了狂热分子。"他思忖着是否应该结束与这名前逃犯之间的一切交易："跟布拉德分道扬镳——因为如果他对阿灵顿大人也如此反复无常的话，不论他与狂热分子是否断绝了往来，都是危险的隐患。出于何种目的……才会延长与他的接洽时间呢？"随后，他言之凿凿地记下了几个字：

"此人不可信。"

威廉森总结道:"我们或许应该停止与布拉德接洽,因为非国教分子绝对不会再信任他了。"[18]

这份备忘录似乎预示着一个可怕的结局。

3天后,威廉森在其备忘录中记录下布拉德同巴特勒以及彻奇在牧师的住所碰面的情形。布拉德"对劳德代尔大肆称赞,说他们理解彼此,还称他是个伟大的人物……他拍着胸脯说'他不仅与国王熟稔,还与劳德代尔大人熟稔'"。威廉森记录道:"无论如何,一定要与布拉德断绝往来。他习惯越级办事,而且有他在,可能会毁掉巴特勒及彻奇与狂热分子之间的关系。"[19]

两名苏格兰线人出面向枢密院顾问罗伯特·莫雷爵士(Sir Robert Moray)提供情报称非国教信徒们在苏格兰造成了威胁。莫雷曾是法国枢机主教黎塞留(Cardinal Richelieu)的间谍,还是共济会(Freemason)里的杰出人物兼英国王室学会的创始人之一。因为他声称要对持有不同宗教信仰的人保持中立态度,所以这两人将他当成联系政府的切入点根本不足为奇。他将这二人转交给国王的日常医生约翰·巴伯尔爵士(Sir John Baber),此人因高度审慎的态度而闻名,国王经常把他当作秘密联系渠道,以便获取上至王室下至异端分子之间的各种情报。[20](佩皮斯认为此人非常谨慎,除非屋内在场的每个陌生人他都认识,否则他便不会轻易开口讲话。)[21] 这两个苏格兰人被送去面见阿灵顿,后者又让他们回到巴伯尔那里接受进一步的问询。经历了如此种种徒劳奔波却又毫无结果的会面后,这两名线人现在一定觉得自己此番南下实为枉然。

第八章 重归大众视野

他们告诉医生说劳德代尔已经失去了苏格兰异教徒的信任,他在苏格兰的唯一身份便是"凭借国王的青睐"而当上的国务大臣。他"憎恶所有的贵族"以及"几乎所有的人民团体"。在王国内部"有一种强大的情绪正在发酵,如不对此加以制止,相信马上就会爆发"。[22]

布拉德确信巴伯尔想在阿灵顿那里诋毁自己,或许他还煽动劳德代尔去对付了这两名沮丧的苏格兰告密者。[23] 他仍然面临着各种非国教群体对他的指责。一名非国教信徒警告说"要提防布拉德,他是个流氓",威廉森记录道。[24]

上校要与他的雇主重修旧好,证明他依然还有用处。威廉森此前承认他与"老军官们进行过伟大的交谈",布拉德已经成功说服那些曾经参与阴谋叛乱的前议会军重归大众视野,并以其在国王那里得到的待遇作为例证,说明王室赦免并非遥不可及。

现在他致信阿灵顿,提醒他说自己努力说服了流亡荷兰的异教极端分子在得到赦免许诺后返回家乡,进而防止他们在英荷战争时被敌方当成第五纵队。其中一位便是乔纳森·詹宁斯,此人被判于1666年收入艾尔斯伯里(Aylesbury)监狱,却逃往了海外。布拉德指出,詹宁斯"已经与他见过面,目前正在完善他的赦免事宜,他带来了一位可为国王效力的忠心友人。我想请示一下是否需要暗示正在起诉他的王座法庭看守官,说他已经得到了赦免令并且已经完成了法律程序,好让他们不要过于苛待此人"。[25] 他补充说:"我还有其他一些事情需要口头告知阁下,但是留到我有机会与您面谈也不迟。"[26]

1671年9月,布拉德第一次顺利完成了这项具体任务,据威廉森的说法,"是按照布拉德的热忱方式"拿下了约翰·格拉德曼少校（Major John Gladman）。[27]格拉德曼同意私下觐见国王查理,向其宣誓效忠,以此换取王室赦免。约翰·洛克耶上尉［布拉德在1667年营救"浸礼会教徒（Baptist）将军"约翰·梅森上尉时的同伙之一］也通过布拉德的斡旋得到了赦免。但是化名为罗杰·琼斯上尉的"梅内·泰科尔"却断然拒绝恳请国王赦免他的罪行。[28] 1672年11月,布拉德向阿灵顿报告称又有一名激进分子威廉·洛少校（Major William Low）请求觐见国王陛下：

> 遵照您的指示,我把这位先生带到御前……陛下对他颇为满意,嘱咐我要将他的赦免事宜处理妥当,为此,烦请您为我出具一份赦免令。
> 几乎没有赦免之人需要回来做出更合理的解释,虽然他是爱尔兰好战分子中的一员,却能获得如此热忱的君主恩典,所以我相信任何事情都不会让国王对其抱有偏见。

考虑到或许能在都柏林招募一名新的谍报人员,布拉德补充说:"如果您认为有必要,他可以去拜访您。"[29]

他未能成功劝服梅森。此人现在是伦敦一间咖啡馆的老板,而且依旧是个不折不扣的阴谋家。同样,他也未能劝服曾在偷盗王室珠宝行动中负责看管马匹的第五王国派成员威廉·史密斯。此二人依然坚持着自己的激进作风,丝毫不关心能不能得到政府特赦。

1675年4月,布拉德代表德文郡蒂弗顿的汉弗莱·斯普维

(Humphrey Spurway of Tiverton, Devon)上尉向威廉森提交了申诉书,此人曾参与过托马斯·汤奇领导的阴谋行动(汤奇也是一位议会官员,他在王朝复辟后被迫出售烟草及蒸馏酒这两大为人诟病的邪恶之物为生)。

斯普维曾打算在国王查理前往格林尼治(Greenwich)探望王太后时将其杀害,同时抓住约克公爵、阿尔伯马尔公爵以及现任伦敦市长理查德·布朗爵士。阴谋失败后,他逃到了国外。在一小群伦敦商人的资助下,他来到了海外种植园。现在,布拉德想为其赢得一张赦免状。

他是"由我负责劝降的跑到海外种植园的潜逃者之一,他们得到规劝,觉得自己可能根本无法煽动叛乱或者对政府造成困扰"。

> 他所犯下的罪行与国王陛下从伦敦塔赦免的我的那些罪行别无二致。
>
> 他在一个偏远的种植园中受雇于詹姆斯·内尔索普(James Nelthorpe)[30]以及其他几位商人,决心要在那里安家落户,永不回来,但是如果能够给他赦免,令其消除恐惧,此人便会成为一名忠诚的子民。
>
> 我觉得此事如果可行,他的这些商人雇主定会拍着胸脯为他打包票。[31]

两天后,斯普维就得到了赦免。[32]

鉴于很多危险的激进分子现已倒戈,查理二世开始尝试实施一项截然相反的新政策,以此镇压那些躁动不安又心怀不满的非国教信众里的高层人士。然而，强制镇压未果，通过王室特权使非国教信仰合法化似乎更加行之有效。1672年3月15日，国王在怀特霍尔宫签署了《信教自由令》（Declaration of Indulgence），中止了严禁非法宗教集会的处罚条律：

> 通过政府在复兴之后做出的所有努力，以及旨在减少犯罪人员及异端分子而进行的多次频繁镇压……充分体现了我们在维护英国国教相关权利及利益方面付出的心血……
>
> 但是12年的惨痛经历表明，所有这些强制措施并未取得良好效果，我们认为必须利用教会的最高权力……
>
> 我们的子民将不再有借口继续举行非法集会及非国教活动，我们在此宣布，我们将根据人民的需求，在王国境内的所有地方不时地开放聚众场所，让那些非英国国教信众有地方集会，满足他们公开表达信仰的需要，同时，这些场所将对全民免费开放。
>
> 但是，为了防止因信教自由而引发的骚乱及不便，我们还需对此加以适当干涉，民事治安官将为此提供更好的保障，我们在此愉快地宣布，任何子民只可到那些获得批准的场所集会，并且教众中的布道者需要先行取得政府的许可。

这一时机把握得相当准确：12天后，英国与法王路易十四（Louis XIV）缔结的同盟便向尼德兰联邦宣战了。阿灵顿将一个载有国王提出的新宗教政策的文件复本寄给了驻维也纳的英国大使伯纳德·加斯科因爵士（Sir Bernard Gascoign）："我还在国王陛下

第八章 重归大众视野

对非国教信徒的怀柔政策后面补充了一段声明,即:我们耽于海外战事,此时在国内与他们相安无事。"[33] 由于不愿面对议会可能产生的愤怒情绪,国王查理将4月1日的议会会期延迟到10月,而后又推迟到了1673年2月。[34]

最终,关于异教崇拜的官方许可在人们的长久期盼中如约而至。至于如何执行这一新政的方法框架,似乎出自武断的巴特勒博士之手,他向威廉森提出了一个方案,让他针对私人及公众祷告设计出一套政府许可证颁发体系。让非国教信徒们那些见不得光的私密非法活动重见天日,他们将对斯图亚特王朝施予的"这些恩待"感恩戴德。"施以小爱",他告诉国务大臣,"用更多的恩惠取代严苛的刑罚",通过这种方式"可以令所有人都对陛下效忠依赖"。巴特勒深信宗教极端分子构成的威胁将会土崩瓦解:"我认为在英国的王土上,任何邪恶之徒不会再给王国造成任何困扰。"[35]

需要教众申请的许可证有三类。第一类准许建筑作为集会场使用,第二类涉及的是这种集会中的牧师们,第三类涉及的是走乡串镇地传播上帝真言的巡回牧师们。

虽然一些非国教牧师对《信教自由令》的影响依然保持着较为谨慎的态度,但是他们中的大部分人已经因为重新获得的宗教崇拜自由而变得喜不自胜。有人在一份致国王的讲辞中这样谦逊且忠诚地写道:"大家将陛下视作我们赖以呼吸的空气,您可以修复我们的伤患,让我们的心灵有所寄托。"另一份讲辞则提道:"这是一种无与伦比的恩典,您让我们的心灵为之震颤,令我们的灵魂为此而愉快地高歌,让我们深切感受到陛下对大家的宽厚仁慈,即刻起,我们将随时随地对您为我们这些可怜子民所做的壮举而感激，全国各地从悲惨的泥沼中站起来的子民都将对陛下虔诚祝祷。"³⁶ 不久之后，得到赦免回到英国的乔纳森·詹宁斯便成了获得了布道许可证的非国教信徒之一。³⁷

另一个应该赞誉国王美名的人，便是托马斯·布拉德。

他因为身负诸多见不得人的罪状，更应该歌颂赞美国王查理的美名。如果熟悉并能操纵复杂的政府运作之人便可以很好地利用与实施《信教自由令》，这或许会成为一门很好的营生。布拉德因为与非国教信徒团体多有接触，所以他可以用掮客或者代理人的身份代表个人或教众群体去申请许可证，从而令他们的日常教会活动变得合法化。他借着帮助他人获取宗教自由这一基本权利的由头从中获利，却从未表现出任何内疚之情。

几周内，白厅就收到了大量来自全英格兰的宗教许可证申请书。其中很多份是由布拉德转交呈递的，比如4月18日：

> 布拉德代表肯特郡克兰布鲁克（Cranbrook）的再洗礼派替托马斯·比蒂（Thomas Beaty）以及亚历山大·瓦因斯（Alexander Vines）的住所提出许可证申请，同时申请理查德·甘（Richard Gun）担任他们的神父。还代表伦敦科尔曼街的再洗礼派会众替约翰·马丁在怀特巷（White's Alley）的住所提出了作为宗教集会场所的申请。³⁸

几天后，又提交了一份批量申请：

> 布拉德代表埃塞克斯郡的凯特利（Kitly）先生申请个

人许可证及处所许可证;为已获得个人许可证的埃塞克斯郡的威利斯(Willis)先生申请处所许可证;为同在埃塞克斯郡罗姆福德的乔治·洛克史密斯(Locksmith)以及威廉·马斯科尔申请处所许可证;为埃塞克斯郡布伦特伍德(Brentwood)的吉尔森(Gilson)先生……为约翰·马斯科尔位于埃塞克斯郡莫尼斯克(Monissic)的处所申请许可证,为纽卡斯尔的亨利·列弗(Henry Lever)提出申请;为托克斯泰斯公园(Toxteth Park)的托马斯·克兰普顿(Thomas Crampton)……就其位于米德塞克斯郡(Middlesex)金士兰(Kingsland)的礼拜堂提出申请;为纽卡斯尔的理查德·吉尔宾(Richard Gilpin)以及平内尔(Pingell)先生提出申请,为纽卡斯尔的全体长老会成员以及公理会(Congregational)成员杜兰特(Durant)先生提出申请,为公理会成员詹姆斯·西蒙兹(James Simonds)位于肯特兰伯赫斯特(Lamberhurst)的处所提出申请。[39]

威廉·马斯科尔是罗姆福德的一位外科医生,早在1667年短暂地不正当行医时就与布拉德开始熟识。5月14日,布拉德致信马斯科尔,还随信附上了他渴求多时的许可证。一贯厚颜无耻的上校对他说:"这些都不收费,不过你答应过得到个人许可证后要支付5先令作为酬金。"政府机构只有得到一定油水才能运作得更加顺畅,"应该对门卫及底层文书们的工作施以爱的鼓励",布拉德坚称道。毫无疑问,这些贿赂金经由老叛徒本人之手送出,人们势必会怀疑相应的官员是否真能收到答谢款。他自信地补充说:

"如果你的其他任何处所还需要申请许可证,自然也不在话下。"[40]

虽然许可证最初是免费的,但大量的申请却严重考验了英国政府官僚机构处理文书工作的能力。巴特勒博士原本坚持认为应该"大量免费发放"许可证,但他后来却改变了主意,他告诉威廉森说自己真是愚蠢透顶,给自己平添了这么多麻烦还不计回报。[41]此后,获取牧师许可证需要缴纳小额费用,但宗教场所许可证却依然分文不收。

此番调整一经实施,埃塞克斯郡威尔德(Weald)的托马斯·吉尔森便愤愤不平地抱怨称布拉德不过是发放了"我们申请的处所许可证而已,但是如果没有牧师的话,这些处所就没有任何意义……如果他能送来个人执照,然后让我们自己去酬谢那些文书和看门人岂不更好,但现在我们却为国王明令无须收费的许可证付出了一笔钱财"。吉尔森还颇为暴躁地补充说:"因此,我们建议他马上给大家发放个人许可证,以免我们将这些处所另作他用。"[42]

10天后,布拉德表现出些许的大公无私,他致信阿灵顿敦促其释放因为"开除教籍、不信奉英国国教或蔑视王权[43]、加入长老会、成为无信仰人士或者再洗礼派成员"等罪名而遭到关押的18名囚犯。布拉德注意到"因为意识形态不同而锒铛入狱的"贵格会教徒即将得到大赦,于是便希望通过特赦令释放那些"因为教派信仰不同而身陷囹圄但未背负其他罪名的非贵格会人士"。[44]

虽然遭到英国教会许多人的强烈反对,《信教自由令》最终依然实施生效。1672年9月,林肯主教威廉·富勒(William Fuller)向威廉森诉苦:"这些取得了许可证的牧师变得越发傲慢,而且数量上呈现出惊人的增长。宗教正统牧师们变得非常沮丧。长老会的壮大速度远超其他教派,是否有应对他们的办法呢?"[45]

令牛津大学也感到震惊的是,长老会和再洗礼派也在城中得到了许可。彭布罗克学院(Pembroke College)[46]昔日的主人亨利·兰利博士是长老会的牧师,他在6月做了第一次布道

> 这场布道只持续了两个小时(也许他打算事后去吃烤肉,所以不希望吃到残羹冷炙),教众们说他近两年总是在布道的末尾讲述关于圣灵的主题,还说他的言辞一直让人颇为费解,从那时起一到现在,他说的话都是不知所云。

大学的学者们对这些"只会空谈的牧师"一向非常无礼,但是民众的情感却变得日渐高涨,大学副校长彼得·缪斯(Peter Mews)只好当月亲自出面保护一位牧师,使他免遭大学生的暴力殴打,缪斯承认说:"如果此人落在这些学生手里,他们说不定会将他绞杀。"[47]

各种反对之声以及日益增长的不满情绪也在议会中开始蔓延,许多议会成员认为,暂停实施涉及宗教问题的刑法表明国王对天主教及天下子民实施专制统时的好恶已经发生了变化。许多曾经见证国王继位的议会成员也都心存这样一种执念:天主教信仰在英国得到正式认可的道路正在慢慢铺就。但不可避免的是,宗教宽容政策就像一朵柔嫩的小花,在威斯敏斯特的政治温室中枯萎死亡了。1673年3月,议会迫使国王查理撤销了《信教自由令》,取而代之的是所谓的《宣誓法案》(Test Acts)[48],要求所有人都

前往民事或军事政府机关，拒绝承认天主教提出的变体论教义[49]，并在3个月内接受圣公会的圣餐礼，同时起誓要坚持国教至上并对国王竭尽效忠。国王的兄弟兼既定王位继承人约克公爵詹姆斯对此愤怒地做出了回应，他在那年公开承认自己信奉天主教，同时愤然辞去了所有公职。

非国教信徒们践行自己的宗教信仰时至少还存有些许的自由。在一份罗列着1676年伦敦发生的异教活动名单中详细记录着长老会在威斯敏斯特大教堂后面的"大施赈所"（即修道院施赈官先前的住所）[50]举行的一次常规集会。会众包括了"布拉德先生和他的两个儿子"，大概是查尔斯和威廉。[51]两年后，他们听"科顿（Cotton）先生"就《圣经·诗篇》（*Psalms*）第144篇第2节的经文进行了布道。据政府的耳目所述，在场全神贯注听取布道的有"苏格兰人约翰·霍普顿和他的太太菲茨詹姆斯（FitzJames）夫人，当然还有布拉德先生以及他的两个儿子。霍普顿竭力维护着苏格兰教会（Kirk，即苏格兰长老会），他们还唱起了苏格兰圣歌。"[52]

布拉德现在又高兴地重新得到了雇主们的赏识，继续在国内外针对荷兰战争从事谍报工作。他通过努力得到了宝贵的军事情报，尽管这些情报的时效性并不高。1672年3月，布拉德在阿姆斯特丹的泰瑟尔岛（Texel）上待了一段时间，负责监视荷兰军舰的通航要道。[53]一个月后，他通知阿灵顿说"上周三有人经过荷兰舰队，看到63艘战船、备战士兵和火炮船在韦林（Weling）（原信里书写的这一地址可能存在拼写错误）集结，但是看不清每艘船上究竟有多少兵力。从上星期五起，泽兰的骑兵中队就没再返回。我就此假设估计，敌方的舰队在今天之前都不会有所动作。"[54]

两个月后,《国家档案》记录下了"布拉德先生的朋友纽曼（Newman）先生"被派往荷兰"搜集情报"的情形。他从多佛搭乘邮轮整装待发,按照指示带上了武器,兜里还揣着40枚金币。[55]次年2月,布拉德汇报称"从荷兰印制的煽动性小册子"将于下周装载到邮轮上。"大部分册子将被送到西班牙大使那里,他的货物要接受海关人员的搜查。他们打算把小册子放在黄油桶中……然后送给大使。"[56]

在国内,1672年9月,他转交了一份从线人手里获得的密报,同时承诺称如果这个告密者多有不便,他可以代为经手寄送任何回复的信息。[57]布拉德于1673年6月回到都柏林,"假装获得了阿灵顿大人的告假许可"。现于科隆（Cologne）任职的法荷会议（Franco-Dutch Congress）全权大使亨利·鲍尔告诉威廉森说"因为布拉德非常傲慢无礼",所以阿灵顿不愿意把他留在身边,但这次上校回来是否能得到欢迎还不一定："长老会的全体会众已经将他弃之如敝屣,因为他未能信守自己的诺言,虔心为国王陛下服务。"[58]

事实上,布拉德此行是为了替阿灵顿把一封信送给爱尔兰的贵族中尉、第一代埃塞克斯伯爵亚瑟·卡佩尔（Authur Capell）。暗地里对天主教徒抱以同情的国务大臣担心自己因为曾经支持都柏林的天主教大主教[59]彼得·塔尔博特挽救爱尔兰的天主教信徒而遭到指控。埃塞克斯伯爵安慰阿灵顿说："我确信并无大碍,阁下大可放心,目前没有任何一件审讯可能会连累到阁下本人。"[60]

布拉德通过从事间谍活动,每年可获得100英镑的薪水,相当于现在的13750英镑,同时每年还能通过爱尔兰的土地获得500英镑的养老金。[61] 国王又恢复了他之前失去的爱尔兰庄园,并给埃塞克斯伯爵去信称布拉德尚未收回他的财产,因为他需要一份许可证去换取"再审令状,从而撤销之前对其判处的放逐惩罚"。于是,总督得到授权后将许可证颁予了布拉德。[62]

1673年5月,布拉德还向国王申请了1400英镑的经费,这笔款项已经拨给爱尔兰前财长,但"却一直没有得到下发的指令"。[63] 至于他最终是否收到了这笔钱,则是一个未解之谜。

他还喜欢利用自己在宫廷以及政府核心机关的地位为家庭成员谋得福利。1672年4月,他致信阿灵顿,乞求他勿忘"提拔自己在爱尔兰的伯父——主任牧师(尼普顿)布拉德……他担任了30年主任牧师,曾在牛津为国王查理一世效忠,他是积极向上之人"。[64] 不幸的是,他这次请求没有得到应允。次年1月,他建议称自己的儿子小托马斯·布拉德如若能在"干练"的中尉身边服役,"可以在军中管理一个排",还说曾经两次前往东印度群岛(East Indies)的三儿子埃德蒙"适合担任少尉或海军军官"。[65] 布拉德甚至推荐了一位"干练的海军上尉"来指导他那个曾经从事强盗勾当的儿子。他观察到,尼古拉斯·卡特船长(Captain Nicolas Carter)就"非常适合做海军上尉"。我们不清楚布拉德的长子是否也拿到了国王的俸禄,此人死于1675年前后,留下妻子和幼子,他的弟弟霍尔克罗夫特则成了侄子的监护人。布拉德的第四子埃德蒙在"泽西号"(Jersey)上担任事务长,[66] 并于1654年随着这艘重达560吨、配有40门火炮的四级联邦护卫舰从埃塞克斯的莫尔登起航出发了。布拉德的次子威廉也在同一艘战舰上担任管理

第八章 重归大众视野

员。1677 年,二人又都服役于英国皇家海军。"[67]

他还试图推进三儿子霍尔克罗夫特在军中的职业生涯。1678 年 3 月,布拉德听说"莱昂内尔·瓦尔登爵士（Sir Lionel Walden）率领的军队里由卢克上尉（Captain Rook）领导的排中缺少一名少尉",于是便致信威廉森,称"上尉已经录用犬子,但上校却想另用他人。鉴于小儿已经得到录取,因此,在下恳请您勿让别人将他取而代之"。[68]

然而,还有一个更为紧迫的问题占用着布拉德的时间与精力。他向国王请求收回岳父的地产,目前,这些产业尚未摆脱令人感到疲惫又冗长乏味（且昂贵）的法律纠纷。他声称因为妻子的缘故,现在这些财产理应属于自己,因为这位议会成员兼英雄中校约翰·霍尔克罗夫特的最后一位男性继承人查尔斯已于 1672 年 12 月身故。[69] 布拉德提出了自己的法律诉讼请求,以防霍尔克罗夫特家族索要地产,但此事已经上升到付诸武力的程度,甚至为了终了此事,还发生了两次谋杀事件。

他在申诉书中指出,霍尔克罗夫特一家"挖空心思……骗取他的合法权益,发现他们自己的头衔地位不高,便与理查德·卡尔韦利勾结在一起凑成了一个古老的头衔以承袭纠纷中涉及的产业,但他们所用的头衔早已在 40 年前就已被法律废止"。

> 然而……这位卡尔韦利依然还在无理取闹,他的头衔被法律废止后,他们便思忖着借助暴力找机会涉足这份产业……
> 大约 6 年前,他们雇了几个不起眼的人离开威尔士（Wales）,来到一名绅士家里,一个名叫哈姆雷特·霍尔克罗

夫特的人……拿手枪将其射杀，因为此人没有交出自己的财产，而这些财产，既没有法律手续也没有官员指定说是属于他们的……

几星期后，根据您的请愿人索要房产涉及的相关法律，理查德·卡尔韦利被警长手下的几名法警带走后扣押在法庭里，[70] 卡尔韦利遭到羁押后……抓起一把轻剑，当场杀死了一名法警。

布拉德因此乞求查理二世：

出于您高贵的恩典，为了让您的申诉人能更好地为陛下效忠服务……请赐予……理查德·卡尔韦利索要的任何地产或者他近来从约翰·霍尔克罗夫特及其继承人（以及您的申诉人）手里攫取的产业，如果卡尔韦利能够受到审判并能成功定罪，这些产业将被陛下没收处置。[71]

布拉德的上诉结果是未知的，但他很可能未能如愿以偿。这份满是争议的地产传给了另外一位亲戚，卡尔韦利也逃过了法律的制裁。有记录称他遭到了驱逐，8年后，其母在主显节（Epiphany）期间的兰开斯特季审法庭（Lancaster Quarter Sessions）上接受了审讯。[72]

当然，我们的老冒险家布拉德还有其他的赢利方式。他把自己变成了一名自由职业间谍兼"中间人"，不仅参与各种宫廷政治对抗，还为那些希望与王室成员做生意的人铺路搭桥，然后从中抽

第八章 重归大众视野

取佣金。他在宫中"所有私密的小团体中都能如鱼得水。"如果有人耽搁决策或是妨碍了他们的生意，可以请布拉德来当调停人，"他是最勤勉最成功的。很多贵族都跟他拉拢关系，就像有些人向魔鬼祈祷一样，如此一来，或许他们就不会遭到布拉德的反噬"。[73]

这是一个危险的职业，让人不仅能够遭遇强大的敌人，同样也能结交强大的朋友。他那过分夸张的自信和自大的本性依然显露无遗。如果布拉德对政府中某个位高权重之人感到不满，就会有许多（仇视此人的）人让他协助提供各种消息或者捕风捉影的谣言来实现自己的野心。布拉德成了不可或缺的人物，于是便夸口说：

> 没关系。如果有人令我跌倒，自会有人扶我起身。我是他们最好的工具。[74]

每天，他都来到伦敦市王室交易所附近的怀特咖啡屋，等着与那些急不可耐的富有客户进行磋商，[75] 其中可能不乏约克公爵詹姆斯以及第一代丹比伯爵托马斯·奥斯本这样引人注目的人物。[76]

他如此贪婪且妄自尊大，最终只能自取灭亡。

已经有一个人因为招惹布拉德而吃到了苦头。威廉森的另外一名间谍理查德·威尔金森称他发现了一桩阴谋，牵涉到布拉德"对国王陛下的人身、王位及威严不忠"。（大概指的就是罗杰·琼斯上尉打算在上议院暗杀国王查理的那次阴谋。）1673 年 2 月，他从威斯特摩兰的阿普尔比（Appleby）监狱写信抱怨了他所遭受的无情对待。

威尔金森揭发阴谋时，得到承诺不仅可以得到赦免，还能获取一笔酬金，但他遭到了背叛，最终非但没被赦免，还被关进了一间可怕的牢房。

从去年 9 月 23 日起，我便被镣铐拴在床上，这是一个黑暗发臭的破落地方，每天 24 个小时里有十六七个小时，我的双脚都得束缚着差不多 4 英石重（相当于 56 磅或 25.4 千克）[77]的铁镣铐。

我虽然保住了性命，但只能在床周围不到 1 码的范围内活动。

直到最近，他都没有火也没有蜡烛，只能借助阳光形成的一道锥形光柱读写。尽管忍受着这些苦难，他仍然是一位忠实的臣民，觉得有必要对一场计划中的叛乱提出警告，他听说"不久之后，如果不与政府为敌，监狱大门就会为我们这些人敞开，为此，大多数县镇里都有许多人随时等待着某个恰当的时机"。

他在伦敦的朋友们答应为他申请一次赦免权，但他知道自己仍然生活在阴影里，得不到官方的批准："很遗憾，我开罪了阿灵顿大人并且遭到了指责，只因我未能妥善处理与布拉德相关的事务。"[78]

托马斯·布拉德依然拥有强大的朋友。

第九章

上帝之道

> 有些人极为狡猾……他们不敢公然反对缉拿抓捕的可耻罪行，或是利用虚假的证人证词以及虚假的阴谋诡计……设置陷阱诱捕别人，谋财害命……
>
> ——《缉拿抓捕的可怕罪行》，1681年7月[1]

17世纪70年代晚期到80年代早期的伦敦是孕育各种阴谋反叛的温床，不仅那些心存不满的老派共和派人，就连天主教徒也希望英国恢复宗教改革（Reformation）之前的旧有信仰，进而搞出了各种可疑的阴谋。其中有一部分煽动叛乱的阴谋完全是被人凭空捏造、人为设计出来的把戏，用来当作恐怖的武器，便于宫廷和议会中的人做出积极的政治姿态，获取稍纵即逝的个人利益。

由一件或多件虚假阴谋触发的全民癫狂，导致一些人惨死在绞刑架上或是遭到了毁灭性的打击。各种耸人听闻的披露堆积如山，接踵而至，扰乱了政府机构的政治自信和公信力，尤其令伦敦人感到惶惑不安。一位辩论家坦言称一旦"发现某桩虚假阴谋，就会有人编织出一场新的阴谋对其进行掩饰"。[2]揭发这些"阴谋"的告密者，都是社会最底层的渣滓，这些人可以"像顺嘴念念咒语一样轻而易举地背弃自己的誓言[3]……随时准备再次喷涌而出，戕害无辜的生命"。[4]我们有时很难准确分辨出这些人的动机或目的，"他此一时为你效力，彼一时却可能会与你为敌……但是，你所拥有的只不过是过眼云烟而已"。[5]

这种动荡大多由新的政治俱乐部煽动挑起，而这些团体的出现，也预示着当今英国政党体系的形成。他们在全伦敦各种吵闹的旅店、咖啡馆或私人住宅中集会。其中最早的一个政治俱乐部是由约翰·怀尔德曼少校（Major John Wildman）建立的，1658年以后，该俱乐部中的80名成员都秉承着死灰复燃的共和派信仰，开始在少校位于考文特花园不远处弓街上的无双之家（Nonsuch House）酒馆会合。[6]善变诡谲的白金汉是怀尔德曼的一位赞助人，被他称为"英国最明智的政治家"。[7]天主教徒们则将集会地点选在了斯特兰德大街上的怀特豪斯（White House）附近或是英国内殿律师学院（Inner Temple）里王座法庭大道（King's Bench Walk）北边富勒旅店的雉鸡坊（Pheasant in Fuller's Rents）。但是，因为一些成员涉嫌鸡奸性癖而令这个天主教徒俱乐部由此变得臭名昭著。白金汉的支持者们也有自己的政治俱乐部，总部设在伦敦市齐普赛街（Cheapside）的马头小屋（Nag's Head），来自英格兰西部的再洗礼派成员以及苏格兰的长老会成员经常造访这里。

布拉德虽然鄙视威廉·沃勒爵士[8]的贪得无厌，却还是资助了此人运营的政治俱乐部。1682年，这名"午夜判官"遭到了约翰·德莱顿（John Dryden）的挖苦讽刺，[9]德莱顿称他热衷于追捕逃亡的天主教神学院牧师，最大的消遣乐趣便是公开焚烧收缴的天主教书籍和圣衣。他的俱乐部成员定期在干草市场和皮卡迪利之间新建的圣詹姆士市场碰头，具体地点很可能就是位于市场管理处下面的老人头（Old Man's Head）酒馆。[10]

其中一个最为强大的派系便是激进的绿丝带俱乐部（Green Ribbon Club），由反对党议员罗伯特·佩顿爵士（Sir Robert Peyton）主持，此人与白金汉同属共和派，1676年因为发布煽动性的文学作品被调离了米德尔塞克斯郡法庭治安官这一职位。次年10月，布拉德揭露了"佩顿及其党羽"策划的一场阴谋，他们与第五王国派勾结在一起，妄图推翻政府进而夺取政权。他们打算至少在最初阶段，由护国主（Lord Protector）的三儿子理查德·克伦威尔在政变成功后担任三个王国名义上的统治者，（此人刚在9个月前承袭了父亲的护国主头衔）。[11]佩顿连同11名同伙打算在纽马科特或伦敦弑君并杀害约克公爵，与此同时，其他同伙则去攻占伦敦塔。根据威廉森记录的布拉德提供给他的情报，该团伙强烈反对英法同盟，为英国不断缩减公民自由而感到愤愤不平。他们还试图对天主教徒施加更为严厉的惩罚措施。这位间谍头目认为这些密谋者们

> 已经近在咫尺，但还不确定他们会在何时采取行动。
> 说到伦敦塔，我们要对该塔进行悄悄监视……守卫们一定要严加看护。
> 为了告诉朋友们事态的严重性，现已将消息送至白金汉

郡、伯克郡和贝德福德郡。[12]

佩顿议员接受了两次审讯，但最终还是得到释放，并未遭到任何起诉。然而，他在绿丝带俱乐部的同伴们觉得如果让他继续参与，风险太大，于是立即解除了他的主席职务，同时还终止了他的会员资格。[13]

布拉德对这起阴谋的调查必须继续进行，因为1678年1月初，威廉森致信爱尔兰大法官迈克尔·波义耳大主教，向其提及了一件由该法官即将做出裁决的、牵涉到布拉德相关利益的都柏林法律案件。国王下令让上校留在英格兰"遵从他的指令完成特殊任务"，于是，威廉森恳请大法官不要因为他被迫离开了爱尔兰就让他在案件中蒙受损失。[14]

牵涉佩顿阴谋的其中一人便是布拉德的老伙伴威廉·史密斯，此人现在正在接受布拉德的审问。布拉德告诉约克公爵说：

> 在这14年时间里，他与大多数阴谋都有牵连。他曾与我一同参与了奥蒙德袭击事件，我们还偷窃王室珠宝未果，因为他……并未追随……
>
> 那时，虽然他并未与大家一起实施王冠盗窃行动，但我却雇用他为大家侦察放哨，他本人也经常为此而吹嘘。
>
> 他并未随我一同营救梅森，但我想，他确实为大家辛苦准备了马匹，还看好了逃跑路线……这也是他吹嘘的资本。
>
> 我的所有同党都接受了国王的赦免，而他是个例外，他虽是第五王国派成员，却也是个十足的窝囊废。

第九章 上帝之道

史密斯曾参与过一些新的阴谋，"策划暗杀及突袭他人"，还被派往威斯敏斯特执行过一次为期10天的间谍任务。布拉德答应让他"摆正"自己的位置，并帮助他"了解了整个游戏规则……出于保护间谍的目的，我们不能直来直去，但我们却可以旁敲侧击，曲线救国"。[15] 8月5日，史密斯获释出狱。

一年多以前，白金汉麾下一个名叫亨利·诺斯的间谍又揭发了一起妄图加害查理二世的阴谋，这一次涉及"很多有身份的人"。诺斯与为政府或私人效力的其他线人一样，因为生活难以为继，为了维持生计，开始在路上打劫那些警惕性不高的旅客。被捕后，他因在林肯郡（Lincolnshire）斯利福德（Sleaford）附近的道路上实施抢劫而被判处了绞刑。现在，他决定把自己所知的一切和盘托出，当一名"真诚而坦率的基督徒，在临终时刻写下自己知道的全部真相"。

诺斯是胆小怕事之人，不仅害怕即将掉脑袋，还为自己鲁莽决定揭发这件牵连甚广的阴谋而惶恐不已。在一封篇幅为两页，内容上杂乱无章，有些地方甚至难于理解的信中，他向国王承认说自己曾经受雇于白金汉，"兴高采烈地拼尽全力，参与了一起麻烦事。他有时会与白金汉当面对话，可以理解白金汉的一些不满"。而后，他的话变得更加晦涩难懂：

> 我能向白金汉公爵证明，让他现在相信我，清楚知道那些谬论和欺诈行为就好比是残害他那英雄般灵魂的工具，同他自己的判断与兴趣存在着观念上的差异，关于这些内容，据说他还曾抱着极大热忱向国王陛下还有陛下的支持者们提起过。

令人沮丧的是，他对之前想要揭发的最大真相避而不谈，转而抛出几条晦涩的暗示，说白金汉正酝酿着某些背叛行动。诺斯早就想把"一个秘密"告诉国王查理，他还"为此向布拉德先生提出过申请，但却得到建议让他不要相信任何人"。

他用一种奇怪的象征方式暗示着这场阴谋的深刻程度和复杂程度，他补充说："尼罗河（Nile）的支流繁多，不容易发现源头。"接着，以这样一句含义晦涩的话作为信的结尾，其间还夹杂着一丝痛苦的意味："我可能了解得更多，但我希望自己从来不曾了解过。"

不幸的是，威廉森还没来得及发现更多信息，诺斯就遭到了处决。他的这封信在寄送过程中被耽搁了。[16]

这两起阴谋可能在当时对国王查理及其政府构成了明显的危险，但 1678 年揭露的一场新阴谋，即便后来经过证明完全是伪造出来的，也造成了更大的政治影响。

治安官提图斯·奥茨是威廉·沃勒的亲信之一，此人从前担任过海军的随军牧师，服役于配备着 40 门火炮的四流战舰"探险号"（*Adventure*），1677 年因为同性恋这一耻辱的罪名而遭到开除。他没加入英国圣公会，而是在那年的晚些时候皈依了天主教，虽然他不懂拉丁语，但还是设法报名进入了西班牙巴利亚多利德（Valladolid）的英国耶稣会学院（English Jesuit College）。作为一名见习牧师，奥茨其实并不合适，或者说是失败的；学校当局称他是"一个诅咒"，最终将他逐出了校园。但他并未被这种挫败吓倒，依然希望得到一份神职工作，于是自荐进入了法国北部加来海峡（Pas-de-Calais）地区圣奥梅尔（St Omer）的一所天主教学校，但后来又被赶了出来。

屡遭拒绝的经历很容易演变成强烈的仇恨。奥茨长相丑陋、双眼深陷、嗓音响亮刺耳，但却有着过目不忘的记忆力。他几乎完全生活在一个充斥着偏执与幻想的疯狂世界里，却以一种非常令人信服的方式将自己那些虚妄的欲求和持续不断的谎言伪装了起来。在西班牙和法国的经历让他变得伤痕累累，并对天主教教会萌生出一股强烈而狂热的憎恨情绪，于是他下定决心，报复那些曾经残忍拒绝过他的天主教徒。

他在伦敦找到一个可靠的盟友——近乎疯狂的以色列·汤奇，此人是圣保罗大教堂（St Paul's Cathedral）东北方燕麦巷（Oat Lane）那座中世纪的教区教堂圣玛丽染色坊（St Mary's Staining）教堂的前任教区长，这里已在1666年的伦敦大火中付之一炬。[17] 汤奇先前声称托马斯·布拉德参与了这场火灾的纵火勾当，[18] 但他现在确信耶稣会的牧师们才是将首都陷入这场灾难炼狱的罪魁祸首。

奥茨和汤奇不辞劳苦地汇编出一份手稿卷宗，暗示天主教会正在谋划一起暗杀国王的耶稣会阴谋，里面提到了近百名据称参与了这一阴谋的天主教徒。他们完成这份文件后，便非常奇怪地将其藏匿于汤奇当时暂住在伦敦巴比肯（Barbican）的理查德·巴克（Richard Barker）医生[19]家的护墙板后面。[20]

说来也怪，汤奇第二天早晨"发现"手稿后便将其拿给了巴克的朋友克里斯托弗·科比（Christopher Kirby），并没解释为什么这种煽动性的文稿会藏在这样一名狂热的反天主教人士家中。为了让政府得知奥茨和汤奇那耸人听闻的指控，他们精心选出科比这名不时协助查理二世完成各种科学实验的化学家担任他们的信使。1678年8月13日上午,忠诚的药剂师气喘吁吁地将这场阴谋汇报给了正在圣詹姆士公园(St James's Park)苍翠的草木之间健身散步的国王陛下。尽管科比强调称很容易查出那些有意射杀国王的凶徒到底是谁,但查理对这些说法依然表现出非常怀疑的态度。此外,他还声称如果这次刺杀行动失败,王后御用的首席医生乔治·韦克曼爵士(Sir George Wakeman)还将用一种可怕的毒药来毒杀国王。

与国王有所不同的是,因憎恶天主教且反对任何形式的宗教宽容而闻名于世的英国财政大臣、第一代丹比伯爵托马斯·奥斯本对此事确信无疑。尽管遭到威廉森的强烈反对,但因为丹比非常清楚汤奇的疯狂行为,他依然主张对这些指控进行全面调查。

奥茨适时地出现在颇具声望的威斯敏斯特治安官埃德蒙·贝利·戈弗雷爵士(Sir Berry Godfrey)面前当庭起誓,准备在御前当着枢密院所有列席听众的面发言。他回忆起4月24日在斯特兰德大街的白马酒馆(White Horse)参加的那次耶稣会的集会,大家在那里急切地讨论着用来弑君的各种方法是否真能行之有效,其中包括用枪暗杀,让爱尔兰游侠用刀刺杀,或者让韦克曼进行毒杀。[21]

而后,就在10月12日,这位治安官离奇地消失了,从此变得杳无踪迹。

5天后,在伦敦北部3英里远的樱草山(Primrose Hill)上,人们在一条泥泞的水沟中发现了他的尸体。他是被人勒死的,还被自己的佩剑刺穿了身体,但是这道伤口是死后造成的,因为毫无出血迹象。他的钱财和戒指并未失窃,所以劫杀的可能性不大。

治安官遇害一事被立即归咎于天主教徒所为，还被用来佐证奥茨疯狂指控的真实性。[22]

幻想家奥茨的同伙，被定罪为诈骗犯的威廉·贝德罗上尉（Captain William Bedloe）揭发了王后凯瑟琳·布拉甘萨的一个信奉天主教的普通仆人迈尔斯·普兰斯（Miles Prance），用以追踪杀害戈弗雷的一名或多名凶手，还想为此索取自己的酬金。在酷刑的折磨下，普兰斯供认出3个劳工的名字——亨利·贝利、罗伯特·格林和劳伦斯·希尔（Lorence Hill），说这些罪犯全部受雇于3名天主教牧师。[23]虽然这三个劳工都是无辜的，但还是被判有罪，并于1679年2月在案发现场被处决。[24]

也有人认为，罗伯特·佩顿爵士可能和戈弗雷的死有关。治安官戈弗雷是议会成员佩顿的共和派"党羽"之一，很可能是因为背叛了同伴才遭到杀害，或者更可能仅仅是因为有人想煽动人们对天主教的仇恨情绪。

治安官横死，肯定会产生这种效果。伦敦街头笼罩着一种近乎歇斯底里的情绪。愤怒的暴徒烧毁了教皇的雕像。议会又想起了1605年的天主教火药阴谋（Catholic Gunpowder Plot），于是下令在酒窖的酒桶内搜查是否巧妙地藏匿着炸药，但这只是徒劳无功的行动，因为根本没有什么炸药。接下来发生了令人恐慌的一幕，有人发现一个名叫肖凯（Choqueux）的法国医生在议会大厦（Houses of Parliament）附近的一所房子里存放了大量黑火药。但是，得知他只不过是国王的烟花制造商而并非刺客时，情况多少有些尴尬。

更严重的是，为了维持公共安全以及伦敦人的士气，上议院要求在首都半径 10 英里范围内驱逐所有的天主教徒。10 月 30 日，政府便开始执行此项禁令。

托马斯·布拉德曾与奥茨和贝德罗有过业务往来，但他总是小心翼翼地掩盖着自己的踪迹，所以没有明确的证据表明他也参与了此事。当时有一份报告称布拉德打算破坏奥茨的信誉，于是便在奥茨的私人信件中放入了一些包含谋逆内容的信，想借此证明这名狂热分子是异教徒招募过来专门破坏天主教利益的棋子。但是，这些可以显示罪证的文件却在暴露后被交给了威廉森，后者又将其转交给了枢密院。[25]

布拉德还在一起天主教"虚假阴谋"的外围抹黑过作为证人的贝德罗，并且指控白金汉以及 [1672 年受封成为第一代沙夫茨伯里伯爵（1st Earl of Shaftesbury）的] 安东尼·阿什利-库珀（Anthony Ashley-Cooper）是奥茨这次"天主教阴谋"的暗中煽动者。[26] 曾为都柏林申诉法院的文书，现为丹比线人的爱尔兰天主教徒詹姆斯·内特维尔（James Netterville）因为在圣詹姆士公园发表了一番极不明智的煽动性言论而被关进监狱。被带到怀特霍尔宫的枢密院后，他在外室走廊里与人厮打起来，但是此举并没为其赢得重获自由的机会。在新门监狱关押了一段时间后，他最终成了萨瑟克马夏尔西监狱的阶下囚。

1679 年 1 月，他在那里遇到了都柏林的约翰·布里上尉（Captain John Bury），还针对那场阴谋给他做出了强烈的暗示，进而破坏贝德罗所提供的证词的真实性。如果这位好心的上尉能帮上忙，便可得到 500 英镑的慷慨报酬，从而让他的付出变得更有价值。[27] 布里是布拉德的密友，他即刻便把这个情况告诉了上校。

布拉德让他与内特维尔进行周旋,试着查查这笔巨资的来源。经查明,背后慷慨的赞助人是法国大使保罗·巴里永(Barillon)的仆人拉塞尔(Russell),布拉德将这一情报告诉了威廉森。

另有一封用拉丁文写成的长达10页的信,记录着关于这件事的另外一种说法。据称此信是哈顿花园(Hatton Garden)附近万安街(Vine Street)的西班牙神父詹姆斯·萨尔加多(James Salgado)写给忏悔神父的。信中提到内特维尔向萨尔加多坦白承认自己受人指示要去寻找某个人,让那个人发誓说这起天主教阴谋完全是白金汉和沙夫茨伯里的主意。内特维尔"因此打算贿赂偷盗国王王冠之人,还发誓事成之后给他500英镑,而那人却将整件事告诉了国王的国务大臣"。牧师补充说:"我不认为内特维尔完全无辜,但还是把他交给上帝评判吧。"[28]

得知这一计策后,奥茨、贝德罗和沃勒到马夏尔西探监,见到了内特维尔,威逼恫吓他说出他所知道的一切。这个最新的虚假阴谋从而被瓦解。但这名囚犯对"恶棍"奥茨却不为所动,他还非常犀利地回忆道:"他作为西班牙耶稣会成员时,总是向上级讨钱……"[29]

最终,国王查理亲自对奥茨进行了审问。出于君主的睿智,他成功地发现了证词中一连串的错误和谎言,于是下令将其逮捕。然而,仅过了区区几天,议会就下令释放了奥茨,还将怀特霍尔宫的一套公寓以及价值1200英镑的丰厚年金奖励给了这位爱国人士。

经过近3年的社会动荡,因为惧怕谋逆的天主教徒渗入到社会的各个阶层,至少有15个无辜之人遭到了处决。最终,阿马(Armagh)及全爱尔兰大主教奥利弗·普伦基特(Oliver Plunkett)

沦为奥茨编织的谎言之网中的最后一名受害者。1681年6月，他被指控"推动罗马教信仰"，陪审团仅用一刻钟进行商议后便做出了有罪的裁决。7月11日，普伦基特在泰伯恩刑场遭受了绞刑以及分尸之刑，成为在英国牺牲的最后一名天主教殉道者。[30]

奥茨终于得到了他应有的报应。8月31日，他奉命离开钦赐享用的怀特霍尔公寓。但他并未有所退却，后来还因为指责国王和约克公爵而遭到逮捕，被罚款10万英镑巨资后锒铛入狱。[31]

与此同时，有一些特殊的迹象表明，布拉德正得到王室的青睐。1679年2月，第二代桑德兰伯爵罗伯特·斯宾塞（Robert Spencer）取代威廉森成为国务大臣，次月，布拉德便一早受到了斯宾塞的召唤。斯宾塞奉命告诉身为间谍的布拉德说"国王视他为友人，因此命他把布拉德召集过来，向他的所有朋友传达国王陛下将要亲自参加议会的消息"。[32]

布拉德在英国最高职权之人面前的声望似乎达到了一个新的顶峰，但是，他现在还不知道的是，自己的复仇者们正在迅速逼近。

1680年1月，威斯敏斯特旧宫院的圣约翰头颅（St John's Head）酒吧或"天堂"酒馆里的女招待简·布拉德利（Jane Bradley）让布拉德去找她，因为她认为有一起重大反政府阴谋正在酝酿。她对布拉德说"两个衣衫褴褛的家伙"告诉她说"他们想揭露一些关于公共福利方面的重要事情，但他们希望能由某位谨慎之人运作此事"。布拉德告诉她说自己想见见这两个人，她还应该告诉他们"如果有什么值得注意的事，他可以领二人去见那些有足够权力处理此事的人。"

我们但凡多一点儿怀疑就会觉得这可能是某种形式的陷阱，

或者用现代的说法讲，这可能是一个"圈套"。布拉德很可能也感到非常不安，但他也许只把这当成了间谍人员或线人应该承担的职业风险。[33]

布拉德与这两个人安排了一次会面，二人后来被确定是塞缪尔·赖瑟（Samuel Ryther）和菲利蒙·寇丹（Philemon Coddan）。可是，这两个爱尔兰人一看到布拉德就仓皇逃走了，还"与他彻底撇清了关系，因为他们认为布拉德是白金汉公爵的朋友"。简·布拉德利来到布拉德位于威斯敏斯特市的家中，告诉他这两个人是"流氓兼骗棍[34]，劝他抓住他们后将其扭送到治安官那里"。

于是，布拉德上校把二人带到与自己熟稔的米德尔塞克斯郡法官张伯伦（Chamberlain）博士的堂前。二人声称白金汉欠他们的钱，其中一人还发誓称公爵犯有鸡奸罪。法官觉得他们的话不足为信，而后这件事显然就被人遗忘了。[35]

此时，托马斯正在跌跌撞撞地陷入一场旨在打垮白金汉的阴谋，而发起这场阴谋的正是白金汉的各路敌人，特别是丹比伯爵托马斯·奥斯本。他因为贪污腐败以及挪用国库公款而遭到弹劾，从1679年4月起便一直在伦敦塔中饱受牢狱之苦，背负的罪名还包括僭越王权做出"战争决策"以及"大逆不道地隐瞒"奥茨阴谋。喜欢嚼舌根的特使巴里永认为白金汉在上议院弹劾丹比时故意缺席，是因为伯爵"威胁说要起诉他的鸡奸行为。"[36] 显然，针对白金汉的阴谋已经进行一段时间了；事实上，去年2月，与白金汉并无交情的奥蒙德长子奥索里伯爵就曾向丹比吐露心声称他仍然希望"获得一些非常重要的材料"，用来对付心高气傲的朝臣白金汉。[37]

这出计划的主角可能就是白金汉曾经的管家爱德华·克里斯提（Edward Christian），此人在1673年因为偷窃主人的一笔巨款而遭到解雇。[38]他已经为丹比当了3年管家，是攻击公爵名誉并将其逐出宫廷的理想的人选。布拉德在为白金汉担任特工期间就曾痛斥过克里斯提，冷冷地拒绝"他公开或私下里与自己喝酒套近乎"。[39]与此对应，克里斯提对布拉德也没有好感。

这一阴谋的内核及实质是指控白金汉强奸了一个名叫萨拉·哈伍德（Sarah Harwood）的伦敦贵妇，还将其打发到法国，以让她保持沉默并防止这一丑闻被公之于众。

白金汉崇尚暴力是人尽皆知的事。公爵自己承认有人曾谈到他"对待下属非常残酷、傲慢并且不公"。有个"可怜的老家伙"就曾被公爵暴打过，因为此人打猎时踩踏了农民的玉米地进而遭到投诉。"我抗议，这个故事本身就是个误会，因为那些当时在场的仆人都是诚实老实之人，他们都准备为我作证……如果弄坏篱笆是项重罪的话，那这世间想必就没有哪个猎人是无辜的了？"他假惺惺地反诘。白金汉断然否认自己有罪，即使有些人曾经质询过他，比如说线人威廉·莱文，那些人也都已经不在人世，彻底闭嘴了。自托马斯·克伦威尔推出《1533年鸡奸法案》（Buggery Act of 1533）将鸡奸定为死罪以来，遭到鸡奸罪指控也将面临同样严重的后果。白金汉无所顾忌地进行着诡辩，他抵赖称："有人提到我企图犯下一种罪行，但是这种罪行的性质实在太过恶劣，因此不该在基督徒面前提起。"

> 但我在这件事上是无辜的，所以只好祈求上帝为鉴，同

时仰仗所有人大发仁慈之心……天知道我要用这种平淡朴实的方式解释多少内容,但我绝非一个纵欲之徒。[40]

克里斯提现已让证人们列队站好,准备证明这是一个邪恶的谎言。

首先出场的两个证人是菲利普·勒马尔(Le Mar)和他的母亲弗朗西丝·洛夫兰(Frances Loveland)。勒马尔称白金汉6年前对他实施过鸡奸,不过据称他是收了丹比伯爵夫人300英镑贿赂才做出了这一指控。[41] 蔻丹和赖瑟也出庭作证。证人席里没有一个可信之人。

蔻丹和化名为希金斯(Higgins)的爱尔兰同乡莫里斯·希基(Maurice Hickey)曾在考文特花园附近的朗埃克(Long Acre)定居,二人因为在那里酗酒之后用盖尔语(Gaelic)大声交谈而引起了别人的怀疑。[42] 他们计划通过大额贿赂来说服赖瑟,让他发誓说白金汉强奸了那个女人。如果说服未果,就用麻醉剂把他弄晕,然后让他签署一份供认书。再由蔻丹出庭作证,在法庭上支持赖瑟的指控。不幸的是,赖瑟这名众望所盼的证人十分反复无常:他前一分钟才答应作证,后一分钟就能反悔。所以,为了让赖瑟在法庭上的证词更加令人信服,还需要有人对其提供佐证。

这个人正是兰开夏郡的服装工人托马斯·柯蒂斯(Thomas Curtis),此人因涉嫌参与一桩虚假的阴谋,曾遭到过短期监禁,因为这起阴谋的涉案文件被藏匿在一个饭盆的底部,所以得名"饭盆阴谋"。柯蒂斯有个喜欢豪饮的坏名声,因为他大多都是在弗利特街(Fleet Street)南侧拉姆小巷(Ram Alley)[43] 的王冠酒馆以及泰晤士河畔萨瑟克临近伦敦大桥（London Bridge）的棕熊酒馆[44]里竭力逼迫赖瑟上庭作证的，想必这份工作也一定让他乐在其中。

有一次，布拉德在这些人见面时出现，还就蔻丹和赖瑟的证词施加了一定的压力。他确信二人终有一天会在法庭上说出自己想要的证词。

但是，这两名潜在的证人后来却都临阵退缩了。蔻丹向赖瑟承诺说"我们先跟恶棍布拉德合作，然后等威廉·沃勒爵士回城后再反水"。[45]第二次会面的地点是布鲁姆伯利（Bloomsbury）的一家小酒馆，希基拿了一份文件让二人签署。他奉命向此二人提供300英镑的金币，但如果他们没在文件上签名，就威胁要杀死他们。首先到达的赖瑟听说不签字就杀人后，一把抓起文件便逃跑消失在茫茫夜幕中。

他和蔻丹前去拜访了白金汉的律师惠特克（Whitaker）先生，将事情的来龙去脉告诉了他。于是，丹比的计划不幸被他们走漏了风声。

1680年1月20日，沃勒召集布拉德到威斯敏斯特市盖特豪斯监狱附近的水牛头（Buffalo Head）酒馆会面，就贿赂教唆蔻丹和赖瑟一事当面对质。他震惊地看到这两名潜在证人的"服饰打扮既优雅又时尚"。一同出现的还有白金汉的律师惠特克以及白金汉的一名激进派活动家——亚麻制品商弗朗西斯·詹克斯（Francis Jenks）。布拉德打算糊弄过去，但惠特克却敦促他要诚实、公正并且坦白。上校说："你最近两年一直受人指使中伤诽谤我。你能找到比这更好的理由吗？"他们迫切要求沃勒秉公办理，这位治安官便"有礼有节地"要求上校缴纳保释金。[46]

布拉德一直拒捕，直到1月22日，他在威斯敏斯特的国王街（King Street）尽头遇到了一名治安警察，这名警察称自己手里有抓捕布拉德的逮捕令。值得注意的是，二人都去了盖特豪斯旁边的老狗酒馆，还在一起小酌了几个小时。与此同时，沃勒发现这名警察只带了一张收押令[47]，正当警员担心自己因为疏忽令这次拘捕变成非法监禁，而布拉德先生定会利用权力给自己带来无穷祸患时，[48] 沃勒赶紧送来一份拘捕令。这份"致全体警员"的拘捕令这样写道：

> 依据两名证人的宣誓内容，托马斯·布拉德上校与人合谋在最近的一场阴谋中诬告并指控高贵的白金汉公爵犯有鸡奸罪，同时，还在接下来在威斯敏斯特举办的常规庭审期间拒绝交付保释金。
>
> 因此，根据诸位手中所持收押令中提到的要旨，责令诸位抓捕上文所述的托马斯·布拉德上校，如果他拒绝缴纳保释金，则将其交给威斯敏斯特市盖特豪斯监狱的看守官彻奇先生。[49]

于是，布拉德在未缴纳保释的情况下，被关进了监狱。

布拉德上校、克里斯提、柯蒂斯和基希在王座法庭因污蔑他人、结党营私和贿赂唆使等罪接受了审理，并被判有罪。他们遭到了罚款及监禁处罚。后来，1680年5月，勒马尔和母亲因收钱作伪证指控白金汉公爵鸡奸也被判了刑。[50] 在阴谋实施期间，勒马尔遭人灌酒后喂食了毒药，后来，因为这些毒药的副作用死在了马夏尔西监狱中。⁵¹ 6 月 19 日，他的母亲被戴上了颈手枷，"人们朝她扔投过来的脏土和臭鸡蛋着实令她感到非常难受"。⁵² 总检察长克雷斯韦尔·莱文斯爵士（Sir Creswell Levinz）负责调查勒马尔的案子，地方预审法官巴恩斯利（Barnsley）因为自己的"不当处置"而被调离了治安法官一职。⁵³

威廉·沃勒爵士也因为类似的违规及不端行为遭到解聘，并于后来逃到了荷兰。

其时，白金汉打算对他昔日的雇员布拉德实施复仇。他针对上校、克里斯提和柯蒂斯发起了一项名为"诽谤诋毁权贵"的民事诉讼，向其索赔 1 万英镑的赔偿金。⁵⁴ 陪审团做出了有利于白金汉的判决。

布拉德变得越发绝望起来。每当情况变得特别令人担忧时，每个人都会想尽一起办法寻求帮助，于是，7 月 14 日，他派儿子查尔斯去拜见约克公爵詹姆斯，请求这位王室成员替他从中斡旋。第二天，布拉德给公爵写了封信，礼貌地感谢他可以"施以大惠"，倾听他的难处，还请示了他的王兄是否愿意下令让国库支付他的薪水。这笔钱"经常在桑德兰大人那里杳无音讯"。经济上捉襟见肘的上校不可能筹到保释金，于是便希望国王"能找个人替他保释"。

然而，白厅的官僚无能至极，使他感到格外的挫败与绝望。"您让犬子去（1680 年 4 月被任命为国务大臣的）利奥兰·詹金斯爵士（Sir Leoline Jenkins）那里了解国王是否有关于我的指示，但他却说自己毫不知情。"

因此，我恳请您不要让我一直深陷这种困境，因为我对尼德兰联邦党羽一贯敬而远之，还挫败了威廉·沃勒爵士。

我如今想要获得人身保护令，还想在法官多尔宾（Dolben）[55]面前提交保释金。

如果您对我有任何兴趣，我将为您尽忠竭力。[56]

一向拖延了事的国库这次依然没能支付他的薪水，3天后，充满沮丧和愤怒的布拉德致信詹金斯，疯狂地请求他提供紧急援助。

宫廷答应付我的常规工资一直未能兑现，这令我陷入了赤贫，而且我还日复一日、周复一周地遭到他们的愚弄……国库的官老爷们曾经许诺3天后就支付国王为我开出的600英镑酬劳[57]，但未能兑现，接着又是3天的漫长等待。这些都是口头上的承诺，所以他们也许只是动动嘴皮而不办实事。

接下来我想马上得到三四十几尼的金币用以摆脱困境，因为我现在相当赤贫，把自己的银质铭牌都典当出去了。我也恳请您能鼓动一些人来帮我保释。

布拉德是在威斯敏斯特市盖特豪斯监狱的高墙之内完成这封信的。治安官的手下们可不承认或接受"他的特权"，而是连拖带拽地把他轰进了监牢，导致他对国王的处置方式产生了抱怨情绪。布拉德一直愤怒地认为白金汉和尼德兰联邦势力因为"知道自己在过去9年里以及现在仍然是他们实施反叛行动的绊脚石，于是为了铲除异己"，已经花费了1万英镑。他们明白，"为了更好地展开犯罪行动，出于对我的怨愤与嫉妒，便以一场索赔 10 万英镑的诉讼对我实施了抓捕，认为这一金额足以吓退任何想替我保释的商人。"[58]

7 月 21 日，他获得了人身保护令，并以萨瑟克犯人的身份被转移到了王座法庭监狱。[59]次日清晨，他便幸运地得到了保释。某个与布拉德感情交好的人替他缴了保证金（这笔钱是否出自特工部门的经费呢？），他在获释时还振振有词地抗议称自己遭到了非法起诉。[60]

布拉德因为偷盗王室珠宝未遂被囚禁在伦敦塔后，狱卒没收了一本他的小册子。原件现已丢失，但是复本却保存在牛津博德利图书馆里佩皮斯搜集的文稿辑中。[61]这似乎是布拉德遭到囚禁期间抑或是 1671 年刚刚获释不久后经过沉思创作的，在首页有一行文字提到："吾儿托马斯·亨特，别人不会知晓他姓甚名谁，现正沦为伦敦塔中的一名囚徒。"[62]

在标题"为陛下效劳后的获释情况"下，罗列了他在 1663—1671 年间的 70 次逃脱逮捕或遭逢险境的经历，但令人沮丧的是，其间缺乏具体细节描述。这些包括了他在都柏林政变之后的历险（"我逃走了，但是大部分成员已被擒获"），他登上一艘船，"船上没人认得他"，而后到达了一个港口，这里大家都认识他；为了躲避抓捕，他去兰开夏郡拜访了岳母，又在曼彻斯特游荡时遭到了一群恶犬的追赶。

他的事迹还包括在"泽兰沦为阶下囚"，以及趁着伦敦大火在比肖普斯盖特街顺利逃脱追捕的经历。遗憾的是，关于他的其他劣迹，我们仅能通过下面这些内容进行猜测："我游泳""桥上的

第九章 上帝之道

守卫""王室近卫骑兵团卫兵""从伊普斯威奇（Ipswich）的朋友们那里"以及"在埃塞克斯郡被一名治安警察抓获"。营救梅森上尉一事可能涉及以下记录："来自纽瓦克那边的骗棍""来自日间例行祷告课上的他们""在战斗中""莱文的忏悔"，以及"医治我的创伤"。甚至还提到了他作为半退隐状态的江湖郎中时"在罗姆福德被人揭穿"的情景，以及"被心怀不满的朋友设计后遭人抛弃"的情景。还有一次关于"从斯特兰德大街上的公牛酒馆"逃跑的描述。[63]

在这些笔记中穿插着两项记录谈到他儿子决定要以犯罪为生，这显然让身为父亲的布拉德感到非常失望："吾儿的罪孽，即是亨特在公路上对诸位拦路抢劫"，"吾儿遭到制止，并被带至法官基林的堂前"。这些到底是拯救还是试炼呢？[64]

所有这些事迹都坚定了布拉德的决心，他绝不会"因为任何困难就放弃上帝的事业"。布拉德的笔记中还囊括了22条他明确坚守的一句话式的道德和宗教信条，这也表明他相信冥冥中自有无意，在马丁塔期间，这曾是他极大的精神支柱。这些箴言包括："每天都花时间认真思考我对基督的热忱以及他所完成的伟大事业。""避免在谈话时与人争执，或在宗教或公民事件中低估他人"以及"满足现状，知道任何事情皆非偶然发生"。这些戒律也敦促他不再喜好烈性酒水以及任何"过度的享乐或是华而不实的服饰装扮……吹毛求疵或玩世不恭……所有淫秽下流的谈话"。还有三条规则，正好适用于间谍人员变化无常的生活："真心付出信任，同时警惕对我做出承诺之人。""不要泄露秘密"并且"不要破坏约定"。布拉德显然是个虔诚的宗教信徒，喜欢进行严苛的自我分析，渴望发现上帝在其生命中制定的某种模式以及个人目标。[65]

上校现在空前需要这种宗教信仰和坚韧的精神。他回到自己位于威斯敏斯特市大彼得街和塔夫顿街交界拐角处的家中，"就个人声誉以及家庭成员的利益问题，反思着自己的情况"。

他忠贞的妻子玛丽早已去世，长子托马斯也已不在人世。两个女儿嫁得很好，其他几个儿子通过效忠国王陛下，也都拿着高薪俸禄。但是布拉德的社会地位却被"敌人的恶意""狠狠打击了一番"，也因为自己的债务人未能履约还款而遭到了进一步的破坏，特别是当他面临白金汉提出的高额赔偿时，这种打击是非常沉重的。

布拉德现在如果仅凭"先前那些精明而果敢的手段根本走不出眼前的困境"。过去，他"信任自己的同伴"，还觉得凭自己的睿智可以摆脱任何紧急状况，但他现在却意识到自己完全被"束缚住"了。

这些"暗郁的想法"演变成了"忧郁的深思"，再加上燥热天气的影响，导致他的心智发生了混乱，"这种躁狂虽然不太强烈，但却非常致命"。

布拉德一连生病两个星期，在此期间，一些忠实的朋友和一位长老会牧师前去探病，发现他"能够沉稳地对待自己的灵魂，"并不"畏惧迫近的死亡"。布拉德告诉牧师说已经整理好了自己的思绪，"愿意随时接受上帝对他进行死亡的召唤"。因为他似乎不愿意和其他来访者交谈，这便成了他唯一的留言。除此之外，在越来越频繁的睡眠之间，他所发出的声音只有"不由自主的叹息"

第九章 上帝之道

而已。在他离世之前的星期一，他已经说不出话了，也几乎无法挪动身体，可能是患了中风，呼吸也变得越来越吃力。

8月22日星期一，他口述了自己的遗言和遗嘱，"一个人在最为脆弱的濒死时刻"，"疲惫的身体"饱受折磨。布拉德因此将自己的灵魂"交托于全能的上帝……完全交托于《圣经》中神圣复活的耶稣"，他那"曾经来自尘土的身体也将归于尘土"。

作为戴罪保释之人，他的遗嘱条款必然要受到限制。丰裕富足的太平日子早已一去不返，那时候，布拉德可以穿着最新的时装、戴着最好的假发在镇上趾高气扬地阔步行走。而现在，他这间"狭小的暂居地"只剩下一些简单的物品和他仍然拥有的动产。所有值钱东西都被抵押或处理掉了。那些"可以变卖"的物品被立即售出变现后，将收益分成了三等份。他的女儿玛丽和伊丽莎白每人各得一份，第三份则由他三个在世的儿子霍尔克罗夫特、威廉和查尔斯以及已故的儿子小托马斯·布拉德的遗孀共同享有。除家庭成员外，唯一得到20先令（1英镑）布拉德遗赠的是他的老朋友约翰·费希尔（John Fisher）。他的两位"忠诚而友爱的朋友"被指定为遗嘱执行人，他们分别是来自伦敦的文书罗伯特·布莱基（Robert Blakeys）以及威斯敏斯特市的托马斯·莱尔，毫无疑问的是，他们出于旧日的友谊，善意地承接了这份职责。遗嘱的见证人是萨拉·[姓氏是否为弗伦德（Frend）待考]以及布拉德的仆人约翰·沃德。[66]

翌年5月，一份财产清单罗列了他家每个房间中剩下的物品及财产："餐厅""小客厅及入口区域""后面的小厅室"等。值钱的东西所剩无几：几把椅子、一个皮质的啤酒酒囊、一些壁挂、一把菜刀、几座放在厨房里的黄铜烛台、一张床架、几条毛毯和几块地毯，全部加起来大概值300英镑14先令2便士，可能比布拉德想象的更值钱一些。[67]

8月24日星期三下午3点，托马斯·布拉德上校溘然离世，享年62岁。

布拉德曾穷尽一生，不遗余力地借助狼藉的恶名让自己在世界上声名鹊起，但最终，他的过往不过是一声可怜可悲的叹息，并未造成他所预想的轰动。

又或者不尽然？布拉德引起公众关注的最后一件事，便是他的死亡。

老上校应该感到欣慰的是，关于他的死，存在着各种骇人听闻的谣言，并且已经席卷伦敦。一些人认为，他利用"让人麻醉及变得浑浑噩噩的"药物加速了自己的死亡，但与他同时代的传记作家却认为这种说法非常不近人情。"既然他能在人生最困难的低谷依然心存勇气，从未失去希望，那他就更不可能临终前因为毫无痛苦的病症就如此了断自己。"其他人则称他在临终最后一刻皈依了天主教，成了虔诚的天主教徒。这也不是真的："根本无须让那些陪伴于布拉德病榻左右的人提出证据对此进行反驳……这是那些仇家对他的诽谤。"[68]至少，布拉德并未孤苦伶仃地死去。

两天后，布拉德被"体面地安葬"在距家几百码远的托西尔广场[69]教堂中，与他妻子的墓冢毗邻。

如果他虔诚地希望自己可以愉快复活的话，这个愿望可能马上就要实现了。

就像我们在开头看到的那样，很多人讨论说他最后的疾病、死亡以及葬礼不过是掩人耳目的把戏,是他借以甩开自己的敌人,避免向白金汉支付惩罚性的赔偿金的把戏。一些人作证说他们看到布拉德还活着,依然出没于威斯敏斯特市和怀特霍尔宫。这次诈死是否只是一场情结迂回的"闹剧,或者是布拉德谋划的某些宏伟计划的一部分呢"?伦敦上下为此躁动不安,政府认为,能够遏制这种失控局面的唯一办法便是挖出布拉德的尸体,开棺验尸,彻底证明他已作古。

因此,在接下来的星期四,布拉德的坟墓被重新打开。一名验尸官以及来自威斯敏斯特的(由 23 名生平与他熟识的正直公民组成的)陪审团应召前去勘验挖出来的腐臭尸体。

此类公民义务向来不受欢迎,这一次尤其令人感到毛骨悚然。陪审员们惊恐地发现,布拉德的尸体在这样炎热的天气里深埋 6 天之后,"脸部已经肿胀变形","之前为人熟识的面部轮廓及特征"已经所剩无几,他们根本无法辨认尸体。一位陆军上尉被召集过来,发誓说通过尸体的左手拇指可以证明这就是布拉德的尸体。所有认识布拉德的人也都"注意"到这一显著特征——旧伤之后"变得异常巨大的组织增生"。然而,这并不足以说服满心狐疑的陪审团,他们未能做出任何裁决。[70]

尸体又被体面地放回了坟墓。然而,不久之后,有些报告称上校并未被重新葬在托西尔广场,而是葬在了埃塞克斯郡霍恩彻奇(Hornchurch)的圣安得烈(St Andrew)教区教堂的墓地里。沿着高街(High Street)一侧的教堂旁边,有一座饱经风霜的无名墓,已然褪色的碑板上刻着一份骷髅图(骷髅头和两根交叉的腿骨图案)。有人指出,那便是布拉德的墓碑。尽管霍恩彻奇离他过去的落脚点罗姆福德不远,但这似乎也不太可能。

借着他生前的昭昭恶名想要大发横财之人马上印发了一些直指布拉德之死的讽刺性作品。J. 肖特(J.Shorter)在布拉德去世第 7 天,就推出了 76 行打油诗《布拉德上校的挽歌——因偷盗王冠而获得的昭昭恶名》(*An Elegy on Colonel Blood, Notorious for Stealing the Crown*),开篇便以咒骂之辞写道:

> 感谢您善意的命运安排,感谢您最后这次帮助
> 您带走了最近偷盗王冠的布拉德
> 我们不会大声惊呼,对您表示反对,因为
> 就像贝德罗一样,您后来已经将其擒获,
> 他像瘟疫一样,是全人类的祸患
> 从来不是任何人的朋友……
> 还建议将这首诗的末尾用作他的墓志铭:
> 这里躺着一位胆大包天之徒
> 是英国有史以来最为恶劣的恶棍
> 从未与任何人真心为友
> 就让他躺在这里,得不到任何人的同情
> 让大家一起热烈庆祝他的灭亡。[71]

这首诗的措辞确实相当无情。

或许,与他同时代的传记作家理查德·哈利韦尔对他一生的总结更适合当他的墓志铭。哈利韦尔慷慨地宣称,布拉德从不追求

第九章 上帝之道

> 卑鄙……鬼祟的行为，一旦人们公认的君子逐渐踏入了恶棍的行列，便会留下不可磨灭的耻辱。
>
> 他确实喜欢禁忌的游戏，但绝不在国王的道路上施展，却总是在王室园林及和树林里展开。他把王冠、权杖和政府当作战利品，把各大城堡及总督们的惊诧当作一种娱乐。

他写道，他的事迹"光怪陆离，即便那些尝试未果的行动，也能变成故事中的传奇桥段"。[72]

事实也确实如此。他的傲慢和无畏非常令人着迷，尽管昔日的同伙为其喝彩叫好，但他的各种冒险几乎没有真正成功的经历，但这反而更容易引起大家的兴趣。有些人可能认为上校是一个心理上存在缺陷，渴望得到别人注意的人，也许他完全就是个自恋者，因为这种人格障碍的症状显然包括夸大自己的能力和成就，是一种渴望获得他人肯定、渴望得到特权及特殊待遇的持续性需求。如果我们仔细审视他的事迹，就会发现他具有上述这些熟悉的特征。

但是，除了他的复杂心理外，还可以有一种强大的解释，也可以说，他的主要动机包含着多变的混杂成分，就好像17世纪的很多英国人一样，既有对宗教的狂热追求，也有对世道不公的愤慨，还有对复仇的炽热需求。然而，上校与那些生活在都柏林和伦敦的面色凝重的狂热分子有所不同，他们在见不得光的世界里经历着各种间谍生活以及尔虞我诈，但布拉德却是一种与之截然不同的亡命之徒。

与他们不同的是，布拉德是一个古怪的赌徒，即使与命运赌博没有胜算,他也不会畏缩,他甚至还可以纯粹为了自己取乐就贸然实施一场暴行。布拉德曾在动荡的职业生涯中尝试过暗杀总督,援救过朋友,还干出了其他凡夫俗子根本不可能完成的事,他居然令人不可思议地偷走了(不可能得到的)王室珠宝。而驱使他不断前行的动机,与后来驱动登山者不断登攀的动机其实别无二致,纯粹是因为身处高地,不得已而为之。

名誉便是鞭策他的动力。

他是冒险家队伍中真正的佼佼者,他的事迹屡屡成为不列颠三国子民兴奋聊起的话题。他那多姿多彩又鲁莽仓促的冒险经历活跃并丰富了17世纪的英国历史记录。我们惊讶于他的蛮勇大胆,还有他那令人难以置信的厚颜无耻,并对他逃离命运之手时的各种仓促鲁莽表现报以微笑。

虽然当时的爱尔兰和英格兰政府可能不会认同这种说法,但是我们真的应该庆幸世间存在过布拉德这号人物。

后记

> 绝大多数最危险的阴谋还在继续,借以攻击您的人身及利益,比……的范围更广,也更加危险……还涉及来自城市和乡村的数目惊人的平民和乡绅。
>
> ——1681 年查理·布拉德对约克公爵詹姆斯如是说[1]

第二代白金汉公爵乔治·维利尔斯最终于 1684 年重获了查理二世的青睐,但他享受这份王室认可的时间并不长久,因为国王中风后没几天就于 2 月 6 日驾鹤归西了。约克公爵继位成为英格兰国王詹姆士二世及苏格兰国王詹姆士七世后,这个老谋士又重新参与到公众事务中,但时间非常短暂,他兢兢业业地参加例行议会,并于 1685 年撰写了《关于人有信仰之合理性的简要论述》(*A Short Discourse on the Reasonableness of Man's having a Religion*),在这本小册子中主张赋予天主教徒和新教徒更大的宗教自由。

因为身体不适以及无所不在的经济困扰,白金汉退休后回到了他在约克郡赫尔姆斯利（Helmsley）的小型住宅，在这个相对与世隔绝的世界里默默生活了 18 个月。1687 年 4 月 16 日，死于自己位于科克拜穆尔赛德（Kirkbymoorside）的一个佃户家里，享年 59 岁。据说是因为出门打猎时患上了风寒，[2] 他认为自己被国家鄙视，恐怕还被上帝抛弃了。他曾过着一种纸醉金迷的放荡生活，与那些贸然托付信任的贪污犯沆瀣一气。到了 1671 年，他抵押了自己的全部财产，有时还抵押三四次，而且还在那年设立了一个信托基金，用来管理剩下的财产，但这个基金每年只能为他挣得 5000 英镑收入。白金汉去世时并未订立遗嘱，他曾经拥有的那些庞大的地产已经分配殆尽，他的财富也早已不复存在。因为没有合法的男性继承人，他的头衔就此终结。最终，他被安葬于威斯敏斯特大教堂内。

1688 年，威廉三世即位，不屈不挠的老共和派人士埃德蒙·拉德洛认为离开瑞士这个避难所转而回到伦敦似乎更加安全。因此，1689 年 7 月 25 日，他与沃韦（Vevey）那些古道热肠的治安官正式作别，说上帝召唤他回家，"去辅佐英国的基甸（English Gideon）"。这些市政官员无疑对他这种正义之举非常赞许与支持。

他没有受到任何阻碍就安全抵达了，而他在伦敦的家无疑吸引了众多老共和派的最后幸存者前来拜访。正如预见的那样，他在首都出没定会引起政界的丑闻和动乱。11 月 6 日，康沃尔圣莫斯（St Mawes）的议会成员约瑟夫·特雷登汉姆爵士（Sir Joseph Tredenham）在下议院愤然跃起，让大家注意到拉德洛的住宅居然如此无所顾忌地接近威斯敏斯特以及政府所在地。他在这个问题上几乎不容人争辩，便即刻决定

后记

向陛下进行一次谦卑的讲说，令其欣然发布一份逮捕拉德洛上校的声明，根据《议会法案》（Act of Parliament）规定，此人因为弑杀国王查理一世而犯下了高级谋逆罪。

并且，令陛下愿意悬赏抓捕此人。

于是下议院命令特雷登汉姆的姐夫、埃克塞特郡（Exeter）议员兼下议院前任议长爱德华·西摩爵士（Sir Edward Seymour）向国王进行一次忠诚的演说。[3]

威廉三世认为下议院提出的这个想法非常合情合理，于是便发布了他们想要的公告，为了抓捕拉德洛，还提供了200英镑的赏金。于是，这名逃亡者第二次也是最后一次逃离英国，在返回瑞士前再次来到荷兰避难。1692年11月26日，他在沃韦去世，享年73岁。他在美好的尼德兰联邦度过了一段令人兴奋的日子后，便背井离乡开始了孤独的流亡生涯，其间充满了悲伤。他悬挂于鲁杜拉克（Rue du Lac）49号家门口的题词就能反映出这种悲哀。题词这样写道："Omne solum forti quia patris."这句话改编自罗马诗人奥维德（Ovid）的一句诗词，意思是"勇敢之士认为每一片土地皆为他的故土，因为这些土地借由圣父上帝创造"。[4]

与同为弑君者的约翰·费尔普斯一样，拉德洛死后葬于沃韦圣马丁的瑞士归正宗教堂（Swiss Reformed church）。1693年，他的遗孀为他树立了一座纪念碑。

1667年，奥蒙德重任爱尔兰总督，但是他小心谨慎的保守主义作风却阻碍了常备军及英国政府在都柏林拖延已久的改革进程。有人告诉当时的英裔爱尔兰外交官罗伯特·索斯韦尔爵士说"爱尔兰要进行各式改革……国王陛下认为，奥蒙德大人阻碍了这件事的运作"。[5] 他一直紧抓着这份公职不放，直到查理二世去世才自动终止了对他的委任。

1682年11月9日，奥蒙德被任命为英国公爵，这种贵族地位促使他以9000英镑的价格买下了伦敦圣詹姆士广场上最宏伟的豪宅。他退休后回到牛津郡的科因伯利（Cornbury），1688年7月21日逝世于多塞特的金士顿莱西（Kingston Lacey），享年77岁。奥蒙德在动荡的职业生涯中幸存下来，他的名誉也完好无损。他一直深谙历史评论之道，还写道："无论我在宫中表现如何，在编年史里的形象一定要完美无缺。"他也被安葬在威斯敏斯特大教堂里，身后遗留的债务估计有10万至15万英镑。

正如我们之前所见，阿灵顿在1674年9月11日辞去了国务大臣一职，此前，他一直从事着一份"繁重的工作……为期将近12年，其间承受了过多的辛劳，并惹来了他人的妒忌，这些皆非我所愿，或者说在我日渐衰老的暮年，实在难以承受如此种种经历"。他被任命为王室宫务大臣，五年后又当上了国库专员。1672年8月1日，他把5岁的女儿许配给了9岁的亨利·菲茨罗伊（Henry Fitzroy）[6]，此人是查理二世与克里夫兰女公爵芭芭拉·维利尔斯所生的第二个私生子，后来被册封为格拉夫顿公爵（Duke of Grafton）。二人在1679年11月完婚。阿灵顿于1685年7月28日去世，享年67岁，最终承认自己信奉天主教。他被安葬在萨福克郡的尤斯顿（Euston），他在那里还拥有一大片地产。[7] 他在伦敦的住宅是圣詹姆士大街上的阿灵顿大宅，位于今天的王室驻地白金汉宫南翼，于1674年遭到焚毁。

1679年，国务大臣威廉森遭到解雇，他生平第一次过于自不量力，制造了一出戏剧性（同时也是致命性的）闹剧。在天主教阴谋猖獗之时，他未经国王许可便下令搜查了王后凯瑟琳·布拉甘萨在斯特兰德大街的官邸——萨默赛特宫（Somerset House）。[8] 威廉森是英格兰及爱尔兰下院的议员，1701年10月3日在肯特郡的科巴姆（Cobham）去世，享年68岁。他把6000英镑以及自己的藏书捐给了母校——牛津大学王后学院，还拿出5000英镑在肯特郡的罗切斯特创办了约瑟夫·威廉森爵士数理学院（Sir Joseph Williamson's Methematical School）。[9]

布拉德死后，他过去那些同伙的各种反政府阴谋依然有增无减。1683年，住在圣詹姆士老石路（Paved Alley）的詹姆斯·哈里斯警告国务大臣詹金斯称有个阴谋涉及一些人，其中就包括了拉尔夫·亚历山大、罗伯特·佩罗特、（现为沃平酿酒商的）约翰·梅森以及［搬到斯皮塔佛德（Spitalfields）居住的］理查德·哈利韦尔。他们打着天主教徒的幌子，打算在11月5日星期六这个具有象征意义的日子（为了纪念1605年的火药阴谋）唤醒民众，抓住国王、约克公爵、奥蒙德公爵和阿尔伯马尔公爵，以及多名政府官员和枢密院成员。这里面的大部分歹徒都曾得到过赦免，但是，正如哈里斯指出的，"但凡有一点儿忠诚之心的人就能看出来，他们对国王陛下的赦免置若罔闻，没有丝毫忠心与感激可言"。

然而，哈利韦尔却出于一些宗教原因，开始大声疾呼，反对在安息日（Sabbath）发动政变："根据我们的誓约，我们不能选在第五日，"他对策划阴谋的同伴们如是说，"但是，我们可以毅然决定在第十七日［"贝丝日（Bess' Day）"］[10]尽量多抓宫中人士，我们可以像之前预想的那样对付奥蒙德以及这些人。"显然，他们与奥蒙德之间的积怨非常深。

我们先前在追捕袭击奥蒙德的凶手以及重获王室珠宝时见到的罗伯特·维纳爵士有一个值得信赖的线人，此人非常了解这些"狂热分子"以及他们的阴谋细节。这个间谍名叫约翰·哈里森，是个烟草商，他也有自己的怨愤：他曾揭发过一起"多年前"企图趁国王查理和约克公爵泛舟泰晤士河之际将二人杀害的阴谋。他把这条情报告诉了布拉德，"让他因此得到了奖赏，听说布拉德还要奉命给他一份赏金，但他实际什么也没得到"。这份赏金一共 100 英镑，其中一半是要分给哈里森的，"但布拉德当时陷入了麻烦，而且不久后就死了，所以他这次付出没能换来一分钱的回报"。[11]

6 月 30 日，住在萨瑟克红十字街（Redcross Street）[12]的其中一位密谋者威廉·霍恩（William Hone）在接受国王和枢密院的审讯时，还谈到另一桩阴谋："在过去的 7 年里，当伦敦市长就职游行的队伍浩浩荡荡地经过时，从齐普赛街的圣玛利勒布教堂（St Mary-le-bow）塔楼上用弩箭瞄准并射杀国王查理。"霍恩否认自己参与了此事："一个家伙说起过，布拉德曾经雇用了一个屠夫。"

据霍恩所言，还有一个更有效的计划："3 个星期或 1 个月以前"，在纽马科特绑架国王和约克公爵。霍恩承认自己参与了这出阴谋的一些边缘性工作。出于安全考虑，他们用"黑鸟"（Blackbird）和"红腹灰雀"（Bullfinch）作为代号来称呼这两位王室受害人。[13]这就是所谓的"瑞豪斯（Rye House）阴谋"，瑞豪斯这个地方因为赫特福德郡（Hertfordshire）霍兹登（Hoddesdon）

附近一所带有壕沟的房子而得名，他们打算在那里展开袭击行动。

这群阴谋分子根本没打算在这里绑架王室成员，他们实际上想杀害国王查理和他的既定王位继承人。1683年4月1日，王室成员在纽马科特（现在的萨福克）参加完赛马后打算返回伦敦，届时，藏在瑞豪斯这所房子庭院里的刺客将用步枪或卡宾枪对他们进行伏击。然而，3月22日，该镇发生了一场大火，焚毁了高街的北侧。由于这场灾难，比赛被迫取消，于是，国王查理和约克公爵提前一星期返回伦敦，袭击计划由此泡汤。包括两名议员在内的11人遭到处决，另有11人被收监入狱。前爱尔兰中尉、第一代爵埃塞克斯伯爵亚瑟·卡佩尔在抓捕密谋者的行动中遭到逮捕，后来于1683年7月13日在伦敦塔割喉自尽。

大多数布拉德的老伙伴似乎都依然逍遥法外。但是，罗伯特·佩罗特却走上了行刑台。当年，蒙默思公爵起义反对信奉天主教的詹姆士二世时，佩罗特加入了前卫队警卫长爱德华·马修上校这个酗酒流氓指挥的叛党组织——黄色兵团（Yellow Regiment），担任少校一职。1685年7月6日，佩罗特在萨默赛特郡布里奇沃特（Bridgwater）附近的韦斯顿佐伊兰（Westonzoyland）参加了几乎没有胜算的塞奇高沼之役（Battle of Sedgemoor），他在战斗中身负重伤，终于用尽了自己的运气。他在布伦登丘陵（Brendon Hills）藏了几个星期后被人抓获，连同144名共犯在萨默赛特的汤顿（Taunton）遭到处决。[14] 7月15日，蒙默思也在塔丘被斩首，行刑人的是臭名昭著的笨拙刽子手杰克·凯奇（Jack Ketch），据说他砍了5刀才完成斩首过程，导致现场非常凌乱。

人们不喜欢政府间谍菲利普·阿尔登，不全是因为他是一个机会主义者以及名声不佳的律师。这个应当受到谴责的家伙结束了爱尔兰的各种冒险经历后，来到伦敦生活，负责监视宗教激进分子。后来，他自鸣得意地夸耀自己在1665—1666年取得的成功，"技巧纯熟且工作到位……与拉德洛以及离开瑞士的其他人保持着联系，还混入了恶棍布拉德一伙人以及人数更为众多的叛匪团伙，因此，他们的大部分阴谋……都被阿尔登发现后禀报给了国王陛下或者官员大臣们"。[15]

然而，1666年，从阿尔登那里定期收取情报的联络人开始越发怀疑他的忠心，他自己也觉得受到了威胁，害怕身份曝光后遭到可怕的报复。最终决定他命运走势的事情是这样的，阿尔伯马尔公爵乔治·蒙克将军手下有一位官员，在赫特福德郡莫尔公园（Moor Park）附近的一所房子里搜查叛党时发现了阿尔登的一个衣箱。里面放着内德·弗农上校和爱尔兰国务大臣乔治·莱恩爵士写给这位间谍的信，暴露了他的各种卧底行动。不幸的是，这位官员把信交给阿尔伯马尔公爵前就已将信件内容公之于众了。阿尔登的卧底身份最终彻底遭到曝光。出于安全考虑，他在解聘后被迫回到爱尔兰。政府为了对他表示感谢，发给他每年100英镑的年金，但是可以预见的是，国库发放这笔年金的时间并不规律。他在讨要国库拖欠的巨额薪水时，经历了相当多的坎坷。[16]也许，世上终归还是存有一些正义的。

先前当过间谍的马丁·贝克曼，即那位跑步速度飞快、在布拉德偷盗王室珠宝时将其抓获的军事工程师，后来迎娶了塔尔博特·爱德华兹的女儿伊丽莎白。他们生育了好几个子女，但是没有一个能够幸运地活到成年，伊丽莎白也于1677年去世了。后来，他又再婚了。那一年，贝克曼被任命为"首席工程师，负责管理国王陛下在英格兰、威尔士和贝里克（Berwick）所有的城堡、堡垒、碉堡以及其他的防御工事"，[17] 他从事军事工作之余，还组织了让人印象深刻的焰火表演。1702年6月24日，贝克曼死于伦敦塔中。[18]

一方面，布拉德昔日的同伙们根本无法摆脱密谋叛国的脾性，另一方面，他的一个家人则继续从事着家族事业，当上了间谍。他的第五个儿子查尔斯在父亲过世后成了约克公爵的线人，于1681—1683年向公爵至少发送了两次报告，就威胁公爵生命安全的阴谋，以及他继承兄长的王位后意在颠覆政权的潜在阴谋向他发出过警告。

他的第一个警告是：

> 绝大多数最危险的阴谋……还在继续，置您的人身安全及利益于险境，比最近的谋杀阴谋涉及的范围更广，也更加危险，不仅包括了策划那起阴谋的原班人马，还涉及来自城市和乡村的数目惊人的平民和乡绅。如果您愿意，我可以把他们的邪恶意图告诉您，虽然这会费些力气，但我可以百分之百确定自己能了解到他们密谋过程中的每一个详细的环节。[19]

俗话说得好，有其父必有其子。查尔斯非常明白应该如何标榜自己作为间谍的价值，他还暗示说情报收集是一项非常昂贵的工作，值得获得慷慨的报酬。

查尔斯·布拉德在第二份留存下来的报告中警告说新教徒意图

反对詹姆斯登基,"认为这会危及他们的生命和财富"。白金汉和他的同僚弗朗西斯·詹金斯也加入了某些人"组建的团体",还招募了"大量有资格提供武器并持有武器的人"。他们已将这些装备免费提供给了那些买不起武器的人,其中就包括一种类似于战戟[20]的武器,"但是比它还要危险"。布拉德称他们已经制造出"大量"战戟,并将其发给了那些不会使用步枪的人。这些革命者还购买了马匹和枪支,包括霰弹枪,以及一种可以"防住卡宾枪子弹的"丝甲。[21]

其中有一条线索。拉尔夫·亚历山大上尉因其发明的"丝甲"而闻名,这种甲衣大概是用织物覆盖在金属板上制成的,"他已为富贵之人……以及宫中人士制作过很多套了"。[22] 根据一些报告中提到的 1683 年由布拉德昔日的伙伴们发起的阴谋,其突出特点恰好是使用了拉尔夫的丝甲,战戟的制造商也引人注目。布拉德之子提供的情报,也一定是指的那场阴谋。

查尔斯后来在伦敦当上了律师。

至于布拉德那两个在海军服役的儿子,[23] 威廉在 1688 年死在"玛丽号"上[24],当时这艘战舰正航行至现在西非几内亚共和国海岸附近的海域。[25] 那年晚些时候,人们收拾了他的财物和盘缠,经由他妹妹伊丽莎白的批准,人们对这些遗物进行了估价,但只值 15 英镑。[26] 埃德蒙于 1679 年在伦敦去世,将一半财产留给了威廉,另一半留给了伦敦的捻丝匠托马斯·张伯伦,此人是马修·张伯伦之子。[27]

1672 年,布拉德的第三个儿子霍尔克罗夫特在父亲不知情或者未许可的情况下加入了皇家海军,并于第三次英荷战争期间在海上服役。后来他以假名"勒蒂尔（Leture）"加入了路易十四的法国卫队，成为一名候补军官，并在法国军事学院学习了工程学。1676年4月，父亲布拉德在克莱尔郡为他谋得了一份治安文书工作。[28] 两年后，查理二世颁给他一张缺席许可证，因为他必须"遵从王命，留在英格兰为国王效力"。[29]

1686年，他与律师理查德·金守寡的儿媳伊丽莎白·福勒（Elizabeth Fowler）在伦敦的圣潘克拉斯教堂（St Pancras）举行了婚礼，并在1688年10月被任命为詹姆士二世炮兵训练营的先锋队长。光荣革命（Glorious Revolution）之后，奥兰治亲王威廉和他的妻子玛丽共同执政，霍尔克罗夫特被提拔为炮兵营的次席工程师，并被派往爱尔兰。霍尔克罗夫特在爱尔兰参与了打击詹姆士二世党人（Jacobite）势力的主要围攻及战斗。他在1689年8月攻占安特里姆郡的卡里克弗格斯时，次年2月在蒂珀雷里郡（Co. Tipperary）的卡舍尔（Cashel），以及1690年7月1日在决定性的博因河战役（Battle of the Boyne）[30] 中，3次身负重伤。1696年2月，他被破格提拔为英格兰次席工程师，每年可以得到250英镑的收入[31]，那年5月，他还因为抓到了一个企图暗杀威廉的主谋而获得了180英镑的奖赏。

他曾在对法战争中效力于马尔伯勒公爵（Duke of Marlborough）麾下，担任炮兵营上校一职。1702年9月，在荷兰东南部围攻芬洛（Venloo）时，卡茨勋爵（Lord Cutts）成功袭击了小镇的外围防御工事，他汇报称工程师和先锋兵们

在这位具有首席工程师魄力的布拉德上校的带领下……

持续不断地为我们部署进攻位置。他见我离开工事，便表现出一名军官应有的勇猛，管理着兵士们，还手持利剑杀死了一名内讧的投弹手。[32]

1704年8月2日，他成功指挥盟军炮兵团在布伦海姆（Blenheim）取得了胜利，被擢升为准将。

霍尔克罗夫特与玛丽·安德鲁斯夫人有过一段很长时间的情史，他的妻子因为厌恶这种背叛，于是离开了他们婚后安在伦敦的家。那年10月，他想与妻子和解，但却以二人公然吵闹而尴尬收场。她想以家庭暴力为由，拿到拘捕霍尔克罗夫特的逮捕令，但他的律师兄弟查尔斯却阻止了她。而后，她以霍尔克罗夫特与人通奸及凶残虐待他人为由，向伦敦的宗教法庭提出分居申请，但霍尔克罗夫特却反证说不忠的一方其实是她，随后，她的诉讼遭到驳回。[33]

霍尔克罗夫特后来又回到佛兰德斯服役，并于1707年8月19日在布鲁塞尔（Brussels）去世，年仅50岁。根据他的遗嘱，威斯敏斯特市圣安妮教堂（St Anne's Soho）出生的儿子小霍尔克罗夫特[34]将得到了每年200英镑的遗产，为期99年。被他称作"我亲爱的、挚爱的朋友，荷兰省多特市（Dort）的多萝西·库克（Dorothy Cook）夫人"的母亲，得到了100英镑的年金。她还得到了"所有的现金、盘子、珠宝、手表、家用物品以及样式夸张的家具。"

他的妻子伊丽莎白得到了40先令（2英镑）。[35]

我们对布拉德的两个女儿玛丽和伊丽莎白的命运没有进一步

了解，但是 1707 年时二人都还健在，因为她们根据霍尔克罗夫特的遗嘱，每人得到了 50 英镑的遗赠。

埃德蒙是霍尔克罗夫特亡兄留下的两个遗孤中的老大，霍尔克罗夫特在这孩子三四个月大时就开始保护并照管他了。[36] 埃德蒙的母亲在都柏林去世时，他和叔叔正住在荷兰。这孩子后来在纽约州（New York state）的首府奥尔巴尼（Albany）服役于英国陆军。1734 年 7 月，他对生活在都柏林米思街的亲戚玛丽·布拉德夫人说，自从 18 岁起，"我便开始在海外为国王效劳了"。

埃德蒙这封信是围绕着一段悲惨的故事展开的，故事的主题是布拉德家族那份失落已久的地产：国王查理一世在米思郡和威克洛郡恩赐给布拉德的大片土地。但当布拉德上校被褫夺公民权利后，1666 年 4 月，他的财产被赐给了托比·巴恩斯上尉[37]，为期 31 年。布拉德后来得到王室赦免，查理二世命令爱尔兰总督和法官为他开具纠错令，撤销其因谋逆罪而被褫夺的公民权利。不幸的是，这份纠错令要么就是没开具出来，要么就是在都柏林城堡的政府档案馆里被人遗失了。

1688 年，巴恩斯去世，但他的继承人都住在英格兰。他们把房屋租给了"天主教徒……那片土地就此荒废下来"。掌管着上诉法庭（Court of Requests）的第一代利斯本子爵（Viscount of Lisburne）亚当·洛夫特斯（Adam Loftus）[38] 将他们的地产所有权授予了玛丽·斯隆（Sloane），她后来又将其转让给了约瑟·亨利，据说，亨利后来又把所有权留给了自己的儿子休。到 1734 年 11 月为止，这些地产每年可以产出 500 英镑。[39]

作为布拉德上校的孙子以及那个耽于盗抢勾当的小托马斯·布

拉德的儿子，埃蒙德·布拉德想以直系后嗣的身份要回这些产业。他告诉玛丽·布拉德说应该对休·亨利的产业所有权进行调查，"如果他不愿自觉出示所有权证明，他就必须找到一份具有同样效力的产权短期票据"。埃德蒙的女婿理查德·威廉斯"最近从都柏林过来……再加上您的善意帮助，可以使这件事的调查工作以及任何需要完成的工作都变得非常顺利"。

我恳求您……给我回信，让我知道您都从中做了哪些努力，无论您在这件事上产生了任何开销，都请您告诉我，为了方便起见，我将从伦敦或都柏林准时把钱给您汇过去。

他让她将回信寄给"住在美国北部奥尔巴尼的商人亨利·霍兰（Henry Holland）家里的埃蒙德·布拉德上尉，由伦敦商人约瑟夫·尼科（Joseph Nico）先生负责转交"。[40]

尽管他们做出了最大努力，但布拉德家族显然没能在爱尔兰收复他们失去的土地。

1671年，继上校企图盗窃王室珠宝未遂后，安防措施立即做出了新的调整。1710年，外国游客扎卡赖亚斯·冯·乌芬巴赫（Zacharias von Uffenbach）参观马丁塔时称自己进入了一个"阴暗狭窄的洞穴"，而王冠就安放在那里。游客进入后，坚固的外部大门便会紧紧关上，门里面紧锁着门闩，门外由哨兵严加把守。扎卡赖亚斯和同行的游客们坐在木质长凳上，透过"坚固的铁格栅"观看珠宝。70多年后，威廉·哈顿（William Hutton）被带到马丁塔内"偏僻角落里的一扇门旁"，这里可以通往一个"阴暗的洞口,类似于死囚的牢房"。

到了 19 世纪,游客们参观时还会见到一位相当傲慢的女管理员,有些不太厚道的美国游客称她是"老巫婆",她手里拿着一根蜡烛,像高级女祭司一样管理着王室珠宝。这些安防措施一直沿用到 1840 年,王室工程师们建成了一座新的哥特式复兴珍宝室(Gothic Revival Jewel House),建造经费来自游客参观城堡的入门费。不幸的是,这座新建筑非常潮湿,而且不防火,所以在 1870 年遭到拆除。1867 年,韦克菲尔德塔开始接受改造,用于存放王冠。自此之后,这些王冠就被放在了一个"巨大的展示笼里",外面还安着栅栏。[41] 然而,到了 20 世纪 60 年代,游客数量激增。于是,1967 年,滑铁卢军营(Waterloo Barracks)那里又专门新建了一座珍宝馆。1994 年,马丁塔被新建的珍宝馆彻底取代。[42]

布拉德的冒险经历中罕有人员伤亡,而年迈的王室珠宝管理员塔尔博特·爱德华兹不巧算是一个。正如我们之前所见,他死于 1674 年,很可能是因为布拉德及其同伙对他造成的伤害所致。他死后安葬于伦敦塔的教区教堂——圣彼得及温库拉小教堂(St Peter ad Vincula)[43] 的王室礼拜堂。[44] 他的墓碑上写着:

> 此处安葬着塔尔博特·爱德华兹,曾为陛下的王室珠宝管理员,辛于 1674 年 9 月 30 日,享年 80 岁零 9 个月。

如果说世事无常,人在亡故之后亦是如此。

弗利特河畔监狱关闭后,1842 年,内政大臣詹姆斯·格雷厄姆爵士(Sir James Graham)把爱德华兹的墓碑"连同伦敦塔内其他人"的墓碑从墓冢上扒了下来，用来修葺位于萨瑟克的英国高等法院（Queen's Bench）监狱中的公共厕所。在利用旧料修缮厕所的过程中，有人认出墓碑上镌刻的文字，因为文字的内容，结果这块石碑又被送回了伦敦塔。[45]

不幸的是，它没被重新放回王室礼拜堂，而是被人用作了博尚塔（Beauchamp Tower）前一幢房屋的铺路石。该塔的副中将威廉·菲茨杰拉德-德-罗斯（William FitzGerald-de-Ros）将军于1852年在那里发现了这块墓碑，在此人的帮助下，石碑最终被安置在了圣彼得教堂的南墙上。[46]

大事年表

1595 年	布拉德家族在爱尔兰的创始人、任职于伊丽莎白一世军队的骑兵队长埃蒙德·布拉德前往爱尔兰镇压叛乱。后来,他辞去军职,在克莱尔郡购置了财产,还在 1613 年当选恩尼斯自治市议员,占据了该市在爱尔兰下院两个议员席位中的一席。
1618 年早期	托马斯·布拉德在米思郡的萨尔内降生,是埃德蒙的第三个儿子托马斯·布拉德之子。
1640 年	小托马斯·布拉德被任命为米思郡的治安法官。
1641 年 10 月	天主教徒在阿尔斯特发动叛乱,爱尔兰同盟成为实质上的爱尔兰政府。
1642 年 3 月 19 日	威斯敏斯特通过了《投机法案》(Adventurers' Act),授权筹措经费镇压爱尔兰叛乱;凡捐出 200 英镑者,皆可获得 1000 英亩从叛军那里没收的土地。
1642 年 8 月 22 日	国王查理一世在诺丁汉召集王室军队;在英格兰发起了对抗议会的内战。布拉德可能从 1643 年 5 月开始担任保王党上尉,1645 年 8 月参加了攻占多塞特郡舍伯恩城堡的行动。
1648 年 10 月 28 日	布拉德可能是遭到围困的约克郡卫戍区庞蒂弗拉克特城堡中的一员,可能参与了保王党拙劣的绑架计划,还导致议会指挥官托马斯·雷恩巴勒上校在唐克斯特

	殉职牺牲。
1649年1月30日	国王查理一世在白厅的宴会厅遭到处决。
1649年8月15日	克伦威尔带着1.2万名新规范军以及大批攻城炮兵在都柏林登陆,打算镇压爱尔兰同盟的叛乱。
1649年9月11日	经过8天围攻,德罗赫达最终沦陷;3000名强悍的守军中的绝大多数已经阵亡,另外还有一些天主教教士和平民也在这次围攻中丧生。
1649年10月11日	经过9天围攻,韦克斯福德最终沦陷;有2000名守军以及大约1500名平民丧生。
1650年	布拉德在内战各方之间摇摆不定,最初担任骑兵营掌旗官,然后在议会军中被提升为中尉,可能还在前往兰开夏郡之前在爱尔兰为克伦威尔短期效力。
1650年6月21日	布拉德在兰开夏郡的纽彻奇迎娶了芳龄17岁的玛丽·霍克罗夫特。她是议会成员兼英雄中校约翰·霍尔克罗夫特与妻子玛格丽特的长女。
1651年3月30日	布拉德的长子托马斯在兰开夏郡的纽彻奇接受洗礼。
1652年8月12日	在威斯敏斯特通过了针对爱尔兰的《安置法案》。
1653年4月	最后一拨爱尔兰同盟军在卡文郡(Co.Cavan)向议会军投降。
1653年7月	下令将爱尔兰的地主转移到康诺特省以及香农河以西的其他区域。
1655—1658年	爱尔兰的"地籍调查"确保了爱尔兰被没收的土地都能得到最有效的重新分配。
1656年4月22日	布拉德的岳父、约翰·霍克罗夫特中校被安葬在兰开夏郡的纽彻奇,身后留下一连串关于领地所有权的法律纠纷。
1658年9月3日	奥利弗·克伦威尔卒于白厅,享年59岁。
1660年5月8日	君主制复辟:查理二世于生日当天进入伦敦,于1661年4月23日在威斯敏斯特大教堂加冕为王。

	为加冕仪式打造的新王冠取代了之前被英联邦变卖或损毁的旧王冠。
1662年5月19日	在威斯敏斯特通过了《统一法案》，强化圣公会的宗教仪式。
1662年9月27日	爱尔兰议会在都柏林通过了《安置法案》。布拉德失去了大部分的财产。
1662年9月	布拉德计划夺取爱尔兰的控制权。
1663年3月9或10日	这是最初企图在都柏林城堡发动政变的日期，但这次阴谋遭到泄露，所以攻击行动被迫推迟。
1663年3月	异教极端分子在伦敦成立了委员会。企图策划谋杀国王、约克公爵、阿尔伯马尔公爵及克拉伦登伯爵爱德华·海德大法官。
1663年4月中旬	爱尔兰总督、第一代奥蒙德公爵詹姆斯·巴特勒听说了妄图夺取都柏林城堡的复兴计划，被人抓住做了人质。
1663年5月21日	密谋者们计划夺取都柏林城堡，但是，为了让更多叛军进城，袭击行动被推迟了一周。 军队在都柏林的清晨突袭行动中抓捕了24人，其中包括政府的卧底线人菲利普·阿尔登。布拉德和其余同谋则逃之夭夭，其中一些人逃往苏格兰。5月的最后一周还展开了进一步的抓捕行动。 奥蒙德让爱尔兰议会一直休会到7月21日。
1663年5月23日	发布公告，悬赏100英镑抓捕9名曾有官职的逃犯，其中包括了"托马斯·布拉德中尉"以及参与实施阴谋的两名长老会牧师。
1663年5月30日	奥蒙德签署迁出令，"将某些居民迁出都柏林，旨在提升该市的安全性"。
1663年6月14日	70名密谋者被捕。不顾一切地回到都柏林去看望妻子的布拉德再次从该市成功逃走，他披上了各种伪

	装——包括伪装成一位天主教神父。他藏身于阿尔斯特和威克洛的丘陵及山地,避过了几次抓捕行动。
1663 年 6 月 18 日之前	政府线人菲利普·阿尔登弄坏窗户上的铁栅栏,从都柏林城堡"最高的塔楼"越狱逃走。
1663 年 6 月 25 日	都柏林的王座法庭开始审理爱德华·沃伦、理查德·汤普森以及特利姆议员亚历山大·杰夫森的高级谋逆罪。第四被告是长老会牧师威廉·莱基(布拉德的苏格兰妹夫),他也接到了法庭传唤,但却表现出精神失常的症状(后来被人发现是装疯)。
1663 年 7 月 1 日	莱基被判犯有谋逆罪,但因为他神志不清,所以诉讼程序一直停滞不前。
1663 年 7 月 8 日	沃伦、汤普森和杰夫森被判犯有谋逆罪,并被判处了绞刑和分尸之刑。
1663 年 7 月 15 日	沃伦、汤普森和杰夫森在加洛斯格林(现在都柏林的下巴贾特街,位于现在横跨于大运河上的大桥附近)遭到处决。对杰夫森实施绞刑后,街上发生了"火警"——很可能是有人想劫法场,人群在恐慌中四散逃走。汤普森指责布拉德把自己"拉入"了这场阴谋。
1663 年 10 月 12 日	计划在英格兰北部起义的日期。由前议会官员们组织的大规模暴动变成了先发制人的匪首抓捕行动。
1663 年 11 月 14 日	莱基穿着他妻子的衣服,乔装后逃离了都柏林的新门监狱,但不久之后就被重新抓获,并于 12 月 12 日遭到处决。
1664 年	布拉德逃到荷兰,结识了荷兰的海军英雄米希尔·德·鲁伊特,3 月回到伦敦,结交了第五王国派。
1664 年 9 月	布拉德卷入一场未遂的伦敦阴谋,意图在怀特霍尔宫袭击查理二世,夺取伦敦塔。
1664 年 12 月	有人报告称布拉德在爱尔兰。
1665 年 5 月	黑死病在首都大暴发。伦敦这场大瘟疫最终于 1666

	年2月彻底平息，夺去了大约12万市民的生命，相当于该城人口总数的15%。
1665年10月	长老会成员在利物浦举行秘密会议，进行战略谋划。爱尔兰特遣队由布拉德和他在都柏林城堡阴谋中的同伙威廉·穆尔中校率领。
1666年2月	布拉德和"吉比"·卡尔上校（另一个从前的同谋）在爱尔兰密谋夺取利默里克市。
	布拉德和他的朋友约翰·洛克耶前往尼德兰联邦，被当作间谍抓了起来。出狱后，布拉德在瑞士拜访了共和派的弑君者埃蒙德·拉德洛，想劝他结束流亡生涯，回国后一起合谋推翻查理二世的统治，但他未能成功说服此人。
	他可能是一名双重间谍，为查理二世的秘密特工组织头目约瑟·威廉森效劳。
1666年4月	查理二世将布拉德留在爱尔兰的财产赐给了托比·巴恩斯上尉。
1666年8月	布拉德参与了一桩新的爱尔兰阴谋。
1666年9月2—5日	身处伦敦的布拉德又一次逃过了抓捕。
	炎热的夏季过后，接着1665年11月开始又迎来了持续干旱的冬季，致使伦敦发生了一场火灾。伦敦大火摧毁了这座中世纪城市里超过1.3万所房屋、87座教区教堂及老旧的圣保罗大教堂。随后，布拉德遭到（错误的）指控，认为是他纵火引发了这场火灾，但是后来经过调查，发现这只是一起意外事故。
1666年11月28日	布拉德可能参与了苏格兰彭特兰爆发的那场失败的起义，在洛锡安区（Lothian）的鲁里昂格林战役中遭到镇压后彻底溃败。他毫发无损地逃跑后穿过了英格兰边界，开始在兰开夏郡的沃灵顿以及曼彻斯特地区生活。

1667 年	布拉德携同家眷回到伦敦，化名为"艾利夫医生"，在埃塞克斯的罗姆福德当上了江湖郎中兼药剂师。他的妻子生活在米德尔塞克斯郡肖尔迪奇的一家药店里。
1667 年 7 月 25 日	在约克郡唐克斯特附近的达灵顿救走了军队押解护送到约克接受审讯的同伙约翰·梅森上尉。布拉德身负重伤。
1670 年	布拉德的长子托马斯放弃了自己的药剂师学徒身份，断断续续地靠杂货和绸布生意维持生计但都不太成功，于是在萨里当上了拦路抢劫的盗匪。他后来被人擒获，7 月 4 日，被萨里的巡回法庭定罪后便被短期羁押在了萨瑟克的马夏尔西监狱中。
1670 年 12 月 6 日	布拉德企图在伦敦的圣詹姆士，趁着第一代奥蒙德公爵詹姆斯·巴特勒从市政厅款待奥兰治亲王的国宴离席回家之际，对其实施绑架或谋杀。 布拉德可能是第二代白金汉公爵乔治·维利尔斯雇用的刺客。
1671 年 5 月 9 日	布拉德一行人企图从伦敦塔偷走王室珠宝。
1671 年 8 月 1 日	布拉德得到特赦，他所有罪行被赦免，还在爱尔兰获得大片封邑，每年可获得 500 英镑的土地收入。 他成为政府间谍，在英国和荷兰效力。他还是一名私人中介，为宫廷人士提供他们所需的情报，用于实现他们的雄心壮志。
大约为 1675 年	布拉德的长子托马斯去世，死因不详。他的妻子成为寡妇，身后还留下一个幼子，他的弟弟霍尔克罗夫特则将这个孩子抚养长大。
1679 年	布拉德可能贿赂收买了证人作伪证指控第二代白金汉公爵乔治·维利尔斯有鸡奸行为。他因亵渎他人、结党营私和贿赂唆使等罪接受了审理，遭到处罚并被收监入狱。

	白金汉提出诉讼,指控布拉德及其同伙诽谤污蔑,索赔1万英镑的损失费。
	布拉德在监狱里发烧生病,后于1680年7月获释。
1680年8月24日	持续生病两周之后,布拉德在威斯敏斯特的家中去世,终年62岁,从他家里可以俯瞰保龄街。他死前可能得了中风。
1680年9月1日	威斯敏斯特市的公审法庭决定掘坟验尸,进而确认托马斯·布拉德上校的死亡事实。由于尸体高度肿胀腐烂,根本无法辨认,即便有一陆军上尉发誓称从拇指上一处增生的旧伤就可肯定尸体正是布拉德本人,但是由23名认识布拉德的人组成的陪审团依然无法做出裁决。

主要人物表

托马斯·布拉德及其家人

查理·布拉德 托马斯·布拉德与妻子玛丽的第五子。大约在1681年为约克公爵詹姆斯提供情报,警告称"还有大批针对他的阴谋"以及一桩企图谋反并弑杀国王查理二世的阴谋。他后来当上了律师,1700年10月,霍尔克罗夫特·布拉德的分居妻子向丈夫提起诉讼,查理为哥哥提供了法律辩护。

埃德蒙·布拉德(出生日期不详,约卒于1645年) 来自德比郡的马可尼。1595年,任职伊丽莎白一世军队中的骑兵队长,前往爱尔兰镇压休·奥内伊领导的叛乱。后来辞去军职,在克莱尔郡购置了土地,还在1613年4月当选恩尼斯自治市两名爱尔兰下议院议员中的一位。他与第一任妻子玛格丽特总共育有三子:尼普顿(生于1595年)、埃蒙德(卒于1615年)以及老托马斯·布拉德。妻子死后,他又迎娶了玛丽·霍尔克罗夫特或兰开夏郡的霍尔克罗夫特,1600年与其生育了第四子威廉。他可能还有第三次婚姻。

埃德蒙·布拉德 托马斯·布拉德与妻子玛丽的第四子。1670年10月17日,他在朗伯斯以见证人的身份签收了大哥的遗物,包括一柄剑、一根腰带和几把手枪。很可能是因为受雇于东印度公司,他去过两次东印度群岛。后来在"泽西号"舰船上担任乘务长。1679年在伦敦去世。

伊丽莎白·布拉德 托马斯·布拉德与妻子玛丽的小女儿。嫁给了爱德华·埃弗拉德(Edward Everard)。1688年签署了哥哥威廉的财产清单。1707年,根据哥哥霍尔克罗夫特的遗嘱，获得了 50 英镑的遗赠。关于她的更多消息不详。

霍尔克罗夫特·布拉德（约 1657—1707 年）　托马斯·布拉德与妻子玛丽的第三子。于 1672 年未经父亲允许就加入了王室海军，一直服役到第三次英荷战争。后来他用假名"勒蒂尔"加入法国卫队，当上了候补军官，并在那里学习军事工程学。他在兄长托马斯大约于 1675 年去世后，代为抚养了兄长的幼子埃蒙德。1676 年 4 月，被任命为克莱尔郡的治安文书兼地方执法官。1686 年，迎娶了律师理查德·金的丧偶儿媳伊丽莎白·福勒。3 年后，晋升为爱尔兰炮兵营的次席工程师，1689 年，在安特里姆郡攻占卡里克弗格斯时，翌年 2 月在蒂珀雷里郡的卡舍尔时，以及 1690 年 7 月参加博因河战役时多次负伤。1696 年 2 月晋升为英格兰次席工程师，并在马尔伯勒公爵的军营中担任炮兵指挥官，于 1704 年 8 月 2 日参加了布伦海姆战役。后来被提拔为准将。他因不忠行为导致了夫妻分居，1700 年，他的妻子起诉他实施家庭暴力，但他的律师弟弟查理却为他进行了成功的辩护。1707 年 8 月 19 日，霍尔克罗夫特在布鲁塞尔去世，留下了他与霍兰德多特的情妇多萝西·库克的私生子——住在伦敦圣安妮教堂的霍尔克罗夫特（卒于 1724 年）。

玛丽·布拉德　娘家姓氏为霍尔克罗夫特（1633—约 1672 年）　约翰·霍尔克罗夫特中校与妻子玛格丽特的长女。1650 年 6 月 21 日，在兰开夏郡的纽彻奇嫁给了托马斯·布拉德。夫妇二人总共育有 7 名子女。1667 年，她用韦斯顿这个假姓氏与儿子托马斯·布拉德一起生活在伦敦北部肖尔迪奇的一家药店里。1670 年，她和其中一个女儿待在乔纳森·戴维斯校长位于萨里郡莫特莱克的家中。但是奥蒙德遇袭后的第二天，她便非常谨慎地离开了那里。1671 年，据说她在兰开夏郡抱恙在身。

玛丽·布拉德　托马斯·布拉德与妻子玛丽的长女。嫁给了科比特。1707 年，根据哥哥霍尔克罗夫特的遗嘱，得到了 50 英镑的遗赠。关于她的更多消息不详。

尼普顿·布拉德（1595—1692 年）　埃蒙德·布拉德与他的第一任妻子玛格丽特的长子。在穿越圣乔治海峡（St George's Channel）前往爱尔兰的途中出生。1623 年 3 月成为正式任命的牧师，1663 年被任命为基尔费诺拉的主任牧师。第一次内战期间，曾在牛津郡为国王查理一世效劳。是小托马斯·布拉德的叔叔。一生结婚三次，他与第三任妻子所生的第四子尼普顿·布拉德继承了他的主任牧师职务。

老托马斯·布拉德（1598—1645年）　德比郡马可尼以及爱尔兰克莱尔郡的科伊尔纳博易的埃蒙德·布拉德（大约卒于1645年）与妻子玛丽特所生的第三子。生于科伊尔纳博易，后来在米思郡邓博因的萨尔内当铁器商人。关于他妻子的详细情况不详。他至少有两子一女。1645年在萨尔内去世。

小托马斯·布拉德上校（1618—1680年）　用过的假名有艾伦、艾利夫和莫顿。生于米思郡邓博因的萨尔内，很可能是老托马斯·布拉德的长子。1640年被任命为治安法官，并于1642年之后参与镇压了爱尔兰同盟起义。曾在内战中，还可能在1645年攻占多塞特的舍伯恩城堡，以及三年后攻占约克郡的庞蒂弗拉克特城堡时为保王党效力。到了1650年，他改变了支持的对象，开始在爱尔兰为议会军作战。1650年6月21日，他迎娶了兰开夏郡约翰·霍尔克罗夫特中校的长女玛丽，二人总共育有5子——托马斯、威廉、霍尔克罗夫特、埃德蒙和查理，以及2女——玛丽和伊丽莎白。根据1652年的《安置法案》，他在爱尔兰失去了获封的1426英亩土地，因此怨恨丛生，走上了利用暴力阴谋反抗爱尔兰、苏格兰及英格兰政府的漫长道路，进而推动长老会事业。1670年12月，他企图谋杀奥蒙德公爵，次年又从伦敦塔偷走了王室珠宝。随后，他得到赦免，还被赐予了爱尔兰土地的年金。1672年，他成为政府间谍，在英格兰和荷兰工作，还接受宫廷人员的私人雇用，从而实现这些人的野心。1679年以后，他陷入了各种天主教阴谋，可能还贿赂教唆证人对第二代白金汉公爵乔治·维利尔斯进行过指控。后者则以诋毁诽谤的罪名对布拉德及其同伙提出起诉，索要1万英镑的损失赔偿金。他因亵渎他人、结党营私和贿赂教唆等罪接受了审理，遭到处罚并被收监入狱。布拉德在监狱里发烧生病，然后于1680年7月获释。布拉德在威斯敏斯特的家中去世，从他家可以俯瞰保龄街。但是有人认为布拉德的死只是他施展的又一个把戏，于是他的尸体被挖了出来，因为拇指上一处增生的旧伤，才被人确认尸体确是布拉德本人。

托马斯·布拉德三世　化名为"托马斯·亨特"（1651—约1675年），小托马斯·布拉德与妻子玛丽的长子。生于1667年兰开夏郡的纽彻奇。1667年，他和母亲生活在肖尔迪奇的一家药店里，用的是假姓"韦斯顿"。那年晚些时候，他开始在萨瑟克给苏格兰药剂师塞缪尔·霍姆斯当学徒，此人先前是议会军的外科医生。但他只当了半年学徒就放弃了，然后来到埃塞克斯郡的罗姆福德，协助父亲冒充江湖郎中。后来，他开始单干，最初当上了杂货商，后来又从事了绸布生意。他欠下重债，于是开始用假名"托马斯·亨特"在萨里郡拦路抢劫。1670年7月4日，他因为前一年5月企图袭击抢劫治安官约翰，在萨里郡吉尔福德（Guilford）的巡回法庭被罚款67英镑后关进了萨瑟克的马夏尔西监狱。他父亲给他交了两次保释金后他才重获自由。他还参与袭击了奥蒙德公爵，偷走了王室珠宝；最终得到赦免。他迎娶了德拉费（Delafaye）或德拉艾（Delahaye）小姐，可能育有两名子女。他的长子埃蒙德由母亲及叔叔霍尔克罗夫特抚养长大，后来生活在纽约州的首府奥尔巴尼，并于1734年担任了英国陆军上尉一职。

威廉·布拉德 托马斯·布拉德与妻子玛丽的次子。在"泽西号"战舰上担任管理员。1688年，在护卫舰"玛丽号"上去世，当时该舰正停泊在现在西非几内亚共和国海岸附近的海域上。他留下的遗物只值15英镑。

约翰·霍尔克罗夫特中校（卒于1656年）。兰开夏郡的骑士家庭成员，得益于宗教改革成果。1640年成为利物浦议员。1644年担任利物浦市长。1646年成为威根市议员。1648年12月，因为"普莱德清洗"被逐出议会。1642年7月在曼彻斯特参与了内战中的第一次小规模冲突，1643年3月为议会负责守卫兰开斯特。迎娶了玛格丽特，她是曼彻斯特的约翰·亨特的女儿兼联合继承人。二人育有两儿三女，其中一人年幼夭折。长女玛丽嫁给了小托马斯·布拉德。约翰·霍尔克罗夫特死后，针对他的财产所有权以及产业处置权问题，展开了一系列花费高昂的法律纠纷。

布拉德的同伙

约翰·阿特金森 曾为议会军的军官。1660年君主制复辟后当上了织袜商。1663年北方叛乱失利后，他乔装成劳工，逃到了达勒姆。1664年回到伦敦，用"彼得·约翰逊医生"这一假名生活在伦敦城东边加里克山（Garlick

Hill）的伍斯特公寓（Worcester Court）。

政府间谍威廉·莱文将他描述成"身材矮小的棕发男人……很瘦……40岁左右"。1664 年 9 月，他在伦敦遭到逮捕，却又得到了释放。1665 年年初，他打算逃到低地国家去，但却遭到逮捕，然后扭送到约克的巡回法庭接受审理。他后来的命运不详，但很可能因谋逆罪被判处了死刑。

蒂莫西·巴特勒　17 世纪 60 年代在伦敦以军需官身份参与了多次反政府阴谋，"受到委托负责采购武器"。1667 年 7 月 25 日，与布拉德合谋营救了约翰·梅森上尉。

吉尔伯特·卡尔上校，"吉比"　加入了从伦敦塔营救第一代阿盖尔侯爵阿奇博尔德·坎贝尔的阴谋。曾为 1663 年攻占都柏林城堡这一拙劣阴谋的主要谋划者，后来可能在事情败露后逃到了苏格兰。他制造了一个不在场证明，称阴谋实施期间，他正待在尼德兰联邦的鹿特丹。1666 年 2 月，他又和布拉德一起参与了企图攻占利默里克城的阴谋。

罗伯特·钱伯斯　长老会牧师，曾于 1660 年发布了一本内容反动的小册子。是攻占都柏林城堡阴谋的策划者，但是为躲避追捕，他一直躲在爱尔兰，直到 1669 年，在经济担保的支持下，妻子为他取得了赦免权，前提是他要在日后保证表现良好。

史蒂芬·查诺克（1628—1680 年）　出生于伦敦的圣凯瑟琳克里教堂（St Katherine Cree）教区。先后就读于剑桥的伊曼纽尔学院（Emmanuel College）以及牛津大学新学院（New College Oxford）。1656—1660 年，担任都柏林圣韦堡教堂（St Werburgh's church）的牧师，以及爱尔兰的议会代表亨利·克伦威尔的前任牧师。参与了 1663 年的都柏林城堡阴谋，后来经由切斯特逃到伦敦，藏在文具商罗伯特·利特尔伯里家中，从那里可以看到小不列颠的独角兽酒馆。1666 年 9 月，他的书屋在伦敦大火中遭到损毁。1675 年，查诺克在伦敦市比肖普斯盖特的克罗斯比开始担任长老会的联合教区牧师，这是他在 1680 去世前的最后一份神职工作。他被安葬于伦敦的科恩希勒圣米迦勒教堂（St Michael Cornhill）。

理查德·哈利韦尔上尉　第五王国派成员，伦敦市比肖普斯盖特的煎锅巷上的烟草商。曾在佛兰德斯和弗吉尼亚（Virginia）担任议会官员。参与了奥蒙德袭击案,被人描述成"中等身材、面部臃肿,带有天花留下的痘疤,面容端庄,头戴棕色短假发,衣服颜色暗沉,年龄在四十岁左右的男子",在偷盗王室珠宝时,他在门外放风瞭望,被人说成是笨贼。他逃脱了追捕。也许他就是当时为托马斯·布拉德写过传记的作家"理查德·哈利韦尔",那部记录了"著名的布拉德先生一生经历的作品"于1680年在伦敦出版。他后来又参与了其他很多反对查理二世政府的阴谋。

威廉·莱基 都柏林三一学院的研究员,米思郡的长老会牧师兼教士。他是布拉德的妹夫,苏格兰人,都柏林城堡阴谋的主要策划人之一。在审判时佯装精神失常,1663年11月14日,穿着妻子的衣服乔装后逃出了新门监狱,但是很快又被捉拿归案,并于12月12日在都柏林遭到处决。

李少校 只有一只手臂,曾为议会军官,是17世纪60年代发动过几次反政府阴谋的伦敦叛军委员会成员之一。

约翰·洛克耶,假名为**罗杰斯** 第五王国派成员。是1663年3月约翰·阿特金森建立的伦敦宗教极端分子委员会的成员之一。1666年3月陪同布拉德去瑞士洛桑拜访过埃蒙德·拉德洛。1667年7月25日在约克郡的达灵顿营救过约翰·梅森上尉,是布拉德的同伙之一。后来得到赦免。

亚历山大·约瑟上校 米思郡安特里姆的爱尔兰下议院议员。1663年都柏林城堡阴谋的主谋之一。1663年7月15日,因谋逆罪在都柏林遭到处决。

罗杰·琼斯 议会军上尉,他创作了内容激进的秘密宣传册《灾难警示语》(*Mene Tekel*)以及1663年印刷的《暴政的垮台》(*Downfall of Tyranny*),由此得来了他的假名"梅内·泰科尔"。1663年参与策划了中途流产的北方起义,还领导了达勒姆郡的起义行动。经历了漫长的逃亡生涯,最终被人抓住,扭送到约克的巡回法庭接受审判,但却逃过了法律的制裁。后来,又参与了其他的反政府阴谋,比如1671年在上议院密谋暗杀国王查理二世。他后来的命运不详。

约翰·梅森 议会军上尉、"浸礼会将军"。1663年北方起义的主谋之一。1663年11月15日,在诺丁汉郡特伦特河畔的纽马克特被人擒获。1664年7月初,与他的同伙罗伯特·戴维斯以及托马斯·沃根上校一起从约克的克利福德塔逃了出来,但于1667年再次被捕。1667年7月5日,在唐克斯特附近的达灵顿重获自由。当时,他正由军队护送着前往约克的巡回法庭接受审判,还可能是去赴刑,途中得到布拉德及其同伙们的伏击营救。他后来当上了咖啡馆老板及酒馆老板,一直参与着一些阴谋,其中包括了1670年企图袭击怀特霍尔宫的阴谋。17世纪70年代早期政府大赦,他却拒绝接受赦免。

安德鲁·麦考马克　苏格兰长老会牧师以及都柏林城堡阴谋的主要领导人物。逃到了苏格兰,并于1666年参加了彭特兰起义,1666年11月28日,在洛锡安的鲁里昂格林战役中溃败而逃,其间,与其他49人一同被人杀死。

威廉·穆尔上校　显然是苏格兰的威廉·穆尔爵士之子。1648年,他的步兵团曾在阿尔斯特效力了两年,与迈克尔·琼斯的议会军一起对战爱尔兰同盟军。6年后,穆尔还参与了押送爱尔兰人前往西印度群岛的行动。1657年,他的兵团驻扎在加勒比海地区,只有一个军事法庭提出威胁,让他离开此地。在戈尔韦和阿斯隆驻守了一段时间后,他离开了军队。参与了都柏林城堡阴谋,并于1665年,由伦敦秘密集会的异教委员会派到了爱尔兰。1668年,他居住在伦敦的格雷律师学院街,可能既参与袭击了奥蒙德,又加入了偷盗王室珠宝的行动。

罗伯特·佩罗特　第五王国派成员。在哈里森的新规范军骑兵营里担任中尉。后为伦敦泰晤士街的染丝匠。1671年5月9日,参与盗窃了伦敦塔中的王室珠宝及王冠。与蒙默思公爵一同起程,在(前卫队军官爱德华·马修率领的)叛军组织——黄色军团担任少校,参加了塞奇莫尔之役。他身负重伤,在萨默赛特的布伦登丘陵藏匿几周之后被人抓获,在汤顿遭到处决。

威廉·史密斯　第五王国派成员。可能参与谋划组织了1667年7月对约翰·梅森上尉的营救行动,在1670年参与袭击了奥蒙德公爵。在偷盗王室珠宝时负责把风外加看守马匹,后来成功逃脱。他拒绝接受赦免。1678年被捕后接受了布拉德的审讯。

亚历山大·史泰博少校　生于伦敦德里,是斯特拉班的议员。据说他曾就攻占都柏林城堡阴谋发出过警报,尽管他也参与了此事,但还是得到了赦免,但是国王查理二世对他依然存有戒心。

詹姆斯·坦纳　生于都柏林,曾为爱尔兰议会总督亨利·克伦威尔秘书的簿记员。在1663年5月参与了都柏林城堡阴谋,但是变成了国王的污点证人。

理查德·汤普森中尉 伦斯特省的副宪兵司令。参与了都柏林城堡阴谋。认罪后被改判为普通的绞刑,不再接受之前的绞刑之后再分尸的惩罚。1663年7月15日在都柏林遭到处决,怪罪布拉德将自己拉入了这场阴谋。

爱德华·沃伦少校 前议会军军官,参与了1663年5月的都柏林城堡阴谋。1663年7月15日在都柏林遭到处决。

政府间谍与线人

菲利普·阿尔登 声誉不佳的律师,倒卖爱尔兰充公的土地,还为从前的议会将军埃蒙德·拉德洛当过中间人。后来成为爱德华·弗农上校控制的政府特工。揭发了1663年的都柏林阴谋,为了保护卧底身份,与同谋分子一起遭到逮捕,但后来从城堡内越狱逃走。搬到英格兰后在那里监视着极端分子们的活动,直到1666年开始惹人怀疑。退休后来到爱尔兰,得到了赦免以及一份每年100英镑的养老金,但国库在发放这份养老金时总是时断时续。

约翰·贝特森 与威廉·莱文同为政府间谍,后者曾就追踪约翰·梅森上校所获的薪酬问题进行过抱怨。

威廉·弗里尔/弗赖尔 与威廉·莱文同为政府间谍,1666年曾陪莱文去过爱尔兰。为了赚钱,在莱斯特郡和约克郡重拾拦路抢劫的勾当。

约翰·格赖斯上尉 曾为亚瑟·赫塞尔莱治爵士从事间谍工作,内战时期在纽卡斯尔议员赫塞尔莱治麾下担任骑兵掌旗官。后来在英格兰及爱尔兰为威廉森从事间谍工作,监视极端分子、长老会成员及第五王国派成员之间的活动。于1667年离奇死亡。

约翰·哈里森 烟草商。提供了一条情报称有人打算趁着国王查理二世和约克公爵(可能是沿泰晤士河)乘船出访国外之机实施暗杀行动。布拉德将这条情报上报后答应给他50英镑酬劳,但他却分文未得。

威廉·莱文,化名作威廉·伦纳德 出生于达勒姆。内战期间担任亚瑟·赫塞尔莱治爵士率领的骑兵团里的下级军官,但却因为支持约翰·兰伯特抵制议会控制军队而遭到解雇。莱文参加1663年的达勒姆起义失败后,被关押在约克城堡中,后来成为政府间谍,在英格兰以及一小段时间在爱尔兰从事间谍活动。1667年,因白金汉虚称的谋逆活动而遭到调查。1665年5月及1667年年初,在莱斯特郡和约克郡重拾拦路盗抢的勾当。1665—1666年伦敦大瘟疫期间,失去了大部分家人。1667年8月初遭人毒害,死于约克城堡,很可能是白金汉的特工所为。死后葬于约克。

亨利·诺斯 白金汉公爵的间谍,与威廉·弗里尔同为威廉·莱文的同事。在伦敦向布拉德一伙人举报过莱文。1667年,因白金汉虚称的谋逆活动而在调查期间遭到拘捕。1677年,因在林肯郡斯利福德附近实施拦路盗抢而遭到处决。他曾试图揭发一桩很可能涉及老东家白金汉公爵的阴谋,但却在揭露全部细节前就已被处死。

理查德·威尔金森 揭发了一出企图于1670年在上议院暗杀查理二世的阴谋。但他未能按预想的那样得到特赦和奖励,反倒被关进了威斯特摩兰的阿普尔比监狱中。他的兄弟参与了1663年的英格兰北方起义。

自由职业间谍

马丁·贝克曼/博克曼(Börkman)上尉 瑞典军事工程师及水文学家,1645年起在内战中受雇于英格兰国王。1661年4月,他为查理二世准备加冕典礼的烟花时因为爆炸事故受伤,得到100英镑的赔偿金。1661年6月,贝克曼陪同桑威奇伯爵的探险队前往位于北非海岸线的丹吉尔(Tangier),成为英国驻军的首席军事工程师。1663年10月,他主动提出为西班牙国王腓力四世担任间谍,而后企图将西班牙谋划的相关情报汇报给驻加的斯的英国领事。1663年年末,在伦敦塔服刑半年。获释后,加入了瑞典陆军,但却于1667年重返英格兰,并于1670年10月19日被任命为军械工程师。贝克曼住在伦敦塔,1671年布拉德偷盗王室珠宝时,他也加入了追捕的队伍,因为"制止了这些近来企图偷盗王冠的恶棍"而得到100英镑的奖赏。他迎娶了王室珠宝管理员塔尔博特·爱德华兹的女儿伊丽莎白,1677年被任命为首席工程师,负责"国王陛下的所有城堡、堡垒、碉堡以及其他的防御工事"。1667年,伊丽莎白去世。1686年3月20日,贝克曼得到封爵,1691

年 11 月 7 日入籍英格兰。于 1693 年 8 月 31 日迎娶了的米德尔塞克斯郡斯特普尼（Stepney）的寡妇鲁思·马德（Ruth Mudd）。1702 年 6 月 24 日于伦敦塔去世。

王室成员

查理二世（1630—1685 年） 英格兰、苏格兰及爱尔兰国王。是遭到议会罢免并于 1649 年 1 月 30 日在白厅的宴会厅遭到处决的国王查理一世的长子。1646 年离开英格兰逃往法国以及荷兰的海牙（Hague）。君主制在克伦威尔死后得以复辟，1661 年 4 月 23 日，他在威斯敏斯特大教堂加冕成为国王查理二世。1662 年 5 月 21 日，在朴次茅斯（Portsmouth）迎娶葡萄牙公主凯瑟琳·布拉甘萨时举行了两场婚礼仪式。因为凯瑟琳信奉天主教，所以他们私下按照罗马教仪式举行了一次婚礼，而后又公开按照英国国教仪式举行了第二次婚礼。她因为无法生育，所以只得忍受放荡的丈夫与别人生下 14 个私生子，其中几个孩子的生母正是王后寝室的女官、克利夫兰女公爵芭芭拉·帕尔默。查理二世罹患中风 4 天后死于怀特霍尔宫，死因很可能是尿毒症。他在临终前一晚皈依了天主教。

英格兰国王詹姆士二世兼苏格兰国王詹姆士七世（1633—1701 年） 查理一世幸存下来的次子。1644 年 1 月被册封为约克公爵。君主制复辟后，在 1666 年 9 月的伦敦大火期间负责灭火行动。他于 1668 年或 1679 年皈依了天主教，但直到 1676 年还仍然参加着圣公会的宗教仪式。兄长查理二世去世后，他于 1685 年 4 月 23 日加冕为王。此后，面临着一系列的反叛活动，到了 1688 年 6 月，信奉新教的奥兰治亲王威廉应邀加入了入侵英格兰的行动。11 月 5 日，威廉登陆，12 月 11 日，詹姆士出逃，据说还将英格兰国玺扔进了泰晤士河。1689 年，詹姆士在法国军队的帮助下，带着一小批人马来到爱尔兰，但却在 1690 年 7 月 1 日的博因河战役中被威廉三世打得落花流水。1701 年 9 月 16 日，他因为大出血，死于法兰西岛（Île de France）的圣日耳曼昂莱城堡（Chateau de Saint-German-en-laye），该城堡位于现在的巴黎西郊。

第一代蒙默思公爵兼第一代巴克卢（Buccleuch）公爵詹姆斯·斯科特（1649—1685

年）　查理二世与情妇露西·沃尔特的私生子。参加了第二次和第三次英荷战争。因牵涉了瑞豪斯阴谋而遭到流放。1685年领导叛军意图罢免信奉天主教的叔叔詹姆斯二世，但1685年7月6日却在萨默赛特的塞奇莫尔之役中溃败——这场战役是在英国本土上最后的激战。1688年7月15日，他因谋逆罪在塔丘遭到斩首，刽子手用了五斧才结束行刑。

王公大臣

第一代克里夫兰女公爵芭芭拉·帕尔默（1640—1709年）　嫁给了第一代卡斯尔梅恩伯爵罗杰·帕尔默，但二人却于1662年在他们的长子出生后分道扬镳了。从1660年开始成为国王查理二世的情妇，与国王育有5个公认的私生子，有些孩子是1662年之后她担任王后凯瑟琳·布拉甘萨的寝室女官时所生。1663年皈依天主教。她在宫中是一个雄心勃勃的无情阴谋家，非常喜欢干政，是第二代白金汉公爵乔治·维利尔斯的表妹。由于1673年发布的《宣誓法》有效制止了天主教徒担任公职，她失去了王后寝室女官之职，查理二世也不再宠爱她，转而把露易丝·德·凯鲁阿尔（Louise de Keroualle）当成了自己最心爱的情妇。1705年，她的丈夫去世，她再婚嫁给罗伯特·菲尔丁少将，后来，她以重婚为由对菲尔丁提起了诉讼。

第二代白金汉公爵乔治·维利尔斯（1628—1687年）　詹姆士一世和查理一世最喜爱的宠臣、第一代白金汉公爵之子，在他只有7个月大时，其父便于1628年8月在朴次茅斯的一家酒馆中遇刺身亡。王朝复辟后，白金汉曾有效制止第一代克拉伦登伯爵爱德华·海德出任大法官和首席大臣等高级职务，被后者鄙视为阴险的阴谋家。他经常牵涉进分子的行动，还和已知的叛军保持着联系，1667年，公爵被指控参与了叛国阴谋，又因散播国王的星座以预测君主的死亡时刻而犯下了谋逆罪——自都铎王朝起，此举就被视作谋逆。虽然2月26日就发布了逮捕令，但他一直逃到6月27日才投降被擒，并被扭送到伦敦塔内。白金汉7月19日获释，并且重新得到君王的青睐。然而，他与什鲁斯伯里伯爵夫人的风流韵事致使她丈夫1668年1月与他进行了一场决斗，其间，什鲁斯伯里伯爵受到了致命的伤害。

但是，他在自己家里舒适地安置这位寡妇的行为却引起了众怒。1674 年 1 月，白金汉在议会遇袭。上议院成员们抱怨称白金汉不该继续与伯爵夫人媾和，还将他们的儿子以考文垂伯爵的头衔安葬在了威斯敏斯特大教堂。公爵和他的情妇被迫道歉，并且上缴了总额 1 万英镑的保证金，答应以后不再继续同居。他因撮合英法联盟以及在英国推行天主教而遭到下议院的猛烈抨击，于是，下院恳请国王远离白金汉，废除他在王室的职务，并且永不复用。查理二世立即同意了这一请求。詹姆士二世继位后，这名曾经的阴谋家短暂地回归了公众视野，但因为身体状况不佳以及经济拮据，退休后回到了他位于约克郡赫尔姆斯利的小型住宅。他在那里度过了 18 个月的宁静生活，1678 年 4 月 16 日在位于科克拜穆尔赛德的一户佃户家里去世，据说死因是在打猎时患上了风寒。

查理二世政府的官员

第一代阿灵顿伯爵亨利·贝内特（1618—1685 年） 阿灵顿的约翰·贝内特爵士的次子。曾于 1644 年汉普郡安多弗的小规模冲突中自愿加入了保王党。在流亡时被任命为约克公爵詹姆士的秘书，后来在马德里（Madrid）从事外交工作。1661 年 4 月回到伦敦，被任命为国土的私人财务官。1662 年 10 月接替爱德华·尼古拉斯爵士成为国务大臣，并于 1666—1677 年被任命为邮政大臣。1665 年 3 月 14 日受封成为第一代阿灵顿伯爵。与第二代白金汉公爵乔治·维利尔斯是死敌。1674 年，他将自己的国务大臣职务以 6000 英镑的价格卖给了约瑟·威廉森爵士，而后当上了王室的宫务大臣。他一生信奉天主教，在弥留之际只招来一名牧师，告诉他直到自己去世前都不要将他的信仰公之于众。

第一代克拉伦登伯爵爱德华·海德（1608—1674 年） 1645 年被国王查理一世任命为财政大臣以及威尔士亲王（后来的查理三世）的保护人，在 1646 年陪着威尔士亲王一同逃往了泽西的海峡群岛（Channel Island）。流亡期间，他于 1658 年被任命为宫务大臣，与那些支持查理回到英格兰称王的英格兰长老会成员进行了磋商。1660 年，海德在促成旨在宣布恢复君主制的《布雷达宣言》（*Declaration of Breda*）时，起到了非常重要的作用。王朝复辟后，他被任命为第一任财政大臣，同时继续担任宫务大臣，实际上，他是查理二世政府中的首席大臣。他的女儿安妮嫁给了约克公爵詹姆士。1661年，海德受封成为第一代克拉伦登伯爵。17世纪60年代末，在1665—1667年灾难性的第二次英荷战争后，他最终失去了王室的青睐。由于白金汉和国王查理的情妇、克利夫兰女公爵芭芭拉对他充满敌意，还对他进行了阴谋算计，1667年海德被免职后逃往法国。1674年12月9日，在诺曼底（Normandy）北部的鲁昂（Rouen）去世。后来，他的尸体被运回英格兰，秘密安葬在威斯敏斯特大教堂里。

第一代丹比伯爵托马斯·奥斯本（1651—1712年） 1667年与白金汉合伙对付过克拉伦登。1668年，与托马斯·利特尔顿爵士同为海军财政官，后来此职由他一人担当。1673年被任命为英格兰财政大臣，1674年受封成为第一代丹比伯爵。他厌恶有关天主教的一切事务，还因反对一切的宗教宽容政策而变得臭名昭著。他在丹比接受审判时，他的政敌、第一代沙夫茨伯里伯爵安东尼·阿什利·库珀毫不讳言地称他"撒谎成性，并且极度骄傲、野心勃勃、报复心重、虚伪做作并且奢侈贪婪"。因为贪污和挪用国库的公款，并且在战事问题上僭越皇权以及隐瞒提图斯·奥茨的"天主教阴谋"，进而遭到了议会弹劾，在伦敦塔中度过了将近5年的牢狱生活。其间，很可能谋划了导致政治对手白金汉垮台的阴谋。1688年6月，他作为在邀请函上签字的新教贵族之一，请求信奉新教的奥兰治亲王威廉侵略英格兰并夺取政权。1689年4月，受封成为卡马森（Carmarthen）侯爵。1695年因为收受5000多英镑的贿赂用于为东印度公司购置新的租船合同而遭到弹劾未果。1712年7月26日于北安普敦郡的伊斯顿私宅（Easton Neston）去世。

约瑟·威廉森爵士（1633—1701年） 坎伯兰郡科克茅斯（Cockermouth）附近布莱德柯克（Bridekirk）一名贫困的圣公会教区牧师之子。1661年12月，被任命为国王在怀特霍尔宫以及国家档案室（State Paper Office）的藏书管理官，1662年与贝内特共同担任国务大臣。他的职责包括领导查理二世政府的情报收集活动，同时拦截邮政总局的邮件。1672年1月担任于枢密院的文书，同时得到封爵。1679年，他未经国王许可便下令搜查了王后凯瑟琳·布拉甘萨在伦敦斯特兰德大街的官邸——萨默赛特宫，因此遭到解雇，不再任职国务大臣。1701 年 10 月 3 日死于肯特郡的科巴姆,享年 68 岁。

爱尔兰政府及司法人员

弗朗西斯·奥吉尔,后来成为第一代朗福德伯爵(约为 1632—1700 年) 爱尔兰上诉院保管案件的法官(Master of the Rolls)之孙。1661 年担任西米思和朗福德的郡守,1678—1684 年担任卡里克弗格斯的郡守;1670—1678 年担任爱尔兰副财长;1660—1687 年成为爱尔兰枢密院成员;1660 年当上了萨里郡议员,1661 年当上了苏塞克斯郡阿伦德尔的议员;1675 年获封为朗福德子爵,1677 年获封为朗福德伯爵。

第一代桑特里男爵詹姆斯·巴里爵士(1603—1673 年) 王座法庭的首席法官。都柏林市长兼三次历任都柏林市议员的理查德·巴里的三个儿子中的老大。是都柏林市的书记员,还是法律方面的军士,以及财政部的第二男爵。1660 年 11 月,出任首席大法官。1634 年获得封爵,1661 年 2 月 18 日受封成为桑特里男爵。

第一代奥雷里伯爵罗杰·波义耳爵士(1621—1679 年) 从 1660 年起开始担任芒斯特省的行政长官,直到 1672 年这一职位被废除为止。1661—1672 年担任克莱尔郡的郡守;1628 年 4 月 1 日得到封爵;1628 年 2 月获封为波义耳男爵,1660 年 9 月获封为奥雷里伯爵;1660 年和 1661 年成为阿伦德尔和苏塞克斯议员。阿灵顿认为他"是诡计多端的自负之人,喜欢做生意却总使用见不得光的手段,所以向来信誉不佳。"奥蒙德也非常厌恶此人"虚荣、浮夸,渴望被人关注,以及暴躁和善妒的脾性"。奥雷里显然是一个危险的对手,他与白金汉结成同盟,1669 年促成了罢免爱尔兰总督奥蒙德的相关事宜。1679 年 10 月,他死于痛风,被安葬在科克郡的约尔(Youghal)。

第一代奥蒙德伯爵詹姆斯·巴特勒(1610—1688 年) 瑟勒斯(Thurles)子爵托马斯·巴特勒之子。他家是爱尔兰最主要的盎格鲁-诺曼(Anglo Norman)移民家庭之一。参与镇压了爱尔兰同盟军叛乱,并于 1643 年 9 月经过磋商与其达成停火协议。1644—1649 年担任爱尔兰总督,1649 年 8 月 2 日在都柏林附近的拉思曼斯战役中被议会军击溃。从 1650 年开始流亡欧洲,但是君主制复辟后,又于 1662 年 2 月至 1669 年,以及 1677—1685 年重新担任爱尔兰总督。在多塞特郡的金士顿莱西去世，享年 77 岁，身后留下了大约 10 万~15 万英镑的债务。

托马斯·克拉吉斯爵士（约 1618—1695 年）　从 1663 年起担任爱尔兰枢密院成员，但主要还是英格兰议会成员。是威斯敏斯特市特鲁里街的铁蹄匠约翰·克拉吉斯之子。曾为牛津药剂师当过学徒，后来内战期间在保王党军队中担任药剂师一职。1660 年担任威斯敏斯特市议员，1666 年通过选举成为萨瑟克议员，1679 年担任基督城议员，1689 年担任牛津大学选区议员。1660 年 5 月 8 日受到封爵。

后来的索尔兹伯里主教吉尔伯特·博内特曾认为克拉吉斯是"诚实但傲慢之人，他因节俭管理公款而闻名……在他变得富庶之后，似乎还想努力让自己成为首富"。1695 年 10 月 4 日，克拉吉斯因中风离世，在四个郡及圣詹姆士和威斯敏斯特都留下了财产。梅费尔的克拉吉斯街正是以他的名字命名。

威廉·多姆维尔爵士（1609—1689 年）　来自都柏林的莱灵斯唐（Leighlinstown）。1660 年君主制复辟后获得封爵并被任命为爱尔兰总检察长，一直任职到 1686 年；还担任了爱尔兰下议院的都柏林市议员。

乔治·莱恩爵士（约 1620—1683 年）　1665—1678 年出任爱尔兰国务大臣。1662—1666 年担任爱尔兰下议院的罗斯康芒议员。1664 年成为爱尔兰枢密院成员。1676 年 7 月 31 日，受封为爱尔兰贵族行列中的莱恩斯伯勒（Lanesborough）子爵。

约翰·坦普尔爵士（1632—1705 年）　从 1660 年 7 月 10 日起担任爱尔兰的副检察长。上诉院保管案件的法官约翰·坦普尔爵士的次子。1661 年成为爱尔兰下议院的卡洛（Carlow）议员。1663 年 8 月 15 日获得封爵。1690 年被任命为爱尔兰的检察总长。

注释

序言

1. 第2卷,第818页。这是第一本介绍英国史上重要人物的名人录,作者为安德鲁·基皮思(Andrew Kippis),共6卷,在1747—1766年间相继出版。为了揭示布拉德经久不衰的恶名,其传记长达9页,在该名人录中与其"比邻"的传记主角,有在克伦威尔时期领导建立英国海上霸权的海军上将罗伯特·布莱克(Robert Blake),还有"历史悠远、曾经显贵,如今仍十分体面的"布朗特(Blount)家族。
2. 英国国家档案馆(TNA)国家档案系列(SP)第44/34/110号文稿,对折页第111页。
3. 对布拉德的描述请参见1671年5月8—11日出版的《伦敦公报》第572期,第2页,第2栏。
4. "暴徒"亚当是14世纪30至40年代一个强盗团伙的头目,他们专门偷取王室成员及其家仆的财产,主要活动于英格兰东南部的城镇。亚当与其团伙曾围攻过一名替女王保管珠宝的商人在伦敦的家。向商人索要珠宝遭拒后,他们将房子付之一炬,将珠宝也悉数盗走。参见威廉·唐纳森(Donaldson)所著的《无赖、恶棍与怪人》(*Rogues, Villains and Eccentrics*)(伦敦,2005)第6—7页和卢克·欧文·普莱斯(Luke Owen Price)所著的《英格兰犯罪史:阐述文明进程中法律之嬗变》(*A History*

of Crime in England, *illustrating the Changes in Laws in the Progress of Civilisation*）（2卷本，伦敦，1873—1876）第1卷，第245页。亚当死于14世纪60年代。

5　盗窃发生时，爱德华一世正御驾亲征，与苏格兰人作战。参见迪安·斯坦利（Dean Stanley）所著的《威斯敏斯特大教堂的历史纪念物》（*Historical Memorials of Westminster Abbey*）（伦敦，1869）第3版，第428—430页。1066年诺曼征服之后又过了几年，英格兰君主们纷纷将其珍宝藏于圣器礼拜堂。"圣器"（圣体容器）一词来自存放于礼拜堂的木箱，王国发行货币时，会随机挑选一些硬币放入其中。英国现仍有头衔显赫的"王室司法院女王记录官"每年主持仪式，负责检查这些硬币的金属含量（照此判定价值）。该仪式本在威斯敏斯特宫举行，但于1870年转移至伦敦城内的金匠大厅（Goldsmiths' Hall）并沿袭至今。

6　普德里科特的理查德，又名"迪克·普德里科特"（Dick Pudlicote），是一名羊毛商。生意失败后，决定铤而走险，大干一笔，借此走出困境。他从爱德华的珍宝库中盗取的物品价值10万英镑，相当于现在的7335万英镑。1305年，理查德被处死。参见保罗·多尔蒂（Paul Doherty）所著的《1303年王室珍宝大劫案：史上第一起金库大劫案的离奇故事》（*The Great Crown Jewel Robbery of 1303:The Extraordinary Story of the First Big Bank Raid in History*）（伦敦，2005）和T. F. 陶特（T. F. Tout）所著的《一场中世纪的夜盗》（*A Medieval Burglary*）（曼彻斯特，1916）第13—15页。令那些嗜好血腥场面的人感到遗憾的是，2005年经专家分析，木门上的皮肤为牛皮。该门极有可能是英国现存的最老的门——可追溯至11世纪50年代。

7　博德利图书馆里罗林森搜集的文稿（Rawlinson MS）第A.185号，对折页第473页左侧页至474页右侧页。

8　蒙哥马利－马森伯德（Montgomery-Massingberd）所著的《伯克的爱尔兰家族史》（*Burke's Irish Family Records*）第142页。达菲尔德距德比5英里远。1554年，德国采矿工程师布尔夏德·克拉尼希（Burchard Kranich）在马可尼建立了英格兰第一座从方铅矿石中提炼铅的冶炼厂。1581年，附近康德诺城堡（Codnor Castle）的约翰·朱什爵士（Sir John Zouch）在该地建造了一家拉丝厂。也许埃德蒙是抱定决心要逃离早期工业化的噪声与臭气，寻找新的牧场？参见布赖恩·库珀（Brian Cooper）所著的《一座山谷的变革：德比郡的德文特》(*Transformation of a Valley: The Derbyshire Derwent*)（伦敦，1983）。

9　超过 1.8 万名英格兰士兵参与镇压爱尔兰叛乱——这是伊丽莎白统治时期规模最大的一次陆上作战。[英格兰远征军曾依据 1585 年 8 月的《无双宫条约》(Treaty of Nonsuch) 支援荷兰叛军，在低地国家共同抗击西班牙，当时的总人数也从未超过 1.2 万人。]如同其他爱尔兰叛乱一样，此次叛乱也未能将英格兰人驱逐出爱尔兰。

10　姓名令人费解的默罗·麦克默罗·奥布赖恩（Murrough McMurrough O'Brien，1562—1597）是第四代英奇昆男爵，来自爱尔兰最古老的贵族家族之一。1597 年，他在涉水渡过斯莱戈附近的厄恩河（River Erne）时，在一次小规模冲突中腋下中枪。他从马上摔了下来，因盔甲沉重，溺水而亡。英奇昆葬于多尼戈尔修道院（Donegal Abbey）。他两岁的儿子德莫特（Dermot）继承了他的头衔。

11　1641 年，科伊尔纳博易城堡毁于克伦威尔军队手中。遗址位于英奇昆湖（Inchiquin Lough）北面的 R476 基尔费诺拉 - 巴利沃恩公路（R476 Kilfenora-Ballyvaughan road）。

12　伯克所著的《爱尔兰乡绅的家谱史与纹章史》(*Genealogical and Heraldic History of the Landed Gentry of Ireland*) 第 56 页。

13　爱尔兰国家档案馆（NAI）第 12816 号文稿，对折页第 29 页。1613 年 5 月，新议会第一次召开会议，天主教徒对此次不公正的选区划分本已充满怒火，这次会议上更是火上浇油。结果，都柏林城堡下议院会议厅里发生了一次不得体的斗殴。这些抗议事件过后，有些选区的票数作废，新教议员虽仍占大多数，却只有 6 个席位。

14　布拉德的盾徽图案或为 3 只中箭蹲伏的雄鹿，顶部为一个口部中箭的雄鹿首。

15　爱尔兰国家档案馆第 12816 号文稿对折页第 32 页有一幅注明为 1879 年的家谱图，图中添加了第四个兄弟罗伯特，并解释道："应是定居于（斯塔福德郡）塔姆沃思（Tamworth）。1646 年 9 月 16 日葬于该地。伯明翰的布拉德一家自称是这位罗伯特·布拉德的后嗣。"然而，此文稿中并无别处提及罗伯特·布拉德，但他也曾出现在爱尔兰国家档案馆第451号文稿对折页第11页的另一幅家谱图中。

16 爱尔兰国家档案馆第451号文稿，对折页第11页；第12816号文稿，对折页第18页。玛丽·霍尔克罗夫特应来自柴郡诺布利（Norbury）的海德家族。第一代克拉伦登伯爵、查理二世的大法官爱德华·海德爵士正是这一家族的后嗣。但她与托马斯·布拉德结亲的霍尔克罗夫特家族是何关系尚无定论。

17 爱尔兰国家档案馆第12816号文稿，对折页第7页。

18 《国家档案日历》（*CSP*），1671—1672年国内部分，第372—373页。

19 汉拉恩（Hanrahan）所著的《布拉德上校：盗窃王室珍宝的男子》（*Colonel Blood, the Man who Stole the Crown Jewels*）第2页。

20 基尔费诺拉的圣爵上刻有这样一句话："*Calix Ecclesia Cathedralis Fineboensisempt (or) expensa diocesis valet £4 15s 3d Neptuna Blood decanoAnno Domini 1665.*"意为"此圣芬巴瑞大教堂圣爵由主任牧师尼普顿·布拉德以4英镑15先令3便士购于1665年"。参见爱尔兰国家档案馆第12816号文稿，对折页第30页。尼普顿结过3次婚，死于1692年，当时距离他的百岁寿诞仅差3年。他的基尔费诺拉主任牧师身份由第三任妻子所生的第四子尼普顿继任。他的兄弟姐妹当时年龄在5—16岁不等，该教堂北墙上有一块刻有一长段拉丁语碑文的大石碑，用以纪念其兄弟姐妹。参见《爱尔兰古文物研究家协会会刊》（*Jnl of the Royal Society of Antiquaries of Ireland*）1900年第30期，第396页。

21 爱尔兰国家档案馆第12816号文稿，对折页第35页。

22 马歇尔（Marshall）撰写的"托马斯·布拉德上校"，载于《牛津国家人物传记辞典》（*ODNB*）第6卷第270页。另有专家称布拉德生于10年后，比如蒙哥马利-马森伯德所编的《伯克的爱尔兰家族史》第142页，但这似乎不太可能。

23 《关于布拉德先生的生死评论》第219页。

24 爱尔兰国家档案馆第12816号文稿，对折页第21页。1654—1656年的一份研究显示,"新教徒"布拉德至少自1640年起便在萨尔内拥有220英亩土地。罗伯特·斯明顿(Simington)所编的《公民调查1654—1656》(Civil Survey 1654-6);《米思郡》(County of Meath)第5卷,第126页。

25 《公民调查1654—1656》;《米斯郡》第5卷,第129页;爱尔兰国家档案馆第12816号文稿,对折页第35页。

26 《国家档案日历》,1666—1669年爱尔兰部分,第88页。爱尔兰国家档案馆第12816号文稿对折页第20页中有一份注明为1791年的报告,其中也记录了在"海城(Seatown)与比城(Beatown)"的120英亩土地和在东芬格尔(East Fingal)韦斯特菲尔兹顿(Westfieldstown)的103英亩土地。格伦马鲁尔是威克洛山中的一个草木葱茏的偏僻山谷,艾翁贝戈河(River Avonbeg)穿谷而过。1580年8月25日,第十四代威尔顿男爵亚瑟·格雷(Arthur Grey)麾下的一支英格兰部队曾沿此路线行进,欲占领叛军首领菲亚克·麦休·奥伯恩(Fiach McHugh O'Byrne)的据点巴林那科尔(Balinacor)。参见理查德·布鲁克斯所著的《卡斯尔系列之英国与爱尔兰的战场》(Cassell's Battlefields of Britain and Ireland)(伦敦,2005)第331—332页。

27 爱尔兰国家档案馆第12816号文稿,对折页第35页。

28 爱尔兰联盟叛乱又称"十一年战争"(Eleven Years War)。

29 弗罗斯特(Frost)所著的《克莱尔郡的历史与地形》(History and Topography of the County of Clare)第369—370页。

30 提巴特(Tibbutt)所编的《路易斯·迪弗爵士的人生与信札1599—1669》(Life and Letters of Sir Lewis Dyve 1599–1669)第148页。据1671年的一份报告称,有一位布拉德上尉曾服役于"路易斯·迪弗爵士麾下的旧主军队"(大英图书馆补充文稿第36916号,对折页第233页),又有一位"布剌德上尉"曾在1663年的"贫困军官名单上被记录为兵团中的军需官"[参见阿农(Anon.)所著的《讨要神圣的君主拨发的6万英镑军饷旨在救济真正忠诚正直党派的军官名单》(A List of Officers Claiming to the Sixty Thousand Pounds Granted by his Sacred Majesty for the Relief of the Truly Loyal and Indigent Party)(伦敦,1663),第39页]。然而,无论是在 1642 年公布的保王党军团名单，还是议会军的军团名单上，都不见布拉德的名字，所以，他一定是在该日期之后才加入保王党阵营的。参见皮科克（Peacock）所编的《圆颅党与保王党军队名册》（*The Army Lists of the Roundheads and Cavaliers*）。

31 布拉德的名字并未出现在一位议会作家为舍伯恩围攻所著的概况介绍中。曼彻斯特的约翰·赖兰兹图书馆（John Rylands Library）里的塔顿公园文稿（Tatton Park MS）第 68.20 号，对折页第 210 页。

32 《关于布拉德先生的生死评论》第 220 页。

33 也拼作"Rainsborough"。

34 1648 年 6 月 3 日，波尔登与莫里森（Morrison）上校曾靠乔装打扮蒙过了议会军哨兵的眼睛，成功混入并占领了庞蒂弗拉克特城堡。

35 博德利图书馆中克拉伦登搜集的文稿第 34 号，对折第 27 页左侧页。"R.H."在其对布拉德生平的记述中坚称"雷恩巴勒是在卧室中枪而亡的"。参见《关于布拉德先生的生死评论》第 220 页。雷恩巴勒的平等派（提倡宗教包容、扩大选举权和法律之下人人平等）同僚称他是被克伦威尔下令暗杀。后续调查未能提供支持这项指控的证据。雷恩巴勒在沃平下葬前，3000 民众参加了他的送葬仪式，随着送葬队伍沿途穿过伦敦城的大街小巷。后来的街头宣传册，如《雷恩巴勒上校之魂》（*Colonell Rainborowe's Ghost*）等，强烈要求向保王党施以报复。

36 普雷斯顿一役的失利断绝了保王党最后一丝获胜的希望。庞蒂弗拉克特城堡作为最后一个保王堡垒，苟延残喘地坚守着。查理一世被处死后，其子在受困的城堡中宣告即位。这便是庞蒂弗拉克特格言——"父亲已死，支持其子"（Post mortem patris pro filio）的来源。1649 年 3 月 25 日，该卫戍区的 100 名幸存者投降，城堡失守。

37 参见《关于布拉德先生的生死评论》第 220 页。布拉德去世 70 年后，由安德鲁·基皮思所著的《不列颠传记》中关于布拉德的词条（第 2 卷，第 817 页）中指出，1648 年，雷恩巴勒上校"在庞蒂弗拉克特遇袭身亡"（原文如此）时，他"就在英格兰"，暗指他参与了针对雷恩巴勒的绑架阴谋。

38 萨金特（Sergeant）所著的《无赖与恶棍》（*Rogues and Scoundrels*）第 111 页。

39 《国家档案日历》,1671—1672年国内部分,第373页;王室历史文稿委员会(RCHM)《第六次报告》第370页。

40 曼彻斯特的约翰·赖兰兹图书馆里的塔顿公园文稿第68.20号,对折页第210页。

41 基皮思所著的《不列颠传记》第2卷,第817页。更多有关改换门庭之人的信息参见安德鲁·霍珀(Andrew Hopper)所著的《变节者与叛教者:英国内战时期的改换门庭之人》(*Turncoats and Renegadoes: Changing Sides during the English Civil War*)(牛津,2012)。掌旗官是骑兵营中最低的军衔。

42 克伦威尔在爱尔兰至今仍臭名昭著,因为此次战役残忍至极。爱尔兰天主教联盟战场伤亡总数约为2万人。德罗赫达沦陷后,克伦威尔评论道:"我相信这是上帝对此等粗野暴徒的公正裁决,他们双手沾满了无辜之人的鲜血。我相信这一切是为了阻止日后的血流成河,而未来原本极有可能发生此类事件。若非如此,那必然会是一件憾事。"总计多达2万平民死于饥荒和战争之后暴发的鼠疫。不过,有些专家估计,原本拥有160万人口的爱尔兰当时损失了多达50万人口。此外,还有5万名爱尔兰人被强制流放至西印度群岛,成为契约劳工。参见肖恩·奥卡拉汉(Sean O'Callaghan)所著的《要么去地狱,要么去巴巴多斯:爱尔兰的民族大清洗》(*To Hell or Barbados: The Ethnic Cleansing of Ireland*)[凯里郡丁格尔(Dingle, Co. Kerry),2000]第85页。最后几支爱尔兰与保王党军队于1653年在卡文郡投降。

43 W. 约翰逊-凯(W. Johnson-Kaye)和E. W. 威滕伯格-凯(Wittenburg-Kaye)合编的《卡尔切斯教区纽彻奇村登记簿:洗礼、婚礼与葬礼》(*Register of Newchurch in the Parish of Culcheth:Christenings, Weddings and Burials*)第217页。

44 在兰开夏郡沃灵顿卡尔切斯的霍尔克罗夫特巷附近。国家坐标网络编号(National Grid Reference):SJ 67979 95162。邮编:WA3 4ND。霍尔克罗夫特之妻是莱姆赫斯特的约翰·亨特与其妻玛格丽特之女;大英图书馆中哈利搜集的文稿(Harley MS)第2161号,对折页第158页。

45 汉拉恩所著的《布拉德上校:盗窃王室珍宝的男子》第14页。

46　1367 年，来自威德尼斯迪顿（Ditton Widnes）的债主亨利·德蒂尔兹利（de Tildeslegh）向兰开夏郡的约翰·德霍尔克罗夫特之子托马斯发起诉讼，要求偿还一笔 200 英镑的债务。参见英国国家档案馆第 C/241/147/39 号文稿；1367 年 2 月 17 日。

47　《维多利亚郡史：兰开夏郡》（*VCH Lans*）第 4 卷，第 161 页脚注。

48　曼彻斯特档案馆（Manchester Archives）第 L89/1/23/1 号文稿。

49　道格拉斯·布伦顿（Douglas Brunton）和 D. H. 彭宁顿（D. H. Pennington）所著的《长期议会成员》（*Members of the Long Parliament*）（伦敦，1954）第 234 页，以及布朗·威利斯所著的《议会记录簿：第二部——1541 年宗教改革至 1660 年王朝复辟期间各议会的代表名册》（*Notitia Parliamentaria: Part II–A Series of Lists of the Representatives in the Several Parliaments held from the Reformation 1541 to the Restoration 1660*）第 229—239 页。在托马斯·普莱德上校的指挥下，持不同政见者组成的军队为了达成政治目标，强行排除异己。约 45 名议员被关押了一段时间，最初关押地是附近一个叫"地狱"的客栈。难以确定究竟有多少议员无法就职：12 月 6 日政变发生前，共有 471 名正式议员，政变后仅剩 200 人。约 86 人自愿缺席，还有 83 人可以重归议会，建立共和国并以谋逆罪审判国王的障碍已被扫除殆尽。霍尔克罗夫特的名字并未出现在受排挤的人名单上，也未曾出现在《下议院议事录》对残缺议会会议记录的公告中。

50　《兰开夏郡内战传单》（*Lancashire Civil War Tracts*）第 32—33 页；兰开夏郡档案署（Lancashire Record Office）第 DDX2670/1 号文稿。

51　《兰开夏郡内战传单》第 85 页。

52　W·约翰逊－凯和 E. W. 威滕伯格－凯合编的《卡尔切斯教区纽彻奇村登记簿：洗礼、婚礼与葬礼》第 15 页。

53　蒙哥马利－马森伯德所编的《伯克的爱尔兰家族史》第 142 页。

54　基皮思所著的《不列颠传记》第 817 页。

55　《关于布拉德先生的生死评论》第 219—220 页。

56　萨金特所著的《无赖与恶棍》第 112 页。

第一章 攻城

1. 英国国家档案馆中的国家档案系列第 63/313/168 号文稿，对折页第 346 页。
2. 共和国议会一直缺乏足够的资金来支付军饷。1646 年，议会决定出售一尊镀铜的亨利八世塑像，亨利八世的墓地位于温莎城堡的圣乔治礼拜堂（St George's Chapel）内，用黑色大理石制成的雕花石棺上放着的正是这尊镀铜塑像。塑像售得的约 600 英镑支付给了"温莎城堡的主理官克里斯托弗·威彻科特上校，由其用以支付该卫戍区的军饷"。[作为历史上颇具讽刺意味的事件之一，上述石棺实为 1529 年托马斯·沃尔西（Thomas Wolsey）倒台后，亨利从其尚未完工的墓穴中偷出的。1808 年，为了给纳尔逊（Nelson）勋爵制作一尊巨型纪念像，这具石棺被再次利用，至今仍保存在圣保罗大教堂内。]参见罗伯特·哈钦森所著的《亨利八世的临终岁月》(*Last Days of Henry VIII*, 伦敦，2005）第 268—270 页。
3. 有关这部严酷法案的更多信息参见 C. H. 弗思（C. H. Firth）和 R. S. 赖特（R. S. Rait）所著的《政权空白期的法案与条令 1642—1660》(*Acts and Ordinances of the Interregnum 1642-60*)（3 卷本，伦敦，1911）第 2 卷，第 598—603 页。有关后来的《偿还法案》(Act of Satisfaction）的信息参见第 722—753 页。在 1642 年 3 月 19 日通过的所谓《投机法案》下，镇压爱尔兰叛乱的资金可以从投机者处筹集。任何投资了 200 英镑的人都可以得到 100 英亩从造反地主那里没收的土地——或投资 4 先令（相当于现在的 20 便士），便可以获得 1 英亩土地。克伦威尔捐助了 600 英镑。
4. 约翰·斯科特是共和国时期一位游历到西印度的英格兰旅行者，他曾看见爱尔兰劳工在地里分组工作，旁边是"在烈日下没有长袜可穿"的黑人奴隶。他说爱尔兰人"受尽黑人嘲弄，被揶揄为'白人奴隶'"（英国国家档案馆第 CO1/21 号文稿，1667 年，下属第 170 号）。参见希拉里·比克尔斯（Hilary Beckles）所著的《一群"放浪形骸之徒"：英属西印度群岛的契约劳工与自由民，1644—1713》(*A "riotous and unruly lot": Irish indentured servants and Freemen in the English West Indies, 1644-1713*) 载于《威廉玛丽季刊》(*William and Mary Quarterly*) 1990 年，第 47 期，第 503—

5. 522 页。爱尔兰的文化传统在加勒比海地区幸存了下来——蒙塞拉特岛（Montserrat）至今仍将圣帕特里克节作为国定假日庆祝，这是除爱尔兰外唯一这样做的领土。

5. 自这一时期起，一个名为"克伦威尔兵营"（Cromwell's Barracks）的星形堡垒便守卫着伊尼什博芬岛的港口。

6. 威廉·佩蒂爵士（1623—1687年）曾因从军而请假暂离了牛津大学的布雷齐诺斯学院（Brasenose College）解剖学教授的职位，作为回报，他被应允获得18532英镑的报酬，但因议会意料之中的财力告竭，他只得接受了凯里郡肯梅尔（Kenmare）附近的3万英亩土地，用以代替报酬中的3181英镑尾款。

7. 更多有关"地籍调查"后布拉德持有土地及土地原主人的信息，请参见都柏林三一学院的网站：http://downsurvey.tcd.ie/landowners。

8. 爱尔兰下议院《卷宗十四与十五之二》第2章（14 & 15 Car 2 cap. 2）。

9. 参见威尔逊所著的《查理二世统治下的爱尔兰》（'Ireland under Charles II'）第79页。

10. 任命的专员是：理查德·雷恩斯福德爵士、托马斯·贝弗利爵士、爱德华·德林爵士、爱德华·史密斯爵士、艾伦·布罗德里克爵士（Sir Allan Broderick）、温斯顿·丘吉尔以及爱德华·库克上校，"都是本性纯良、法律知识渊博、高尚正直、声誉清白之人"，参见卡特（Carte）所著的《奥蒙德伯爵詹姆斯的一生》（*The Life of James duke of Ormond*）第4卷，第6册，第123页。

11. 萨金特所著的《无赖与恶棍》第114页和格里夫斯（Greaves）所著的《上帝的其他子民》（*God's Other Children*）第21页。许多资料都称莱基是布拉德的"妹夫"，但并无确切记录表明布拉德有一个姊妹。

12. 阿博特（Abbott）所著的《托马斯·布拉德上校，皇冠盗窃者》（*Colonel Thomas Blood, Crown-stealer*）第42页。

13. 兰开夏郡档案署第DDX2670/1号文稿。

14. 英国国家档案馆第 E 134/1652/Mich2 号文稿。约翰·霍尔克罗夫特于1579年买下珀斯弗隆，1605年将其卖给爱德华·卡尔韦利，但该庄园后来复归霍

15 兰开夏郡档案署第 DP 397/25/4 号文稿,对折页第 4 页。
16 兰开夏郡档案署第 QSP/147/3 号文稿。
17 英国国家档案馆第 E 134/12Chas2/Mich6 号文稿。
18 英国国家档案馆第 E 134/13Chas2/East21 和第 E 134/13/Chas2/Trin6 号文稿。
19 爱尔兰下议院《卷宗十三与十四之二》第 4 章。
20 英国国家档案馆国家档案系列第 63/313/230 号文稿,对折页第 465 页;1663 年 6 月 13 日。
21 格里夫斯所著的《救吾辈于恶魔之手》(*Deliver Us from Evil*)第 159 页。
22 《国家档案日历》,1663—1665 年爱尔兰部分,第 22—27 页。
23 卡特所著的《奥蒙德伯爵詹姆斯的一生》第 4 卷,第 6 册,第 129 页。
24 《国家档案日历》,1663—1665 年爱尔兰部分,第 31 页。1663 年 2 月 28 日国王于白厅致信专员们。
25 《国家档案日历》,1663—1665 年爱尔兰部分,第 31 页。1663 年 2 月 7 日奥蒙德于都柏林城堡致信国王。
26 博德利图书馆里卡特搜集的文稿第 44 号,对折页第 708—709 页,更全版本参见卡特搜集的文稿第 64 号,对折页第 392 页左侧页至第 339 页左侧页。
27 格里夫斯所著的《救吾辈于恶魔之手》第 140—141 页。议会与爱尔兰联邦作战期间,拉德洛被任命为骑兵中将。1651 年 11 月亨利·艾尔顿(Henry Ireton)死后,他成为总司令。在 1651—1652 年那场艰苦的平乱战役中,拉德洛为他在克莱尔郡布伦(Burren)97 平方英里地域内的作战叫苦不迭,称"这是一个水不够淹死人,木头不够吊死人,土地不够埋死人的地方"。目前,该区域有小部分土地已被开发成了一座爱尔兰国家公园。拉德洛后来成为依照 1652 年《安置法案》强制推行土地充公的 4 名专员之一。1660 年 9 月,一纸公告下令逮捕"通常称为拉德洛上校的埃德蒙·拉德洛先生";《伦敦古文物学会公告》(*SAL Proclamations*)第 13 期,1660 年 6 月刊,对折页第 27 页。
28 博德利图书馆里卡特搜集的文稿第 214 号,对折页第 448 页。来自皮戈特家族[可能为爱尔兰议员托马斯·皮戈特(Thomas Pigott)]的一位身份不明者曾于 3 月 11 日致信弗农,将此次阴谋告知于他:"我想您从他人那里也会听闻某些极端分子最近正在策划突袭都柏林城堡,此次阴谋实属孤注一掷,若真能实施,将会血流成河,因为到目前为止所发现的参与者都曾是官员,后来成为心怀不满的商人。每天都有新的发现,所以许多人对此并不知情,多数人惊恐万分,不知终点将为何处。"这封信是从伦敦菲特巷(Fetter Lane)普罗小院(Plow Yard)的亨利·努丁斯(Henry Nutings)先生家中寄给爱德华·弗农上校的。《国家档案日历》,1663—1665 年爱尔兰部分,第 37 页。

29　博德利图书馆里卡特搜集的文稿第 214 号,对折页第 446 页;密码中含有已解密的文本。备忘录在爱尔兰国务大臣乔治·莱恩爵士手中。1663 年 3 月 4 日于都柏林城堡。

30　历史文稿委员会(HMC)的《基尔肯尼城堡的奥蒙德侯爵保存的手稿》(*Manuscripts of the Marquis of Ormond preserved at the Castle, Kilkenny*),第 2 卷,第 251 页。

31　阿博特所著的《英国的叛变阴谋与反国教者 1660—1674》(*English Conspiracy and Dissent 1660–74*)第 519 页。

32　卡特所著的《奥蒙德伯爵詹姆斯的一生》第 4 卷,第 6 册,第 124—125 页。

33　博德利图书馆里卡特搜集的文稿第 143 号,对折页第 96—97 页;1663 年 3 月 7 日于都柏林城堡。

34　1649 年 1 月 30 日,休利特是一名军官,他领导的军队负责保障查理一世行刑时的安全。君主制复辟后,他因参与国王斩首而获罪,但并未与另外两名同时获罪的军官——丹尼尔·阿克斯特尔(Daniel Axtell)及弗朗西斯·哈克(Francis Hacker)——一同被处死。都柏林城堡中还有另一名叫作亨利·波特(Henry Porter)的囚徒,他被指控为 1649 年在白厅处死查理一世的两名乔装打扮、戴着面具的刽子手之一,因此受了两年监禁。4 月 29 日,奥蒙德与爱尔兰立法委员会致信大臣贝内特,指出如果要将他送上断头台,"那他应该在英格兰接受审判,而且他正吵着要行使自己的人身保护权"——出庭后将得到无罪释放。他们补充道:"切盼陛下对此事的指示。"(英国国家档案馆第 63/313/120 号文稿,对折页第 243 页)。白厅显然对他们的诉求视而不见。处决查理一世时公开的刽子手是［职业刽子手格雷戈里·布兰登（Gregory Brandon）之子］理查德·布兰登，他曾在1641年行刑斩首过第一代斯特拉福德伯爵托马斯·温特沃斯（Thomas Wentworth），也曾于1645年行刑斩首过劳德（Laud）大主教。据说，他最初拒绝将国王斩首，但在行刑前的一个小时内被人说服，并得到了30英镑酬劳，全以半克朗硬币支付——还得到了从国王口袋中取出的手帕及一个橙子，这些物品被他以10英镑的价格在白教堂（Whitechapel）罗斯玛丽巷（Rosemary Lane）的家中售出。布兰登死于1649年6月20日，葬于白教堂。参见H. V. 莫顿所著的《寻觅伦敦》(*In Search of London*)（伦敦，1951）第198—199页。1813年，位于温莎城堡圣乔治礼拜堂的查理一世墓穴被打开，证实这位国王的确是被干净利落地一刀斩首——显然是出自一位经验丰富的刽子手之手。

35　《国家档案日历》，1663—1665年爱尔兰部分，第34页。

36　《国家档案日历》，1663—1665年爱尔兰部分，第37页。

37　博德利图书馆里卡特搜集的文稿第214号，对折页第442页；1663年3月18日于都柏林城堡。

38　《佩皮斯日记》(*Pepys Diary*)第3卷，第67页；1663年3月20日。博因所著、G. C. 威廉森编辑的《17世纪伦敦发行的代币》(*Trade Tokens issued in Seventeenth-century London*)（2卷本，伦敦，1889）第1卷，第736页中提到了圣保罗西端一家咖啡馆的代币。

39　《国家档案日历》，1663—1665年爱尔兰部分，第51页。

40　《国家档案日历》，1663—1665年爱尔兰部分，第51页。奥蒙德于1663年3月28日致信国王。之后，奥蒙德告知查理，自己未能找到关于早前阴谋的其他证据。"阴谋显然是既成事实，而且我若是像我的一名间谍（此处提到的可能是阿尔登）建议的那样，等到时机成熟，也许会有重大发现。但当时议会开庭时的状态极差，都柏林又有许多危险人物，所以我便不能容它继续发展下去了"；《国家档案日历》1663—1665年爱尔兰部分，第83页。奥蒙德于1663年3月8日致信国王。

41　相传，神秘的圆形小岛布拉希尔（又称布拉希尔岛）坐落在爱尔兰以西的大西洋上。据说,小岛笼罩在一片神奇的薄雾中,每 7 年只有一天会放晴,也只有在这天,水手们才能看见它。1674 年约翰·尼斯比特(John Nisbet)上尉自称曾见过此岛,并发现岛上只有黑色的巨兔和一个独自住在石头城堡里的隐居术士。爱尔兰以西 120 英里处的大西洋上有一片名叫豪猪海岸(Porcupine Bank)的浅滩,滩上全是石块,1862 年,这片浅滩被人绘制于地图上,有人认为,它便是布拉希尔小岛的所在地。

42 《国家档案日历》,1663—1665 年爱尔兰部分,第 47 页。事实上,这艘船上坐着同样被怀疑参与了此次阴谋的前卡洛郡议会主理官亨利·普雷蒂上校。该船从利默里克逃离,正午时分在躲藏于近爱尔兰西海岸的阿兰群岛(Aran Islands)时被抓获。拉德洛不在船上。参见格里夫斯所著的《救吾辈于恶魔之手》第 141 页。

43 博德利图书馆里卡特搜集的文稿第 34 号,对折页第 674 页右侧页——"爱尔兰事变之密报"。该情报是匿名呈送给奥蒙德的。

44 博德利图书馆里卡特搜集的文稿第 143 号,对折页第 128—131 页。奥蒙德于 1663 年 5 月 8 日致信国王。

45 博德利图书馆里卡特搜集的文稿第 46 号,对折页第 51—52 页。1663 年 5 月 15 日,贝内特于白厅致信奥蒙德。

46 马歇尔所著的《查理二世统治时期的情报与间谍》(Intelligence and Espionage in the Reign of Charles II)(剑桥,1994),第 188 页。

47 《国家档案日历》,1663—1665 年爱尔兰部分,第 111 页。

48 历史文稿委员会的《基尔肯尼城堡的奥蒙德侯爵保存的手稿》,第 2 卷,第 252 页。

49 《维奇与布赖森回忆录》('Veitch & Brysson Memoirs')附录 9,第 508—509 页。

50 《国家档案日历》,1663—1665 年爱尔兰部分,第 115 页。

51 《国家档案日历》,1663—1665 年爱尔兰部分,弗农于 1663 年 5 月 6 日致信贝内特。

52 博德利图书馆里卡特搜集的文稿第 32 号,对折页第 384—385 页和第 388 页。

53 《国家档案日历》,1663—1665 年爱尔兰部分,第 92 页。1663 年 5 月 18 日,奥蒙德于都柏林城堡致信国王。

54 博德利图书馆里卡特搜集的文稿第 68 号，对折页第 580 页；1663 年 5 月 19 日于都柏林城堡。
55 军队侦察兵的指挥官。
56 第一代克兰卡蒂伯爵兼第二代马斯克里（Muskerry）子爵多纳·麦卡锡（Donagh MacCarthy，卒于 1665 年）是自克伦威尔入侵后最后几名投降于英格兰人的指挥官之一。他在 1651 年的诺克那克拉什战役（Battle of Knocknaclashy）败北于后来获封奥雷里伯爵的罗杰·波义耳，并撤退至凯里山中。第二年 6 月，麦卡锡投降，麾下 5000 名士兵就此解散，他本人也逃离了爱尔兰。查理二世授予麦卡锡克兰卡蒂伯爵头衔，他的财产也依 1662 年《安置法案》予以退回。最终于伦敦去世。
57 王室历史文稿委员会《第八次报告》，附录第一部分，第 263—264 页；博德利图书馆里卡特搜集的文稿第 118 号，对折页第 63 页。
58 历史文稿委员会的《基尔肯尼城堡的奥蒙德侯爵保存的手稿》，第 2 卷，第 253 页。
59 格里夫斯所著的《救吾辈于恶魔之手》第 144 页。
60 《国家档案日历》，1663—1665 年爱尔兰部分，第 112 页。
61 《国家档案日历》，1663—1665 年爱尔兰部分，第 97 页；英国国家档案馆里的国家档案系列第 63/313/170 号文稿，对折页第 351 页和博德利图书馆里卡特搜集的文稿第 68 号，对折页第 564 页。
62 英国国家档案馆里的国家档案系列第 63/313/164 号文稿，对折页第 335 页。

第二章　逃之夭夭

1 英国国家档案馆里的国家档案系列第 63/313/221 号文稿，对折页第 451 页。
2 1764 年城堡中的军械库弹药爆炸造成了后续损坏，伯明翰塔被毁得只剩一层，1777 年，这里进行了重建。
3 格里夫斯所著的《救吾辈于恶魔之手》，第 145 页。
4 布拉德夸大了影响。威廉·佩蒂爵士估计爱尔兰联盟叛乱中的新教徒死亡人数为 3.7 万人。[理查德·马斯格雷夫爵士所著的《关于爱尔兰不同叛乱的回忆录》(*Memoirs of the different Rebellions in Ireland*)（伦敦，1801 年）第 30 页。]

5　指的是 1643 年英格兰议会和苏格兰议会之间签署的协议，用以在苏格兰保留长老会并让英格兰接纳长老会。君主制复辟后，1661 年颁布的《反煽动叛乱法》(*Sedition Act*)（爱尔兰下议院《卷宗十三之二》，第一部，第 1 章），宣布此协议不合法，并将它在伦敦由刽子手公开烧毁。

6　《维奇与布赖森回忆录》，第 508—509 页。

7　《维奇与布赖森回忆录》，第 509 页。1663 年 6 月 11 日寄给奥蒙德的一封信中提到那些密谋者管他叫"掌旗官布拉德"，即骑兵军官军衔中最低的一级。参见：博德利图书馆里卡特搜集的文稿第 32 号，对折页第 553 页。叛乱者的宣言后来在都柏林被刽子手公开烧毁。

8　英国国家档案馆里的国家档案系列第 63/313/170 号文稿，对折页第 351 页，以及博德利图书馆里卡特搜集的文稿第 68 号，对折页第 564 页。

9　英国国家档案馆里的国家档案系列第 63/313/225 号文稿，对折页第 458 页。

10　英国国家档案馆里的国家档案系列第 63/313/173 号文稿，对折页第 355 页；1663 年 5 月 23 日，奥蒙德于都柏林城堡致信国务大臣贝内特；国家档案系列第 63/313/174 号文稿，对折页第 357 页；1663 年 5 月 24 日，奥蒙德于都柏林城堡致信贝内特。

11　英国国家档案馆里的国家档案系列第 63/313165 号文稿，对折页第 340 页。

12　博德利图书馆里卡特搜集的文稿第 32 号，对折页第 446 页。1663 年 5 月 22 日，亚瑟·福布斯爵士致信奥蒙德。

13　1675 年，昂吉尔获封朗福德子爵，两年后成为朗福德伯爵。

14　英国国家档案馆里的国家档案系列第 63/313/172 号文稿，对折页第 354 页。

15　丘吉尔曾担任过韦茅斯与梅尔库科里杰斯的议员，1664 年得到封爵。他是第一代马尔伯勒公爵约翰·丘吉尔的父亲，20 世纪政治家兼英国首相丘吉尔的祖先。

16　《国家档案日历》，1663—1665 年爱尔兰部分，第 104 页。

17　英国国家档案馆里的国家档案系列第 63/312/174 号文稿，对折页第 357

页。1663 年 5 月 24 日，奥蒙德于都柏林城堡致信贝内特。
18　英国国家档案馆里的国家档案系列第 63/313/221 号文稿，对折页第 451 页。塔尔博特于 1663 年 6 月 13 日致信威廉森。
19　《国家档案日历》，1663—1665 年爱尔兰部分，第 97—98 页；1663 年 5 月 2 日于都柏林城堡。
20　英国国家档案馆里的国家档案系列第 63/313/164 号文稿，对折页第 335 页。
21　《伦敦古文物学会公告》，1572—1670 年爱尔兰，第 17 卷，对折页第 75 页。另一份复本藏于博德利图书馆里卡特搜集的文稿第 54 号，对折页第 537 页。
22　英国国家档案馆里的国家档案系列第 63/313/169 号文稿，对折页第 349 页。弗农于 1663 年 5 月 23 日致信国务大臣贝内特。
23　16 世纪在德国和瑞士所建宗教团体的信徒，只承认成年信徒的洗礼，拒绝接受圣公会教义。
24　英国国家档案馆里的国家档案系列第 63/313/168 号文稿，对折页第 346 页。
25　《伦敦古文物学会的公告》，1572—1670 年爱尔兰，第 17 卷，对折页第 75 页，以及博德利图书馆里卡特搜集的文稿第 71 号，对折页第 388—389 页；"爱尔兰总督与爱尔兰立法委员会就近期的阴谋发布的公告"。
26　博德利图书馆里卡特搜集的文稿第 49 号，对折页第 193 页。
27　莫里斯（Morrice）所著的《第一代奥雷里伯爵兼爱尔兰芒斯特省军事长官罗杰·波义耳的国务信函辑录》(*A Collection of the State Letters of Roger Boyle, first earl of Orrery, Lord President of Munster in Ireland*)（伦敦与都柏林，1743），第 69—70 页。
28　嫌疑犯总是在夜里和周日早晨骑行，但从不走公路。有时会有六七个人为伍。博德利图书馆里卡特搜集的文稿第 32 号，对折页第 460 页，1663 年 5 月 25 日于都柏林。
29　博德利图书馆里卡特搜集的文稿第 32 号，对折页第 608 页，1663 年 6 月 29 日于洛克布里克兰德。
30　博德利图书馆里卡特搜集的文稿第 214 号，对折页第 438 页，1633 年 5 月 22 日于都柏林。
31　博德利图书馆里卡特搜集的文稿第 165 号，对折页第 111 页。对那些住所可以俯瞰城市码头的都柏林市民所下的驱逐令，将他们逐出后让士兵驻扎在那里；1663 年 5 月 30 日于都柏林城堡。

32 英国国家档案馆里的国家档案系列第 63/313/180 号文稿，对折页第 366 页；博德利图书馆里卡特搜集的文稿第 143 号，对折页第 133 页左侧页。

33 博德利图书馆里卡特搜集的文稿第 143 号，对折页第 133 页右侧页。

34 英国国家档案馆里的国家档案系列第 63/313/186 号文稿，对折页第 376 页。1663 年 5 月 30 日，弗农于都柏林致信国务大臣贝内特。

35 英国国家档案馆里的国家档案系列第 63/313/187 号文稿，对折页第 378 页。詹姆斯·坦纳的证词；1663 年 5 月 31 日于都柏林。

36 《国家档案日历》，1663—1665 年爱尔兰部分，第 116 页；1663 年 6 月 3 日，奥蒙德于都柏林城堡致信贝内特。

37 英国国家档案馆里的国家档案系列第 63/313/193 号文稿，对折页第 395 页；1663 年 6 月 3 日，尼古拉斯·阿莫尔爵士于都柏林致信约瑟·威廉森。在英国内战期间，阿莫尔曾是保王党间谍头目，君主制复辟后被任命为爱尔兰护卫队（Irish Guards）上尉以及邓坎嫩（Duncannon）堡垒的主理官。这座位于韦克斯福德郡的星形防御工事可以为新罗斯（New Ross）的沃特福德港提供保护。

38 《国家档案日历》，1663—1665 年爱尔兰部分，第 117 页；托马斯·克拉吉斯爵士于 1663 年 6 月 3 日致信国务大臣贝内特。

39 英国国家档案馆里的国家档案系列第 63/313/198 号文稿，对折页第 430 页。弗农于 1663 年 6 月 5 日致信约瑟·威廉森。

40 博德利图书馆里卡特搜集的文稿第 221 号，对折页第 52—53 页。1663 年 6 月 6 日，贝内特于白厅致信奥蒙德；卡特搜集的文稿第 46 号，对折页第 55 页，1663 年 6 月 1 日。

41 英国国家档案馆里的国家档案系列第 63/313/207 号文稿，对折页第 419 页。1663 年 6 月 10 日，奥蒙德于都柏林城堡致信贝内特。奥蒙德担心能否成功起诉这些阴谋分子，于是打算通过军事法庭审判他们，这样就可以不用受到常规法律条件的约束。但他得出的结论是："战时才有军事法庭，进行军事法庭审判不用有所顾忌，但现在是和平时期，能给士兵判处死刑的军事法庭实在难能可贵……"博德利图书馆里卡特搜集的文稿第 143 号，对折页第 142 页。奥蒙德于 1663 年 6 月 13 日致信贝内特。

42 小不列颠在东边与圣马丁的大伦敦地区（Le Grand）接壤，西边与伦敦市北部的西史密斯菲尔德（West Smithfield）接壤。

43 英国国家档案馆里的国家档案系列第 63/313/209 号文稿，对折页第 422 页。1663 年 6 月 10 日于都柏林城堡。

44 英国国家档案馆里的国家档案系列第 63/313/209 号文稿，对折页第 425 页。

45 博德利图书馆里卡特搜集的文稿第 114 号，对折页第 505 页。爱德华·坦纳于 1663 年 6 月 15 日致信史泰博中校。

46 普劳德福特城堡先前被原主人命名为法因城堡（Fyan's Castle）：1640 年，托马斯·法因是都柏林的治安官。后来到了 17 世纪，这座城堡被第一代桑特里男爵兼大法官詹姆斯·巴里的表亲、商人乔治·普劳德福特购得［吉尔伯特所著的《都柏林城的历史》(History of the City of Dublin)，第 1 册，第 375 页］。显然，普劳德福特将此建筑租给了都柏林的皮匠弗朗西斯·斯莱（Francis Sleigh），后者又同意以每年 30 英镑的价格将其租给警卫官菲利普·卡朋特（Carpenter），卡朋特为此支付了 70 英镑，然后将自己负责看押的犯人都关在这里。［《国家档案日历》，1663—1665 年爱尔兰部分，第 138 页。］

47 达西（1598—1668 年）是一名天主教律师，1617 年 7 月就读于伦敦的中殿律师学院（Middle Temple），而后大约于 1627 年在康诺特省执业。1642 年，他在起草爱尔兰天主教联盟章程时起到了重要的作用，克伦威尔入侵后，他被囚禁在都柏林的马夏尔西监狱。死后安葬于戈尔韦郡的基尔康奈尔修道院（Kilconnell Abbey）内，墓冢上的墓志铭用拉丁语写着"Hic misera patria sola columna jacet"，意思是"可悲的国家，这里埋葬着您唯一的砥柱"。

48 博德利图书馆里卡特搜集的文稿第 32 号，对折页第 666 页、第 668 页和第 669 页。

49 桑特里（1603—1672 年）是都柏林市议员理查德·巴里 3 个儿子中的老大。他是都柏林市的书记员和警卫官，以及爱尔兰财政部的第二代男爵，后来在 1660 年 11 月被任命为王座法院的首席法官，以此作为他效忠查理一世及查理二世的奖赏。1661年2月，他受封成为都柏林桑特里郡的第一代桑特里男爵。参见：E. 巴里所著的《科克郡巴里斯的记录》（*Records of the Barrys of Co. Cork*）第135页，以及鲍尔所著的《查理二世统治时期的爱尔兰司法制度札记》（*Notes on the Irish Judiciary in the Reign of Charles Ⅱ*）第90页。

50 《国家档案日历》，1663—1665年爱尔兰部分，第131页。1663年6月13日，奥蒙德于都柏林致信国务大臣贝内特。

51 英国国家档案馆里的国家档案系列第63/33/245号文稿，对折页第495页。1663年6月25日，奥蒙德于都柏林城堡致信国务大臣贝内特。

52 位于德罗赫达的爱尔兰议会于1495年通过了两项与谋逆罪有关的法律。第一项（爱尔兰下议院《卷宗十之亨利七世》第25章）指出，令爱尔兰人卷入战争的行为即为谋逆罪；第二项（爱尔兰下议院《卷宗十之亨利七世》第37章）指出，带有恶意的谋杀行为也被视作谋逆罪。看来第一项法律是用来对付阴谋分子的。参见戴维·B. 奎因（David B Quinn）所著的《亨利七世与亨利八世时期爱尔兰议会的法案与章程》（*Bills and Statutes of Irish Parliament of Henry VII and Henry VIII*），载于《爱尔兰文稿委员会会刊》（*Analecta Hibernica*）第10期（1944年7月）第71—169页。

53 《国家档案日历》，1663—1665年爱尔兰部分，第138页。弗农于1663年6月17日致信威廉森。

54 历史文稿委员会的《基尔肯尼城堡的奥蒙德侯爵保存的手稿》，第3卷，第57—58页，11名牧师在安特里姆郡的卡里克弗格斯被捕后被送到了卡灵福德（Carlingford），但有9名牧师未被找到，其中包括已经逃往苏格兰的亨利·亨特（Henry Hunter）和布鲁斯（Bruces）先生。军队也没找到阴谋分子中假扮成牧师的安德鲁·麦考马克（博德利图书馆里卡特搜集的文稿第32号，对折页第655页）。

55 博德利图书馆里卡特搜集的文稿第59号，对折页第86页，以及英国国家档案馆第63/313/226号文稿，对折页第460页。

56 博德利图书馆里卡特搜集的文稿第43号，对折页第192页。国王于1663年6月10日致信奥蒙德。

57 奥蒙德很可能对弗农有意放走阿尔登的计划毫不知情。6月20日,爱尔兰总督奥蒙德报告了线人阿尔登越狱的消息。"根据城堡中的治安警察提供的线索,我认为此人已潜入英格兰,希望我的另一位间谍可以为我提供有关此人的更多情报。"《国家档案日历》,1663—1665年爱尔兰部分,第142页。

58 《国家档案日历》,1663—1665年爱尔兰部分,第139页;1663年6月19日。奥蒙德头天签署了一份逮捕令,要以最高谋逆罪的名义重新捉拿都柏林城堡中近期收押的囚犯阿尔登;博德利图书馆里卡特搜集的文稿第165号,对折页第116页左侧页。

59 博德利图书馆里卡特搜集的文稿第68号,对折页第562页。王座法院位于四法庭(Four Courts)建筑群内,会有四法庭这种叫法是因为这里是爱尔兰最高法院(Chancery)、王座法院、财政部和民诉法院(Common Pleas courts)的所在地。当前的建筑建造于1786—1796年。

60 英国国家档案馆里的国家档案系列第63/313/243号文稿,对折页第491页。1663年6月25日,乔治·莱恩爵士于都柏林城堡致信国务大臣贝内特。

61 《国家档案日历》,1663—1665年爱尔兰部分,第121页。弗农于1663年6月6日致信约瑟·威廉森。

62 博德利图书馆里卡特搜集的文稿第32号,对折页第602页,1663年6月22日于都柏林。

63 庞森比(约1609—1678年),来自柴郡的黑尔(Haile),1649年以骑兵上校的身份追随克伦威尔来到爱尔兰,因为在军中表现卓越而在基尔肯尼郡的贝斯伯勒(Bessborough)附近得到大片土地作为奖赏。他还是代表基尔肯尼郡的都柏林议会成员,积极主张维护爱尔兰新教的重要地位。

64 博德利图书馆里卡特搜集的文稿第32号,对折页第604页右侧页。信上标记着:"仅供大人呈阅。"

65 希伯来人的古代律法,出自摩西(Moses)之手,包含在《摩西五经》(Pentateuch)或《旧约全书》前五卷中的律法中,是希伯来《圣经》的前五部。

66 英国国家档案馆里的国家档案系列第63/314/2号文稿,对折页第3页。弗农于1663年7月1日致信威廉森。

67 博德利图书馆里卡特搜集的文稿第 32 号，对折页第 673 页；1663 年 7 月 3 日于都柏林。

68 博德利图书馆里卡特搜集的文稿第 32 号，对折页第 691—694 页。桑特里勋爵讲话中对杰夫森和其他人的评论；1663 年 7 月 7 日于都柏林的王座法庭。

69 《国家档案日历》，1663—1665 年爱尔兰部分，第 169 页。罗伯特·利于 1663 年 7 月 8 日致信约瑟·威廉森。

70 英国国家档案馆里的国家档案系列第 63/314/11 号文稿，对折页第 32 页。1663 年 7 月 11 日，乔治·莱恩爵士于都柏林城堡致信国务大臣贝内特。

71 《国家档案日历》，1663—1665 年爱尔兰部分，第 167 页。1663 年 7 月 11 日，罗伯特·利于都柏林致信威廉森。

72 在当代文献中，汤普森也被称为"中校"或"上尉"。

73 坎贝尔（约 1607—1661 年）因在政府更迭的政权空白期与联邦勾结，并于 1653—1654 年参与镇压过第八代格伦凯恩伯爵（Count of Glencairn）威廉·坎宁安（William Cunningham）领导的苏格兰保王起义而被控犯有谋逆罪。1661 年 5 月 27 日，坎贝尔在爱丁堡被名为"苏格兰少女"（Scottish Maiden）的铡刀斩首，这种早期使用的铡刀在 1564—1710 年间处决了爱丁堡市（Edinburgh）的 150 余人。其中一门铡刀现藏于爱丁堡的苏格兰博物馆中。

74 博德利图书馆里卡特搜集的文稿第 32 号，对折页第 688 页；1663 年 7 月 5 日于都柏林城堡。

75 格里夫斯所著的《救吾辈于恶魔之手》，第 149 页。接下来的 11 月初，一个名叫玛丽·罗伯茨（Mary Roberts）的寡妇向奥蒙德提出请求，想让汤普森清偿欠她的一笔债务，而这笔财产已被国王没收充公。博德利图书馆里卡特搜集的文稿第 144 号，对折页第 123 页左侧页。

76 博德利图书馆里卡特搜集的文稿第 32 号，对折页第 589—590 页。鹿特丹自治区各位长官给吉比·卡尔上校开具的该市的居住证明；1663 年 6 月 10—20 日于鹿特丹。

77 《国家档案日历》，1663—1665 年爱尔兰部分，第 166 页。1663 年 7 月 10 日，奥蒙德于白厅致信贝内特。

78 博德利图书馆里卡特搜集的文稿第 46 号，对折页第 61—64 页。1663 年 6 月 27 日，贝内特于白厅致信奥蒙德。

79 博德利图书馆里卡特搜集的文稿第 32 号，对折页第 202 页。芒特·亚历山大伯爵和威廉·莱斯利乡绅对安特里姆的詹姆斯·米利根就藏匿托马斯·布拉德一事进行盘查；1663 年 8 月 21 日于安特里姆。

80 博德利图书馆里卡特搜集的文稿第 32 号，对折页第 202 页右侧页。对詹姆斯·米利根的审讯。

81 博德利图书馆里卡特搜集的文稿第 214 号，对折页第 534 页。1663 年 8 月 25 日，芒特·亚历山大伯爵于纽敦（Newtown）致信奥蒙德。8 月初，曾经从军的爱德华·巴戈特（Edward Bagot）从斯塔福德郡的布利斯菲尔德（Blithfield）写信警告爱尔兰总督奥蒙德称爱尔兰的前议会军正在密谋加害他。"他们当中的有些人将打算袭击爱尔兰的时间告诉了我的情报间谍，英格兰有个党派还准备给他们提供支持。"博德利图书馆里卡特搜集的文稿第 33 号，对折页第 18 页。

82 博德利图书馆里罗林森（Rawlinson）搜集的文稿第 A.185 号，对折页第 374 页右侧页。

83 博德利图书馆里卡特搜集的文稿第 32 号，对折页第 210 页。布拉德致信约翰·钱伯林。写信日期可能为 1663 年 8 月。

84 博德利图书馆里卡特搜集的文稿第 32 号，对折页第 211 页。没标注日期，但是背书写着："复本，1663 年 8 月 14 日于威克洛。"

85 博德利图书馆里罗林森搜集的文稿第 A.185 号，对折页第 473 页。

86 英国国家档案馆里的国家档案系列第 63/314/16 号文稿，对折页第 42 页。奥蒙德于 1663 年 7 月 14 日致信国王。

87 博德利图书馆里卡特搜集的文稿第 49 号，对折页第 216 页。

88 《国家档案日历》，1663—1665 年爱尔兰部分，第 181 页。

89 博德利图书馆里卡特搜集的文稿第 68 号，对折页第 574 页。亚历山大·杰夫森在绞刑架下最后的讲话。

90 博德利图书馆里卡特搜集的文稿第 68 号，对折页第 576—578 页。

91 《国家档案日历》，1663—1665 年爱尔兰部分，第 176—177 页。

92　博德利图书馆里卡特搜集的文稿第 159 号，对折页第 66 页。

93　英国国家档案馆里的国家档案系列第 63/315/25 号文稿，对折页第 49 页。1663 年 11 月 18 日，乔治·莱恩爵士于都柏林城堡致信贝内特。

94　《关于布拉德先生的生死评论》，第 220—221 页。

95　莫里斯（Morres）所著的《爱尔兰议会的事务处理准则史 1634—1666》（*History of the Principle Transactions of the Irish Parliament 1663-66*）（2 卷本，伦敦，1742 年），第 2 册，第 136 页。

96　《国家档案日历》，1663—1665 年爱尔兰部分，第 308 页。1663 年 8 月，其母夏丽蒂（Charity）致信奥蒙德，拜服在他的脚下，不知该如何表达她的苦楚，说其子应因谋逆罪接受他的处罚，还说他多年来优柔寡断的本性成了一些江湖骗子利用的弱点。博德利图书馆里卡特搜集的文稿第 33 号，对折页第 90 页。

第三章　阴谋的滋味

1　《国家档案日历》，1663—1665 年爱尔兰部分，第 662 页。

2　更多关于伊丽莎白时代间谍组织的信息，请参见罗伯特·哈钦森撰写的《女王的超级间谍》（*Elizabeth's Spymaster*）（伦敦，2006 年）。

3　1644 年 12 月 19 日，上下两院都决定将圣诞节定为斋戒日，禁食肉馅饼一类的粗陋吃食。他们颁布命令说："这一天，尤其要保持庄重并抱有羞耻之心，因为它可能会提醒我们自己以及祖先们犯下的罪孽，假装通过这个节日纪念基督，实则沉溺于肉欲和感官享乐中完全忘记了基督的存在。"［《上议院议事录》（*Lords Jnls*）第 7 卷，第 106 页］保王党的讽刺作家兼诗人约翰·泰勒（1580—1653 年）写了一本书来嘲笑这道政令，书中的圣诞老人"到访伦敦、雅茅斯、纽伯里（Newbury）和格洛斯特的许多城市及乡镇，那里无不充斥着分裂和反叛气氛，他发现辛苦耕耘的农人和劳工们之前热衷的欢愉蹦跳以及舞蹈一类的所有自由而无害的运动都已不复存在，他们也不再一年到头精神饱满，充满希望，这种生活方式遭到了废止，就好像从来不曾出现过一样。就这样，在威斯敏斯特公布令人不悦规定的疯狂领主打败了施行暴政的快乐领主"。[《圣诞的抱怨》(*Complaint of Christmas*)，牛津，1646 年]。1642 年，戏剧表演遭到禁止。1660 年 5 月，随着查理二世凯旋进入伦敦城的还有五朔节花柱（Maypole）以及莫里斯（Morris）舞蹈。

4　后来的国王詹姆士二世。

5　J·R·马格拉思（Magrath）编辑的《牛津的佛兰德斯人》(*The Flemings in Oxford*)，选自《赖德尔档案》(*Rydal Papers*) 中说明 1650—1657 年牛津人生活方式的文件 [共 3 卷，牛津历史学会（Oxford Historical Society），1904—1924 年]，第 1 卷，第 160 页。

6　主张设立邮局的法案，爱尔兰下议院《卷宗十二之二》第 35 章。将单页信或折页信寄送至 80 英里、140 英里或者更远处的收件人，每封信的邮资按 2 便士、4 便士和 6 便士 3 个价位收取。

7　其父在 1635 年之后负责掌管邮政工作，当时这个机构是由查理一世创建的。这位日渐衰弱的老人给赫尔（Hull）市长写信宣布要在王国内通往多佛、爱丁堡、霍利黑德（Holyhead）、普利茅斯（Plymouth）和布里斯托尔的 5 条主干道上设立邮局（英国国家档案馆里的邮政系列第 23/1 号文稿；1636 年 1 月 28 日）。更多信息请参见：特纳所著的《邮政的秘密》(*The Secrecy of the Post*)，载于《英国历史评论》(EHR) 第 33 期，第 320—327 页。

8　英国国家档案馆里的国家档案系列第 29/168/151 号文稿，对折页第 158 页。不确定是否为 1666 年 8 月 24 日。

9　沃利斯（1616—1703 年）是牛津大学的第三位萨维尔几何学教授，他曾在共和制时期的 1659—1660 年为克伦威尔的间谍头目约翰·瑟洛（John Thurloe）担任密码破译员，在君主制复辟后又为威廉森工作，在密码破译方面被人称作"为国王所用的珍宝"。1645 年 6 月 14 日保王党在纳西比战役（Battle of Naseby）失利后，他被控破译国王查理一世的信件而遭到议会军逮捕——后来，他在 1685 年 4 月 8 日写给友人牛津主教约翰·费尔（John Fell）的信中对这些指控极力否认。（大英图书馆补充文稿第 32, 499 号，对折页第 377 页）。关于沃利斯一生的具体信息，请参见博德利图书馆里罗林森搜集的文稿第 C.978 号中一份 18 世纪的描述。

10 马歇尔所著的《查理二世统治时期的情报与间谍》,第 79—80 页。奥登博格(约 1619—1677 年)是 1660 年 11 月 28 日成立的英国皇家学会(Royal Society)的秘书长,是王室学会的同行评审期刊《哲学会刊》(Philosophical Transactions)的创始编辑,该刊是世界上最古老的科学杂志,现在依然非常强大。奥登博格对政府在 1665—1667 年第二次荷兰战争期间的作为表示出严厉的批判态度,他与英国王室学会成员的通信被人截获,信中表达的观点得罪了政府,他为此吃了些苦头,1667 年在伦敦塔被羁押了两个月,从而得到了有益的教训。

11 莫兰对情报性质及推理的简要论述,《埃格蒙特档案》(Egmont Papers),第 214 卷,大英图书馆补充文稿第 47133 号,对折页第 8—13 页。

12 1969 年 11 月 4 日在伦敦苏富比(Sotheby)拍卖的 Lot260 号拍品是一份 17 世纪所写的关于莫兰的"传声器"的介绍。

13 参见:苏珊·E. 怀曼(Susan E. Whyman)所著的《英国的邮政审查制度》(Postal Censorship in England);历史文稿委员会的《关于拉特兰郡伯利山的阿伦·乔治·芬奇文稿的报告》(Report on the Manuscripts of the late Allan George Finch of Burley-on-the-Hill, Rutland),第 2 卷,第 265 页;历史文稿委员会的《关于邓恩郡侯爵手稿的报告》(Report on the Manuscripts of the Marquis of Downshire),第 1 卷,第 2 部分,第 594—595 页。

14 一种海关官员职位,负责登上到港的船只例行检查,然后对其货物收取税费。

15 大英图书馆内埃杰顿搜集的文稿第 2539 号,对折页第 101 页。

16 从怀特霍尔宫的御花园有一个私人入口可以通往贝内特与威廉森的办公室。如不走此路,访客就得从石廊穿过一道外面的大门进入门卫把守的门廊。参见马歇尔所著的《约瑟·威廉森爵士与复辟英格兰的行政管理指引》(Sir Joseph Williamson and the Conduct of Administration in Restoration England),载于《历史研究》第 69 期第 21—22 页。

17 其中一所安全屋是天文学家保罗·尼尔(Neale)(1613—1686 年)的房屋吗?从 1678 年 11 月 23 日到 1679 年 7 月 31 日,他收到了 38 英镑的秘密资金,用于他"在白厅的住宿花销"。1673 年,尼尔成为纽瓦克议员,但由于选举结果存在争议，所以他在下议院没有座席，1677年，这一投票结果被宣布无效。参见阿克曼（Akerman）编辑的《1679年3月30日至1688年12月25日期间查理二世与詹姆斯二世为特工机构收取及支付的款项》（*Moneys received and paid for Secret Services of Charles II and James II from 30 March 1679 to 25 December 1688*）第5页。威廉森在议会街（Parliament Street）不远处的苏格兰场（伦敦警察厅）有自己的房屋。

18　马歇尔所著的《查理二世统治时期的情报与间谍》，第160页。

19　包括秘密情报局（即英国陆军情报六局MI6）、安全局（军情五处MI5）和政府通信总部（GCHQ，相当于美国国家安全局）在内的3个英国情报机构的开销包含在"单一情报账户"内，2014—2015年的总额在19亿英镑，外加1.23亿英镑的密码安全经费。出于安全原因，并未公布各机构各自的预算。

20　大英图书馆中补充文稿第28077号，对折页第139页。壁炉税是1662—1689年征收的税种，规定每户为每个壁炉或火炉支付1先令（5便士），一年支付2次，征税时间分别在米迦勒节（Michaelmas，9月25日）和天使报喜节（Lady Day，即3月25日）。1674年，第五代埃克塞特伯爵约翰·塞西尔（John Cecil）须为自己位于林肯郡斯坦福德（Stamford）的伯利庄园中的70个壁炉交税。

21　阿克曼编辑的《1679年3月30日至1688年12月25日期间查理二世与詹姆士二世为特工机构收取及支付的款项》扉页第10页和正文第7页。

22　王室历史文稿委员会《第五次报告》，附录，第7部分，第170页。

23　《但以理书》，第2章，第44节。

24　《启示录》，第13章，第17—18节。

25　至少他们对统治者的诽谤是前后一致的：他们曾宣称克伦威尔是巴比伦暴君。

26　塞缪尔·佩皮斯在1661年1月9日的日记中写道："大概早晨6点钟被街上跑来跑去的人声吵醒……谈论着武装狂热分子已经进城。于是我起身走出去，在街上发现每个人都在门口拿着武器。所以我回到家里（虽然没有太大的勇气……）拿了剑和手枪，但我的枪里没有火药……"第二天，他震惊地听说"狂热分子……把他们遇到的训练有素的伦敦民兵都击溃了，还让王室禁卫骑兵团落荒而逃，他们大约杀死了 20 人……这一切都是在光天化日之下发生的，当时全城所有人都拿着武器。"《佩皮斯日记》，第 1 册，第 298—299 页。

27 卡普（Capp）所著《一道重新开启的希望之门：第五王国派，查理王与耶稣王》（*A Door of Hope Re-opened: the Fifth Monarchy, King Charles and King Jesus*），载于《宗教历史》（*Religious History*）期刊第 32 期，第 16—30 页。关于第五王国派成员的更多信息，请参见卡普所著的《第五王国派人：17 世纪关于千禧年说的研究》（*The Fifth Monarchy Men: A Study in Seventeenth century English Millenarianism*）（伦敦，1977）以及钱普林·伯雷奇（Champlin Burrage）所著的《第五王国派的叛乱》（*The Fifth Monarchy Insurrections*），载于《英国历史评论》第 25 期第 741—743 页。

28 1665 年 11 月 7 日发表的第一期报纸定名为《牛津公报》（*Oxford Gazette*），因为鼠疫在伦敦城肆虐，所以宫廷搬到了牛津。据报道，伦敦这周的死亡人数为 1359 人，其中 1050 人死于瘟疫——减少了 428 人。1666 年 2 月 5 日，该报更名为《伦敦公报》。

29 《马加洛蒂的报告》（*Magalotti, Relazione*）第 44—45 页。

30 《佩皮斯日记》第 3 册，第 30—31 页。1663 年 2 月 6 日。

31 《佩皮斯日记》第 5 册，第 223 页。1666 年 3 月 1 日。

32 《约翰·伊夫林乡绅日记》（*The Diary of John Evelyn Esq.*）第 2 辑，第 300 页。

33 《马加洛蒂的报告》第 44 页，但是这位意大利人可能夸大了估算。还可参见马歇尔所著的《查理二世统治时期的情报与间谍》第 36 页，以及马歇尔所著的《约瑟·威廉森爵士》，载于《牛津国家人物传记》，第 59 卷，第 352—356 页，以及马歇尔所著的《约瑟·威廉森爵士与复辟英格兰的行政管理指引》（*Sir Joseph Williamson and the Conduct of Administration in Restoration England*），载于《历史研究》第 69 期第 18—41 页。

34 大英图书馆内埃杰顿搜集的文稿第 2539 号，对折页第 142—143 页。关于国务大臣薪酬的具体信息，参见 F. M. 格利尔·埃文斯（Greir Evans）所著的《17 世纪首席国务大臣的薪酬》（*Emoluments of the Principal Secretaries*

of State in the seventeenth century），载于《英国历史评论》第 35 期，第 513—528 页。

35　马歇尔撰写的《第一代阿灵顿伯爵亨利·贝内特》(*Henry Bennet, first earl of Arlington*)，载于《牛津国家人物传记》第 5 卷，第 102 页。

36　格里夫斯所著的《救吾辈于恶魔之手》，第 174 页。

37　格里夫斯所著的《救吾辈于恶魔之手》，第 178—179 页。

38　更多关于北方叛乱的信息，请参见吉（Gee）在《伊奥利亚人的考古学》(*Archaeologia Aeolian*) 第 3 系列，第 14 期（1917 年）第 145—156 页所著的《1663 年的达勒姆与纽卡斯尔阴谋》(*A Durham and Newcastle plot in 1663*)，以及沃克在《约克郡考古期刊》(*Yorkshire Archaeological Jnl*) 第 31 期（1932—1934 年）第 348—359 页所著的《1663 年的约克郡阴谋》(*The Yorkshire Plot, 1663*)，他注意到白厅官员们的担心似乎造成了某种不合理的恐慌（第 358—359 页）。关于那些在北方起义中被抓获之人的悲惨命运，请参见 J. 雷恩编辑的瑟蒂斯协会（Surtees Society）的第 40 期内容《17 世纪来自约克城堡的关于北方诸郡犯罪的证词》(*Depositions from the Castle of York relating to Offences Committed in the Northern Counties in the Seventeenth Century*)（伦敦，1861）。

39　《国家档案日历》，1663—1664 年国内部分，第 652 页。

40　马歇尔撰写的《威廉·莱文》(*William Leving*)，载于《牛津国家人物传记》，第 33 卷，第 345 页。琼斯撰写的内容激进的秘密宣传册有一个冗长的标题——"警示语或暴政的灭亡，由此为自由与公平辩护，暴政将得到上帝法则的谴责，正直理念以及人民权利与义务将在没有邪恶统治者的情况下彰显正义，来自劳菲勒斯·米索泰伦纳斯（崇尚自由，反对暴政）的宣言"(*Mene Tekel or the Downfall of Tyranny wherein liberty and equity are vindicated, and tyranny condemned by the law of God and right reason, and the people's power and duty to execute justice without and upon wicked governors, asserted by Laophilus Misotyrannus*)。这份愤怒的煽动性文稿在 1663 年年初发布，认为国王是人民的公仆，是由人民拥立的，因此可以被人民废黜。国王查理一世遭到血腥处置的事依然令人记忆犹新，出版这本册子并未避讳可以触动君主制复辟政府的痛点。

41　兰伯特（1619—1684 年）被控对复辟君主制犯有高级谋逆罪，在监狱中度过了 24 年，先是囚禁于根西的海峡群岛（Channel Island of Guernsey），后来囚禁在普利茅斯湾（Plymouth Sound）的德雷克岛（Drake's Island），并于 1674 年 3 月在该岛去世。

42　马歇尔所著的《查理二世统治时期的情报与间谍》，第 156 页。

43　英国国家档案馆里的国家档案系列第 29/97/41 号文稿，第 54 页；乔治·兰利爵士于 1664 年 4 月 3 日致信贝内特。国家档案系列第 29/97/201 号文稿，对折页第 32 页；1664 年 4 月 23 日，乔治·兰利爵士于约克致信国务大臣贝内特。

44　英国国家档案馆里的国家档案系列第 29/97/75 号文稿，对折页第 130 页。最早记录在册的在英格兰把线人当作一种职业的例子之一便是伦敦的缝纫用品商乔治·韦尔普莱（George Whelplay），他被派往南安普敦（Southampton）献策，建议由亨利八世的执法者托马斯·克伦威尔对港口的海关机构进行调查。参见 G. R. 埃尔顿在《剑桥历史期刊》（*Cambridge Hf*）第 11 期（1954 年）第 149—167 页刊出的《为利益而提供情报：都铎王朝时期的执法办法拾零》（*Informing for Profit: A Sidelight on Tudor Methods of Law Enforcement*）。埃尔顿指出，韦尔普莱的辛勤劳作只换来了极少的报酬，尽管在本质上讲这是一种非常恶劣的风气，但却得不到别人的一丁点儿同情。

45　《国家档案日历》，1663—1664 年国内部分，第 629 页。

46　《关于布拉德先生的生死评论》，第 221 页。如果这个故事属实，那布拉德肯定在 5 月初出海远征西非之前就见过德·鲁伊特，这位荷兰海军将领在那里重新夺回了一些被英国短期占领的荷兰奴隶营。然后，他越过大西洋袭击了北美洲的英属殖民地。1665 年 4 月，德·鲁伊特栖身于巴巴多斯。

47　《关于布拉德先生的生死评论》，第 222 页。

48　英国国家档案馆里的国家档案系列第 29/102/48 号文稿，对折页第 57 页。

49　英国国家档案馆里的国家档案系列第 29/102/49 号文稿，对折页第 59 页。政府专员们要求修复伦敦塔的指令；1664 年 9 月 12 日。

50 《国家档案日历》，1663—1665 年爱尔兰部分，第 459 页。1664 年 12 月 20 日，罗顿（Rawdon）市长于利斯本（Lisburn）致信康韦子爵。

51 英国国家档案馆，SP 29/121/131，第 175 页。伦敦 31 位极端分子的名单。

52 《国家档案日历》，1664—1665 年国内部分，第 259 页。威廉斯于 1665 年 3 月 18 日致信国务大臣贝内特。

53 《国家档案日历》，1664—1665 年国内部分，第 259 页。威廉斯于 1665 年 3 月 18 日致信国务大臣贝内特。

54 第五王国派成员爱德华·凯里（Carey）上尉的假名，1664 年，他从一名信使（一名逮捕官）那里逃走了。

55 《国家档案日历》，1664—1665 年国内部分，第 259 页。1665 年 3 月 18 日，威廉斯和乔治·贝特森于伦敦致信罗杰·兰利爵士。

56 马歇尔所著的《查理二世统治时期的情报与间谍》，第 158 页。之所以称之为小法兰西是因为那里居住着许多法国商人，此街后来被重新命名为约克街（York Street）。

57 这可能是萨瑟克的白狮监狱（White Lion prison）中的囚犯威廉·阿申赫斯特（William Ashenhurst）在接受审讯时提到的地方。他说这些阴谋分子有时整晚都待在那里，而且有些人还带着武器，他从锁孔往里看，听到他们正在认真探讨要在接下来的 4 月实施的某些事情（英国国家档案馆里的国家档案系列第 29/115/44 号文稿，对折页第 124 页）。白狮监狱是纽科门街（Newcomen Street）与圣乔治教堂之间的四所监狱之一，位于萨瑟克区高街的东侧，其他 3 所监狱为王座法庭监狱、马夏尔西监狱（这两所都可以追溯到 14 世纪），以及感化院（House of Correction）。

58 布拉德的笔记指出，军事法庭是在那里开庭的（博德利图书馆里罗林森搜集的文稿第 A.185 号，对折页第 473—475 页）。科尔曼街始于格雷沙姆街，终于伦敦墙（London Wall），那段时期再洗礼派会众在这里非常活跃。天鹅街也是第五王国派成员经常出没的地方。参见钱普林·伯雷奇所著的《第五王国派的叛乱》，载于《英国历史评论》第 25 期第 724—725 页。

59 《关于布拉德先生的生死评论》，第 222—223 页；伯克莱尔（Burghclere）所著的《奥蒙德的一生》（*Life of Ormond*），第 2 卷，第 183 页。

60　1664 年或 1665 年冬天异常寒冷，12 月到次年 3 月地面一直结冰，泰晤士河因为厚厚的冰层造成了两次河道堵塞。

61　马歇尔所著的《查理二世统治时期的情报与间谍》，第 161—162 页；《国家档案日历》，1664—1665 年国内部分，第 271 页。

62　英国国家档案馆里的国家档案系列第 29/103/21 号文稿，对折页第 13 页。

63　马歇尔撰写的《威廉·莱文》，载于《牛津国家人物传记》，第 33 卷，第 545 页。最早的病例于 1665 年春天发生在城墙外的圣吉尔斯教堂（St Giles-in-the-Fields）教区里。死亡率在夏季开始上升，9 月达到顶峰，一周之内就有 7165 名伦敦人丧生。

64　博德利图书馆里罗林森搜集的文稿第 A.185 号，对折页第 474 页。

65　《国家档案日历》，1663—1665 年爱尔兰部分，第 101 页。布朗参与了都柏林城堡阴谋，在英格兰和爱尔兰的狂热分子之间充当联系人。

66　1660 年查理二世恢复王位后，法式假发套在具有较高社会地位阶层的男子中非常流行。佩戴齐肩假发或者本身头发比较长的人士也有自己的困扰。1664 年 7 月 18 日，佩皮斯在其日记中写道："我要到威斯敏斯特的理发师杰维斯（Jervas）先生那里取假发，他近来为我清理了发套里恼人的虱虫，他应该把它交到我手上。"（第 4 册，第 178 页）。

67　《国家档案日历》，1663—1665 年爱尔兰部分，第 662 页。1665 年 11 月 8 日，奥雷里于都柏林致信国务大臣阿灵顿。

68　与尼德兰联邦展开的海战发生于 1665 年 3 月 4 日至 1667 年 7 月 31 日。1665 年 6 月 13 日，英国王室海军在洛斯托夫特海战（Battle of Lowestoft）中取得了初步胜利，1666 年 6 月 1 日至 4 日的"四日海战"（Four Days Battle）中虽然双方都声称自己取得了胜利，但是英军的舰队却损失惨重。荷军封锁泰晤士河河口后，英国舰队在肯特郡附近北福兰角（North Foreland）的圣詹姆士日之战（St James's Day Battle，1666 年 7 月 25 日）中再次告捷。1667 年春天，战火重燃，荷军驶入泰晤士河，在梅德韦河捣毁了英军的战船，让王室海军蒙受了极大的屈辱。

69　英国国家档案馆里的国家档案系列第 29/147/115 号文稿，对折页第 147 页。

70　这个地区曾属于都柏林的郊区，围绕一个小山谷，那里有波多河（River

Poddle）的一条支流，又名峡谷溪（Coombe Stream）。17世纪晚期，这里是当地织造业或制衣业的中心。

71 英国国家档案馆里的国家档案系列第63/320/45号文稿，对折页第1页。1666年2月12日，奥雷里伯爵于科克郡的沙勒维尔（Charleville）致信奥蒙德。沙勒维尔是有奥雷里在1661年以查理二世的名义建立的。

72 英国国家档案馆里的国家档案系列第63/320/45号文稿，对折页第2页。1666年2月8日，（可能是）多卡斯·莱恩夫人致信其丈夫乔治·莱恩爵士。

73 这是布拉德开的小玩笑吗？莫顿是一位兢兢业业的伦敦治安官的名字。

74 1662年4月，伯尔尼区为拉德洛颁发了保护令，准许他在该地生活。

75 布拉德的笔记中记录着他是"泽兰的一名囚犯"。博德利图书馆里罗林森搜集的文稿第A.185号，对折页第473页左侧页，第39项。

76 费尔普斯（约1619—1666年后）是高等法院的文书，审理过查理一世的生死问题。君主制复辟时期，他逃脱了起诉，流亡于瑞士的洛桑和沃韦。1882年，费尔普斯的两名海外后裔——来自新泽西的美国驻捷克斯洛伐克布拉格的大使威廉·费尔普斯以及来自马萨诸塞的查理·A. 费尔普斯医生为其在瑞士沃韦的圣马丁宗教改革教堂竖起了一座黑色大理石纪念碑。

77 英国国家档案馆里的国家档案系列第9/32/313号文稿。威廉森的通信地址簿。

78 马歇尔所著的《查理二世统治时期的情报与间谍》，第201—202页，以及马歇尔所著的《托马斯·布拉德上校与复辟时期的政局》（Colonel Thomas Blood and the Restoration Political Scene），载于《历史期刊》第32期，第576—578页。

79 《国家档案日历》，1666—1669年爱尔兰部分，第80页。1666年4月2日，奥蒙德于都柏林城堡致信阿灵顿。这件事花了一些时间才到了这个地步：巴恩斯上尉在1664年2月向奥蒙德请愿，想要负责监管布拉德的土地（博德利图书馆里卡特搜集的文稿第159号，对折页第175页与第175页左侧页）。

80 博德利图书馆里卡特搜集的文稿第43号，对折页第505页。1666年4月11日国王于白厅致信奥蒙德。英国国家档案馆里的国家档案系列第63/320/129号文稿，对折页第2页。

81　马歇尔撰写的《托马斯·布拉德上校与复辟时期的政局》，载于《历史期刊》第 32 期第 576 页；英国国家档案馆第 84/180/62 号文稿，从拉德洛处截获的信件。

82　三人全部于 1662 年 4 月 19 日在伦敦遭到处决。君主制复辟时期，唐宁因其忠心耿耿的表现而被赐予了圣詹姆士公园毗邻的土地，那里成了唐宁街。

83　在《一场审慎的辩护》(*A Modest Vindication*) 第 2 页中提到了布拉德对拉德洛的看法。

84　博德利图书馆里卡特搜集的文稿第 46 号，对折页第 357 页。1666 年 8 月 26 日，阿灵顿于白厅致信奥蒙德。

85　英国国家档案馆里的国家档案系列第 29/168/148 号文稿，对折页第 148 页。格赖斯于 1666 年 8 月 24 日致信威廉森。格赖斯显然参与了都柏林城堡阴谋的边缘性工作，他得到承诺说不会作为证人出庭作证，随后便招出了 7 名同谋者的姓名（包括都柏林城堡原来的主理官琼斯上校）。格赖斯是前议会骑兵营的掌旗官，在英国内战期间作为间谍监视过纽卡斯尔的行政长官亚瑟·赫塞尔莱治爵士。参见：英国国家档案馆里的国家档案系列第 46/95/72 号文稿与第 46/95/78 号文稿。

86　《国家档案日历》，1666—1667 年国内部分，第 64 页。格赖斯有自己的敌人。执法官吉尔伯特·托马斯在随后的 10 月告诉阿灵顿说格赖斯"说话总是夸夸其谈，是个口若悬河的家伙"。出处同上，第 178 页。

87　威斯敏斯特市盖特豪斯监狱的执法官吉尔伯特·托马斯给阿灵顿的一份日期标注为 1666 年 5 月 2 日的字条写着艾伦（如果此人是布拉德的话）的留宿地址。英国国家档案馆里的国家档案系列第 29/155/17 号文稿，对折页第 24 页。

88　英国国家档案馆里的国家档案系列第 63/321/164 号文稿，对折页第 55 页。1666 年 9 月 22 日，奥雷里于沙勒维尔致信阿灵顿。

89　博德利图书馆里卡特搜集的文稿第 35 号，对折页第 52 页右侧页。关于涉嫌在爱尔兰煽动阴谋的阴谋分子的记录。

90　它摧毁了 13200 座房屋、87 座教区教堂和圣保罗大教堂以及一些官方建筑，例如王室交易所。

91　1666年9月10日出版的第85期《伦敦公报》第1页第1栏，一些法国人和荷兰人"把尺寸为小球大小的小型手榴弹随身揣在自己兜里"[历史文稿委员会的《赖德尔大厅的乡绅S. H. 勒弗莱明的手稿》(*Manuscripts of S.H. le Fleming Esq., of Rydal Hall*) 第41页]。法国出生的制表匠帕特里克·休伯特（Hubert）称自己作为教皇亚历山大七世的代理人纵火酿成了这次灾难。由于他的精神状况与健康状况不佳，所以他陈述的案情令人产生了怀疑，但此人还是在9月28日被处以绞刑。

92　历史文稿委员会的《肯尼城堡的奥蒙德侯爵保存的手稿》，第4卷，第462页。罗伯特·索斯韦尔爵士于1687年10月22日致信奥蒙德。

93　大英档案馆（TBA）里的国家档案系列第29/173/132号文稿，对折页第206页。9月7日，阿灵顿还告诉奥蒙德说"王国内既得的宁静不能被火灾打破，也不可能在任何情况下被我们追踪或者怀疑是异端团体策划或煽动的阴谋打破"（博德利图书馆里卡特搜集的文稿第46号，对折页第363—364页）。康韦勋爵的一位通讯员也向他保证说："在这件事上没有什么阴谋，尽管人们会有不同的想法，把它怪罪在法国人或荷兰人身上，或者是在9月3日庆祝胜利日那天爆发的狂热分子身上。其他人则将这场火灾怪罪在了天主教徒身上，因为据说他们中的一些人现在拥有武器，但这些人其实只是民兵而已。关于制造和投掷火球一说，经查明，也是虚构出来的。"英国国家档案馆里的国家档案系列第29/450/712号文稿，对折页第46页。

94　博德利图书馆里卡特搜集的文稿第35号，对折页第54页左侧页。阿灵顿致信乔治·莱恩爵士。布拉德前往了兰开夏郡，伦敦大火灾过后险些被人擒获。1666年9月6日于白厅。

95　博德利图书馆里卡特搜集的文稿第46号，对折页第383页。1666年10月12日，阿灵顿于白厅致信奥蒙德。

96　博德利图书馆里卡特搜集的文稿第35号，对折页第128页。

97　《国家档案日历》，1666—1667年国内部分，第349页。莱文于1666年12月15日致信阿灵顿。

98　1666年11月19—22日出版的《伦敦公报》第106期，第2页第2栏；历史文稿委员会的《赖德尔大厅的乡绅S. H. 勒弗莱明的手稿》第43页。

99　大英图书馆的补充文稿第 23, 125 号, 对折页第 198 页右侧页。波特兰叛党的宣言。

100　大英图书馆的补充文稿第 23, 125 号, 对折页第 149 页右侧页。枢密院文书彼得·韦德伯恩爵士（Sir Peter Wedderburn）致信劳德代尔公爵。

101　1666 年 12 月 3—6 日出版的《伦敦公报》第 110 期第 2 页第 1 栏与第 2 栏。

102　萨金特所著的《无赖与恶棍》, 第 125 页。

103　格里夫斯所著的《在其脚下的敌人》（Enemies Under His Feet）, 第 75 页。

104　英国国家档案馆里的国家档案系列第 29/196/6 号文稿, 对折页第 6 页。菲利普·马斯格雷夫爵士于 1667 年 4 月 1 日致信威廉森。伯克莱尔夫人在其为奥蒙德撰写的自传中认为布拉德"参加过 1666 年 11 月 26 日的彭特兰丘陵战役（Battle of Pentland Hills）, 叛乱者被击溃时, 他按照自己惯常的方式设法逃跑了"。(《奥蒙德的一生》第 2 卷, 第 184 页)。

105　博德利图书馆里卡特搜集的文稿第 35 号, 对折页第 146 页右侧页。在苏格兰以宣言书的形式宣布造反的人员名单。

106　《国家档案日历》, 1666—1667 年国内部分, 第 545 页。

107　《国家档案日历》, 1666—1667 年国内部分, 第 463 页。

108　《关于布拉德先生的生死评论》, 第 223 页。

第四章　患难见真情

1　《关于布拉德先生的生死评论》, 第 225 页。

2　《国家档案日历》, 1666—1667 年国内部分, 第 537 页:"所有提及之人如果在伦敦与威斯敏斯特一经查获, 都将带到阿灵顿勋爵面前接受审讯。还应颁发搜查令, 从抓获他们的房屋里搜查是否藏匿着武器。"该搜查令是 3 月 2 日颁布的。

3　莱文称, 作为间谍每年收入是 20 英镑。

4　伦敦邮局的管理者托马斯·加德纳（Thomas Gardiner）报告了"近期在利兹发生的几起抢劫案。其中一个盗贼莱文已经被人擒获; 另一名盗贼弗里尔逃到了伦敦,并且为阿灵顿勋爵效力过几次"。《国家档案日历》,1667年国内部分,第 114 页。那个月初,已经针对危险及煽动性行为向弗里尔发出了拘捕令;出处同上,第 114 页。

5 《国家档案日历》,1667 年国内部分,第 114 页。抓住弗里尔悬赏 10 英镑。5 月,位于白厅的宫廷因为弗里尔的危险及煽动性行为而向他发出了拘捕令。英国国家档案馆里的国家档案系列第 29/201/93 号文稿,对折页第 108 页。

6 英国国家档案馆里的国家档案系列第 29/201/39 号文稿,第 46 页。1667 年 5 月 18 日,约翰·马斯科尔于约克致信威廉森。

7 英国国家档案馆里的国家档案系列第 29/209/44 号文稿,对折页第 54 页。1667 年 7 月 11 日,威廉·莱文于新门监狱致信阿灵顿勋爵。

8 《国家档案日历》,1667 年国内部分,第 310 页。自 6 月 15 日起,梅森便羁押于伦敦塔内。两周后,他已婚的姐姐琼·普雷斯特伍德(Joan Prestwood)得到了探监许可。《国家档案日历》,1667 年国内部分,第 193 页和第 245 页。

9 现在的英国王室禁卫骑兵团,是英国陆军的高级军团,与第一龙骑兵队(Blues and Royals)组成了王室的骑兵部队。该军团成立于 1658 年,连同它的第三部队都是由流亡的保王党组成的,由约克公爵统领。该军团起初从绅士及其下士中招募现役成员,军衔相当于其他军队里的中尉。

10 达灵顿被伦敦与苏格兰之间的 A1 号主干路(过去被称为北方大道)与附近的 M62 号高速公路路口一分为二。

11 历史文稿委员会的《赖德尔大厅的乡绅 S. H. 勒弗莱明的手稿》第 52 页。

12 英国国家档案馆里国家档案系列第 29/211/60 号文稿,对折页第 61 页。

13 据称洛克耶娶了布拉德的其中一个妹妹,但是没有确凿证据证明这一说法(萨金特所著的《无赖与恶棍》第 236 页脚注)。

14 曾经位于达灵顿的十字路口处的可能是现在的展翼鹰(Spread Eagle)客栈或已拆毁的王冠客栈(Crown Inn)。

15 伯克莱尔所著的《奥蒙德的一生》,第 2 卷,第 184 页。

16 现在斗鸡是一种非法的活动(但在第 17 世纪的英国非常流行),有奋勇搏斗的意思。

17 《关于布拉德先生的生死评论》,第 223—225 页。

18 根据 1285 年的《温彻斯特法令》(Statute of Winchester)(爱尔兰下议院《卷宗十三之爱德华一世》第 1 章与第 4 章),"全民搜捕令"(Hue and Cry)是指在普通法的规定下,凡是身体健全的公民都要协助抓捕现行犯罪之人。这种追捕可以从一个镇开展到另一个镇,从一个郡延伸到另一个郡,直到抓住罪犯并将其交给治安警察为止。在梅森案中,罪犯将在羁押过程中逃跑。

19 英国国家档案馆里的国家档案系列第 29/210/151 号文稿,对折页第 173 页。威廉·莱文于 1667 年 7 月 25 日致信阿灵顿。

20 英国国家档案馆里的国家档案系列第 29/211/17 号文稿,对折页第 18 页。1667 年 7 月 27 日,马斯科尔于约克致信威廉森。

21 惠勒也是议员,那年 3 月 8 日在剑桥大学席位的补选中,他以微弱优势击败了克里斯托弗·雷恩爵士(Sir Christopher Wren)。

22 英国国家档案馆里的国家档案系列第 29/211/60 号文稿,对折页第 61—62 页。1667 年 7 月 29 日,达西于约克致信查理·惠勒爵士。据称一些士兵后来伤重不治身亡,参见阿博特所著的《托马斯·布拉德上校,王冠盗窃者》,第 60 页。

23 安德鲁·布朗宁(Andrew Browning)编辑的《约翰·里尔斯比爵士的回忆录》(Memoirs of Sir John Reresby)(格拉斯哥,1936),第 69—70 页。

24 博德利图书馆里的英国历史文稿第 C.487 号,拉despite洛写的《来自监视塔的声音》(Voyce from the Watch Tower),对折页第 1265 页。

25 《关于布拉德先生的生死评论》,第 225—226 页。

26 博德利图书馆里罗林森搜集的文稿第 A.185 号,对折页第 473 页左侧页,第 47—53 项。

27 《国家档案日历》,1667 年国内部分,第 285 页。

28 英国国家档案馆里的国家档案系列第 29/212/6 号文稿,对折页第 6 页,贝特森于 1667 年 8 月 1 日致信阿灵顿。

29 英国国家档案馆里的国家档案系列第 45/12/246 号文稿(已损毁);《伦敦古文物学会的公告之查理二世》第 14 卷(1667—1684 年),对折页第 15 页。

1667年8月8日于白厅。

30 《国家档案日历》，1667年国内部分，第345页。
31 英国国家档案馆里的国家档案系列第2/212/70号文稿，对折页第74页。1667年8月5日，莱文于约克城堡致信罗伯特·本森。
32 博德利图书馆里罗林森搜集的文稿第A.185号，第473页左侧页，第51项。
33 马歇尔所著的《查理二世统治时期的情报与间谍》，第167—168页。
34 根据抓捕白金汉的公告，白金汉被控持有关于军队哗变以及煽动民众造反的秘密通信，他顽固地抵抗奉命抓捕他的使者，还逃到了某处隐秘的地方。《国家档案日历》，1666—1667年国内部分，第553页。
35 普里查德（Pritchard）在《亨廷顿图书馆季刊》（*HLQ*）第44期，第157—177页上发表的文章《第二代白金汉公爵为自己的私生活辩护》（*A Defence of His Private Life by the Second Duke of Buckingham*）以及马歇尔所著的《查理二世统治时期的情报与间谍》，第168页。
36 《国家档案日历》，1667年国内部分，第427页。1667年8月31日，弗里尔于布拉福德致信威廉森。
37 英国国家档案馆里的国家档案系列第29/218/18号文稿，对折页第27页。1667年9月28日，弗里尔于约克城堡致信阿灵顿。
38 《国家档案日历》，1667年国内部分，第465页。
39 《国家档案日历》，1667年国内部分，第465页。
40 阿博特所著的《托马斯·布拉德上校，王冠盗窃者》第63页。
41 《关于布拉德先生的生死评论》，第226页。
42 上议院（HoL）档案馆第HL/PO/JO/10/1/344/352（e6）号文稿。塞缪尔·霍姆斯的证词。
43 出处同上，第HL/PO/JO/10/1/344/352（e7）号文稿。霍姆仆人的证词。
44 出处同上，第HL/PO/JO/10/1/344/352（e9）号文稿。塞缪尔·韦耶的证词。
45 博德利图书馆里罗林森搜集的文稿第A.85号，对折页第474页。
46 上议院档案馆第HL/PO/JO/10/1/344/352（e5）号文稿。伊丽莎白·普莱斯夫人的证词。
47 英国国家档案馆里的立法会记录系列（ASSI）第35/111/5号文稿，对折页第 4 页，以及上议院档案馆第 HL/PO/JO/10/1/344/352（g3）号文稿。

48 上议院档案馆第 HL/PO/JO/10/1/344/352（e13）号文稿。裁缝巴纳比·布劳克斯顿的证词。

49 出处同上，第 HL/PO/JO/10/1/344/352（e10）号与第 HL/PO/JO/10/1/344/352（e11）号文稿。威廉·甘特与威廉·芒福德的证词。

50 出处同上，第 HL/PO/JO/10/1/344/352（g4）号文稿。托马斯·亨特收到佩剑、腰带和手枪的收据。

51 虽然这种说法在很早之前就已经有人使用，但却是在 1846 年出版的尤金·苏（Eugene Sue）所著的小说《玛蒂尔达回忆录》（Memoirs of Matilda）中才初次出现在文学作品里。

第五章　圣詹姆士街袭击案

1 英国国家档案馆里的国家档案系列第 29/281/75 号文稿，对折页第 101 页。1670 年 12 月 24 日，本森于西约克郡韦克菲尔德附近的雷恩索普（Wrenthorpe）致信威廉森。

2 传统意义上认为"皮卡迪利"这个奇特的名字引用的是 17 世纪在此区域制作的一种名叫"皮卡德尔斯"（pickadels）的环状衣领。另一种解释是说这里位于伦敦郊区，源自古荷兰语中的"皮克迪莱肯斯"（pickedillekens），意为任何事物中最远端的部分。参见达森特（Dasent）所著的《三个世纪里的皮卡迪利》（Piccadilly in Three Centuries）第 8—9 页。虽然 1627 年在圣马丁教堂的存取簿中就提到过"皮卡迪利"，但是第一次以街道名字提到它应该是在 1673 年。它的一部分被正式称为葡萄牙街（Portugal Street），此命名旨在纪念查理二世的王后凯瑟琳·布拉甘萨的出生地，但是这个名字未被公众使用。

3 泰伯恩街即现在的公园巷（Park Lane）。12 世纪开始成为死刑法场。1571 年，这座刑场立起了绞刑架"泰伯恩之树"（Tyburn Tree），它由 1 个水平的三角形木架和 3 根起到支撑作用的高大立柱组成，可以同时吊死 3 名罪犯。1661年1月，奥利弗·克伦威尔、（主持审判查理一世的）约翰·布拉德肖（John Bradshaw）以及1651年11月在利默里克市死于高烧的议会将军亨利·艾尔顿的尸体被挖出来后吊在这个三角形的绞刑架上，实现了王室的恐怖复仇。泰伯恩得名于南汉普斯特（South Hampstead）发源的河流，向南穿过摄政公园（Regent's Par）与圣詹姆士公园的空地。现在这条河流流经的是地下河道。

4 按现在的购买力计算，这个花费相当于524—655万英镑。克拉伦登买下了原来购置的石头，用来修复1666年毁于伦敦大火的中世纪建筑圣保罗大教堂。毫无疑问，这种建筑材料的价格非常便宜。建筑师罗杰·普瑞特爵士雇用了300多名泥工、瓦工和劳工。

5 克拉伦登大宅于1683年遭到拆除，而后在该址建起了邦德街（Bond Street）、多佛街和阿尔伯马尔街。

6 1669年3月爱尔兰总督奥蒙德遭到解聘，很大程度上是由于他的政敌白金汉公爵与奥雷里伯爵设下的圈套。参见：巴纳德（Barnard）所著的《第一代奥蒙德公爵詹姆斯·巴特勒》(*James Butler, first duke of Ormond*)，载于《牛津国家人物传记》，第9卷，第153—163页；贝克特（Beckett）所著的《君主制复辟时期的爱尔兰总督》(*The Irish Viceroyalty in the Restoration Period*)，载于《王室历史学会学报》(TRHS)，第20期，第53—72页，以及麦圭尔（McGuire）所著的《奥蒙德为何在1669年遭到解职？》(*Why was Ormond Dismissed in 1669?*)，载于《爱尔兰历史研究》(*Irish Historical Studies*)第18期第295—312页。17世纪60年代早期，奥蒙德在赫特福德郡购买了莫尔公园，并于1670年将其卖掉赚取了一定的利润，他还暂时租下克拉伦登大宅作为自己在伦敦的住所。

7 达森特所著的《三个世纪里的皮卡迪利》，第38—39页。

8 这座医院是以耶稣门徒圣小雅各（St James the Less）命名的麻风病医院，后来这里的宫殿和伦敦市的这一地区也沿用了这个名字。

9 本·韦瑞伯（Ben Weinreb）与克里斯托弗·希伯特（Christopher Hibbert）编辑的《伦敦百科全书》(*London Encyclopedia*)第721页；诺曼·布莱特-詹姆斯（Norman Brett-James）所著的《斯图亚特王朝时期伦敦的演进》

（*Growth of Stuart London*）第 369 页。1670 年通过了一项修葺伦敦高速公路的法案，"现已被超载货车与其他运输车辆弄得满是泥污，且疏于修缮，一直保持着原样"。[《伦敦街道铺路与清洁法案》(*London Streets，Paving，Cleansing Act*)（爱尔兰下议院《卷宗二十二之二》，第 17 章）]

10 该条约正式承认英国对北美洲东部沿海地区的荷兰殖民地——新尼德兰（New Netherlands）享有主权。1664 年，英国海军一支小型军队占领了位于曼哈顿河（Manhattan River）河口的新阿姆斯特丹，为了纪念约克公爵，将其改名为纽约（New York）。1673 年 8 月，第三次英荷战争期间，这里又被荷兰军队重新夺回，但是根据 1674 年 2 月订立的《威斯敏斯特条约》(Treaty of Westminster)，又将其归还了英格兰。

11 查理二世与 7 位情妇一共育有 14 个私生子。

12 二人于 1677 年完婚，1689 年，荷兰王子成为英格兰的威廉三世国王以及奥兰治的威廉亲王。参见特罗斯特（Trost）所著的《摄政王威廉三世的政治传记》(*William III the Stadtholder King: A Political Biography*）第 62—64 页。

13 历史文稿委员会的《赖德尔大厅的乡绅 S. H. 勒弗莱明的手稿》第 73 页。

14 伯克莱尔所著的《奥蒙德的一生》，第 2 卷，第 186 页；钱塞勒（Chancellor）所著的《圣詹姆士街的历史纪念物》(*Memorials of St James's Street*) 第 188 页。

15 《国家档案日历》，1669—1670 年威尼斯部分，第 305 页。

16 考文特花园的前身是从 1657 年起开始售卖水果、蔬菜和花卉的市场，位于广场的南端。

17 据传，利夫西已于 1660 年在荷兰被保王党谋杀身亡，但是报告却说他还健在，先是生活在德国黑森（Hesse）的哈瑙（Hanau），不久后又于 1665 年去了阿姆斯特丹，并且很可能于同年在那里去世。

18 《上议院议事录》，第 12 期，1666—1675 年，第 448 页。1671 年 3 月 9 日。

19 有时被称作"水牛头"（Buffalo Head）酒馆。

20 公牛头酒馆占据了查令十字街 57 号房屋靠东的部分，至少从 1636 年起就成了一个公共场所。参见：G. H. 盖特（G. H. Gater）与 E. P. 惠勒编辑的《伦敦调查》(*Survey of London*) 第 16 期中第 122 页的《圣马丁教堂 1–查令十字街》(*St Martin-in-the-Fields. 1 – Charing Cross*)（伦敦，1935）。日记作家塞缪尔·佩皮斯偶尔也是这家酒馆的酒客。1660 年 9 月 1 日他记录着自己与友人在公牛头共进晚餐的情形:"这是我这辈子吃过最好吃的鹿肉馅饼,再吃一盘,这就是我吃过的最好的晚餐了。"(《佩皮斯日记》第 1 册,第 216 页)。这种馅饼非常可口,3 天后他又回来吃了一次。

21 加纳利葡萄酒是一种淡黄色的加强型白葡萄酒,进口自非洲西北海岸的加那利群岛,与现在的烈性白葡萄甜酒类似。莎士比亚在其著作《第十二夜》(*Twelfth Night*)(第 1 幕,第 3 场,第 74 行)以及《温莎的风流娘们儿》(*Merry Wives of Windsor*)(第 3 幕,第 2 场,第 83 行)中都提到了加纳利葡萄酒。

22 饲养牲畜用于交易的人。

23 上议院档案馆第 HL/PO/JO/10/1/344/352(b)号文稿。这份宣誓书签署的名字为威廉·普雷蒂,但显然威廉·威尔逊不会写字,只能画个叉子代表自己的签名。见证人是公牛头酒馆的老板罗伯特·乔伊纳(Robert Joyner)以及他的妻子玛格丽(Margery)。

24 上议院档案馆第 HL/PO/JO/10/1/344/352(o)号文稿:向阿灵顿提供的奥蒙德公爵袭击者的资料。被点名的人都是……亡命之徒,他们以第五王国派的名义进行自我保护。

25 王室历史文稿委员会《第八次报告》,第 1 部分,附录,第 155 页。

26 不幸的是,奥蒙德对这次袭击的描述已经不复存在。

27 奈特(Knight)所著的《伦敦百科全书》(*Encyclopaedia of London*),第 230—232 页以及考尔菲尔德(Caulfield)所著的《从爱德华三世统治时期到革命时期杰出人物之肖像、回忆录及人物特征》(*Portraits, Memoirs and Characters of Remarkable Personages from the Reign of Edward III to the Revolution*)第 2 卷,第 177—181 页。

28 格里夫斯所著的《在其脚下的敌人》,第 206 页。

29 《关于布拉德先生的生死评论》,第 226 页。

30 伯克利大宅是 1665 年为内战时期的保王党军官斯特拉顿(Stratton)的伯克利勋爵修建的,他的名字在伯克利广场以及附近的伯克利街和斯特拉顿街都有体现。1733 年,伯克利大宅被一个工人烧焦的一锅胶水引发的火灾烧毁。房子的外观部分被推倒后于 1734—1737 年又在原址上为第三代德文郡公爵威廉·卡文迪什（Cavendish）建成了他在伦敦的住所——德文郡大厦（Devonshire House）。1918 年，它被第九代公爵出售，后于 1924 年遭到拆除，并在新的地块上又建起了德文郡大厦，从建筑的正面可以俯瞰皮卡迪利大街，位于丽兹酒店（Ritz Hotel）的正对面。

31　卡特所著的《奥蒙德伯爵詹姆斯的一生》，第 2 卷，第 188—189 页；钱塞勒所著的《圣詹姆士街的历史纪念物》第 189 页。

32　卡特所著的《奥蒙德伯爵詹姆斯的一生》，第 2 卷，第 443 页。

33　这个马匹渡口曾经的主人是特伯雷大主教，后来于 1664 年租给了利文斯洛普夫人并由她的家族运营了很多年。朗伯斯桥始建于 1862 年，附近的霍斯弗利路（Horseferry Road）因为这个渡口而得名。

34　王室历史文稿委员会《第八次报告》，第 1 部分，附录，第 155 页。

35　卡特所著的《奥蒙德伯爵詹姆斯的一生》，第 2 卷，第 189 页。

36　《国家档案日历》，1670 年国内部分，第 571 页。

37　过去对马匹后臀及后腿的叫法。

38　《国家档案日历》，威尼斯部分，第 36 页。

39　《国家档案日历》，1670 年国内部分，第 567 页。

40　煎盘街位于贝尔街与桑迪思路（Sandy's Row）之间，被保留至今，街面非常狭窄，现代建造的 32 层高的尼多塔（Nido Tower）遮挡了这条街东部的光线。这条街的得名原因是这里曾经居住着许多五金店主和黄铜匠人，他们把煎盘挂在店面门口作为招揽生意的招牌。

41　这是一种粗糙厚重的羊毛织物，以前出产于伍斯特郡的基德明斯特（Kidderminster）。最初可能由纯羊毛制成，后来用到了亚麻、纱线和精纺网。英国律师袍仍为这种织物制成，而女王律师所穿的律师袍则为丝绸制成，因此女王的律师有个昵称"丝绸律师"。

42　这是克雷文伯爵 1665 年建造的一排红砖房，用于接收伦敦大瘟疫中的患者，位于 1642 年议会建造的保护伦敦西郊的炮楼和胸墙那里。收容疫病患者的房子也被普遍称为"五间房"（Five Houses）或"七烟囱"（Seven Chimneys）。

43 托西尔广场占据着一个大致为菱形的区域，在圣詹姆士公园以南，以现在的沃克苏尔桥大街（Vauxhall Bridge Road）、弗朗西斯街和摄政街（Regency Street）为界。文森特广场（Vincent Square）占据着中心区域。"托西尔"这个名字可能源自某个"喇叭"或者灯塔，此地的得名原因很可能是在这片威斯敏斯特市平地的制高点立着一座灯塔。参见：沃尔特·桑伯里（Thornbury）与爱德华·沃尔福德（Walford）所著的《旧伦敦与新伦敦》(Old and New London)，第 4 册，第 14—26 页。

44 史密斯汉姆博顿山谷是现在寇思敦（Coulsdon）的一部分，由 A23 号布莱顿路（Brighton Road）贯穿经过，位于 17 世纪曾遭洪水淹没后来变得干涸的 3 处山谷的交界处。19 世纪为了修建通往伦敦与布莱顿之间的铁路，这里经过了大范围扩建。

45 1670 年 12 月 8—12 日发表的《伦敦公报》第 529 期，第 2 页，第 2 栏。

46 1670 年 12 月 12—19 日发表的《伦敦公报》第 531 期，第 2 页，第 2 栏。

47 维纳借了一大笔钱用于支付宫中奢侈的开销。他向佩皮斯展示了自己位于米德尔塞克斯郡伊肯汉姆（Ickenham）地区斯沃克里斯（Swakeleys）的精美住所。(《佩皮斯日记》第 5 册，第 64 页；1665 年 9 月 7 日）

48 王室历史文稿委员会《第八次报告》，第 1 部分，附录，第 155 页。

49 上议院档案馆第 HL/PO/JO/10/1/344/352（e3）号文稿。玛格丽特·鲍特于 1670 年 12 月 10 日的证词。

50 上议院档案馆第 HL/PO/JO/10/1/344/352（h4）号文稿。哈利韦尔的信，背书写着："第五王国派"，由罗伯特·维纳爵士于哈利韦尔位于煎锅巷的家中起获。

51 上议院档案馆第 HL/PO/JO/10/1/344/352（h1）号文稿与和第 HL/PO/JO/10/1/344/352（h2）号文稿。

52 上议院档案馆第 HL/PO/JO/10/1/344/352（h8）号文稿。

53 上议院档案馆第 HL/PO/JO/10/1/344/352（h6）号文稿。哈利韦尔致信治安警察豪厄尔。

54 《自由及一般赦免，即赔偿与赦免法案》(The Act of Free and General Pardon, Indemnity and Oblivion) 于 1660 年 8 月 29 日生效成为法律，赦免了所有内

战期间为议会参战的人，也拯救了那些曾经参与处决查理一世的人。

55 上议院档案馆第 HL/PO/JO/10/1/344/352（h7）号文稿，哈利韦尔致信市长大人理查德·福特爵士。哈利韦尔曾是议会军里的骑兵掌旗官。《赔偿与赦免法案》赦免了其自 1637 年 1 月 1 日起实施的谋逆罪行以及其他罪行。

56 上议院档案馆第 HL/PO/JO/10/1/344/352（e12 与 h9）号文稿。1670 年 12 月 10 日凯瑟琳·哈利韦尔于阿灵顿面前所做的声明，以及 1671 年 1 月 26 日由凯瑟琳·哈利韦尔提出的申请。

57 上议院档案馆第 HL/PO/JO/10/1/344/352（c1）号文稿。威廉·邓恩的情报，以及（c2）号文稿，白天鹅酒馆的侍者约翰·琼斯的情报。

58 阿伦德尔大宅于 17 世纪 70 年代末期遭到拆除，位于斯特兰德大街及泰晤士河之间的丹麦圣克莱蒙教堂（St Clement Danes）附近。

59 天堂酒馆与威斯敏斯特大厅毗邻。附近还有两家酒馆，人称"地狱酒馆"与"炼狱酒馆"，可以追溯到都铎王朝时期。

60 王室历史文稿委员会《第八次报告》，第 1 部分，附录，第 155—156 页。

61 上议院档案馆第 HL/PO/JO/10/1/344/352（c4）号文稿。托马斯·特里沙艾尔与 W·泰勒的情报。

62 上议院档案馆第 HL/PO/JO/10/1/344/352（d1）号文稿。12 月 17 日，约翰·赫斯特被带到阿灵顿面前接受审讯。

63 王室海军舰艇"波特兰号"（*Portland*）是配有 150 门枪炮的第四级护卫舰，1653 年在沃平首航，1692 年为免敌人捕获而被英军焚毁。王室海军中第八艘承载着这一名号的"公爵"级 23 型护卫舰于 1999 年首航，2004 年 5 月仍在海军中服役。

64 英国国家档案馆里的国家档案系列第 29/281/77 号文稿，对折页第 103 页。

65 上议院档案馆第 HL/PO/JO/10/1/344/352（e6）号文稿。塞缪尔·霍姆斯的证据。

66 盖特豪斯监狱建于 1370 年，是威斯敏斯特大教堂的门楼，首次被那里的修道院长当作监狱，用来关押那些等待审判的重刑犯、轻罪犯以及政治犯。盖特豪斯监狱于 1776 年遭到拆除，现在该遗址上的标志性建筑是 1861 年威斯敏斯特学校（Westminster School）在大圣所路（Broad Sanctuary）竖立的克里米亚战争与印度兵变纪念碑。

67　《国家档案日历》，1670 年国内部分，第 573 页。

68　上议院档案馆第 HL/PO/JO/10/1/344/352（e2 与 e4）号文稿。约翰·巴克斯顿的证据。

69　《国家档案日历》，1670 年国内部分，第 573 页。

70　王室历史文稿委员会《第八次报告》，第 1 部分，附录，第 156 页。

71　上议院档案馆第 HL/PO/JO/10/1/344/352（1）号文稿。1660 年 12 月 19 日，弗朗西斯·约翰逊遭到阿灵顿的盘查。

72　此人是塞巴斯蒂安·琼斯，曾在爱尔兰因制造假币受到指控，后来因为从米思伯爵及市议员彭宁顿（Pennington）位于都柏林的家中偷盗了价值 1500 英镑的银质铭牌连同其他 8 人被一同定罪。其他人都遭到处决，但是琼斯却被送到了西印度群岛。他得到赦免，保释后逃到了英格兰。他付给住在圣安妮教堂的夏普（Sharpe）50 英镑酬劳，让他去爱尔兰拿回深埋在地下的失窃铭牌。法官莫顿雇用琼斯在伦敦寻找布拉德和穆尔，"因为他在爱尔兰与二人熟识……而且还在这里认识他们的一些熟人"。《国家档案日历》，1671 年国内部分，第 37 页。

73　亨利·戴维斯（Henry Davis）是王后卫队中的一名卫兵，威廉森的线人托马斯·皮奇（Thomas Peachy）认为他所用的一把佩剑正是"奥蒙德遇袭案起获并留在克拉伦登大宅的那把"（英国国家档案馆里的国家档案系列第 29/281/24 号文稿，对折页第 28 页）。后来，他收回了自己怀疑戴维斯涉嫌参与"奥蒙德公爵袭击案"的想法，并恳求威廉森："别告诉戴维斯我提供过指控他的情报。"（英国国家档案馆里的国家档案系列第 29/281/99 号文稿，对折页第 132 页）

74　格里夫斯所著的《在其脚下的敌人》，第 208 页。

75　上议院档案馆第 HL/PO/JO/10/1/344/352（g1）号文稿。法官莫顿致信奥蒙德。

76　该委员会名义上由王室内务大臣、68 岁高龄的第二代曼彻斯特伯爵爱德华·蒙塔古（Edward Montague）领导，由两名女侯爵、23 名伯爵、2 名子爵、27 名公爵、坎特伯雷大主教、约克大主教和 10 名圣公会主教组成，并非所有人都要参加委员会的听证会。

77　《上议院议事录》，第 12 期，1666—1675 年，第 404 页。

78　《国家档案日历》，1670 年国内部分，第 576 页和第 582 页。

79　王室历史文稿委员会《第八次报告》，第 1 部分，附录，第 156 页和第 158 页。

80　在白兰地中注入樱桃和糖制成的一种酒精饮料。或许迪克西的兄弟是一名嗜酒者。

81　《国家档案日历》，1670 年国内部分，第 615—616 页。

82　王室历史文稿委员会《第八次报告》，第 1 部分，附录，第 156 页。

83　英国国家档案馆里的国家档案系列第 29/289/283 号文稿，对折页第 284 页。1671 年 4 月（具体日期不详），治安警官托马斯·德雷顿以及朗伯斯的亨利·帕特里奇索要 100 英镑赏金的申诉书。

84　上议院档案馆第 HL/PO/JO/10/1/344/352（g4）号文稿。托马斯·亨特从朗伯斯的治安警察托马斯·德雷顿那里签收佩剑、腰带和手枪的收据，标注的日期是 1670 年 10 月 17 日。

85　阿博特所著的《托马斯·布拉德上校，王冠盗窃者》第 19 页。

86　《上议院议事录》，第 12 期，1666—1675 年，第 447—448 页。

87　卡特所著的《奥蒙德伯爵詹姆斯的一生》，第 2 卷，第 424 页。

88　哈雷（Haley）所著的《第一代沙夫茨伯里伯爵》(*The First Earl of Shaftsbury*) 第 188 页。

89　1668 年 11 月，白金汉的秘书埃利斯·莱顿（Ellis Leighton）告诉法国大使说奥蒙德即将被解职，这也表明白金汉的权力和影响力达到了何种程度。（麦圭尔在《爱尔兰历史研究》第 18 期第 299 页上发表的文章《奥蒙德为何在 1669 年遭到解职？》）

90　马歇尔所著的《托马斯·布拉德上校与复辟时期的政局》，载于《历史期刊》第 32 期第 565 页。

91　卡特所著的《奥蒙德伯爵詹姆斯的一生》，第 4 卷，第 448 页。

92　卡特所著的《奥蒙德伯爵詹姆斯的一生》，第 4 卷，第 424 页。

93　卡特所著的《奥蒙德伯爵詹姆斯的一生》，第 4 卷，第 447—448 页。

94　上议院档案馆第 HL/PO/JO/10/1/344/352（g6）号文稿。1670 年 11 月 17 日，托马斯·艾伦于萨里郡莫特莱克的戴维斯家致信玛丽·亨特夫人。

95 马歇尔所著的《托马斯·布拉德上校与复辟时期的政局》,载于《历史期刊》第 32 期第 576 页。

96 卡特所著的《奥蒙德伯爵詹姆斯的一生》,第 2 卷,第 449 页。

97 《下议院议事录》,第 9 期,第 188 页。

98 《博内特的历史》(Burnet's History),第 1 卷,第 488 页,以及肯尼特(Kennett)所著的《涵盖了所有国王及王后的英国全史》(A Compleat History of England with the lives of all the Kings and Queens thereof),第 3 册,第 280 页。

99 它于 1828 年遭到废止。

100 格里夫斯所著的《在其脚下的敌人》,第 208 页。

101 英国国家档案馆里的国家档案系列第 29/281/74 号文稿,对折页第 100 页。罗伯特·皮特(Robert Pitt)于 1670 年 12 月 23 日致信鲁珀特亲王。

102 英国国家档案馆里的国家档案系列第 29/281/911 号文稿,对折页第 120 页。

103 格里夫斯所著的《在其脚下的敌人》,第 209 页。

第六章 最大胆的罪行

1 1671 年 5 月 8—11 日发布的《伦敦公报》第 572 期,第 2 页,第 2 栏。

2 西特韦尔(Sitwell)所著、克拉伦斯·温彻斯特(Clarence Winchester)编辑的《伦敦塔内的王室珍宝及其他王冠》(The Crown Jewels and other Regalia in the Tower of London)(伦敦,1953),第 79 页。

3 1649 年 8 月 9 日的《下议院议事录》,第 6 期,第 276 页。王室所用的其他王冠存放于沃德罗布塔(Tower Wardrobe)内负责保管王室幔帐、珠宝及其他物品的王室用品存放处。

4 1649 年出售国王查理的物品时,这些物品由一位私人买家购得,1660 年,其子查理二世重新继承王位,这些物品又回到了查理二世手中。

5 西特韦尔所著的《伦敦塔内的王室珍宝及其他王冠》第 79 页,科尔(Cole)在期刊《考古学》(Archaeologia)第 29 辑第 262—265 页发表的文章《有关专为查理二世加冕典礼打造王冠的详细说明》(*Particulars relative to that portion of the Regalia of England which was made for the Coronation of King Charles the Second*)，以及西特韦尔所著的《伦敦塔内的王室珍宝及其他王冠》第 48 页。

6 西特韦尔所著的《伦敦塔内的王室珍宝及其他王冠》第 48 页和第 44 页。

7 "黑太子红宝石"是 1415 年亨利五世参加阿金库尔战役（Battle of Agincourt）时所佩戴头盔上的宝石，17 世纪早期被詹姆士一世镶嵌在帝王皇冠上。王室珠宝被英联邦拆解之后，这块宝石被一位伦敦珠宝金器商购得，君主制复辟后，此人又将此石重新售给王室。1937 年，为了乔治六世（现任女王之父）的加冕礼，帝国王冠经过重新塑形，镶嵌了 3000 多颗宝石。参见国库支付给维纳的清单（大英图书馆中的补充文稿第 44915 号，对折页第 1—2 页，以及对折页第 3 页中他签署的收据）以及吉尔伯特·塔尔博特爵士保管的查理二世加冕时所用的王冠清单（出处同上，对折页第 5—12 页）。

8 因为查理二世当时未婚，所以加冕典礼所用的王冠中没有后冠。詹姆士二世 1685 年 4 月 23 日加冕为王时，需要给他的王后摩德纳的玛丽（Mary of Modena）打造一顶新王冠。有关他加冕所用王冠的清单及对王冠的估价情况详见大英图书馆中的补充文稿第 44915 号，对折页第 43 页右侧页。

9 英庇（Impey）与帕内尔（Parnell）所著的《伦敦塔：官方图解历史》(*The Tower of London: the Official Illustrated History*)（伦敦，2000），第 106 页。

10 斯特里普所著的《关于伦敦市、威斯敏斯特市及萨瑟克区的调查》(*A Survey of the Cities of London and Westminster and Borough of Southwark*) 第 1 卷，第 97 页。

11 狄克逊（Dixon）所著的《女王陛下的伦敦塔》(*Her Majesty's Tower*)，第 2 卷，第 244—247 页。1914—1916 年，11 名德国间谍被关押在马丁塔内，并在伦敦塔被处决，其中 9 人死于该堡垒的室内步枪靶场。因此，第一次世界大战时期在伦敦塔内遭到处决的人数比都铎王朝统治时期处决的人数还要多。

12 约翰·塔尔博特是吉尔伯特·塔尔博特爵士的侄子。关于威瑟·爱德华兹妻子的信息，请参见斯特里普所著的《关于伦敦市、威斯敏斯特市及萨瑟克区的调查》第 1 卷，第 98 页。

13 英国国家档案馆里的著作系列第 31/22 号文稿。1702 年 8 月 15 日的伦敦塔珍宝室平面图，以及日期标注为 1668 年的关于一层餐厅、会客室、厨房和楼梯的平面图。两份平面图上都印有"I.G.F."字样，意思是"防御工事的总检察长"。另有一张绘图，可参见著作系列第 31/68 号文稿，里面展示了 18 世纪早期珍宝塔的平面图和截面图。

14 《关于布拉德先生的生死评论》，第 227 页。

15 查尔顿（Charlton）所著的《伦敦塔：塔内建筑与相关机构》(Tower of London: Its Buildings and Institutions)，第 63 页。

16 国王方才发给他便即刻收回了。塔尔博特预计可以从这一职位领得 1200 英镑的年收入，但每年却只收到了 200 英镑。

17 扬哈斯本（Younghusband）所著的《珍宝室：关于王室王冠的传奇叙事》(The Jewel House: an Account of the Many Romances connected with the Royal Regalia)（纽约，1920），第 177 页和 247 页。

18 查尔顿所著的《伦敦塔：塔内建筑与相关机构》，第 63 页。

19 伦敦塔内的王室动物园始建于 1200 年的约翰王（King John）统治时期（1199—1216），建成后的 600 年来，每年都能吸引众多游客前去参观动物。1251 年，园里从挪威引进了一头"白熊"，它可以在一根结实绳子的牵引下去泰晤士河捕鱼吃。4 年后，法王路易十四馈赠了一只非洲大象。詹姆士一世意识到动物园作为旅游景点的经济价值，于是便在 1622 年用石头修建了一个参观平台。最终，在 1831—1832 年间，这些动物被转移到摄政公园内伦敦动物学会（Zoological Society of London）新建的建筑中。1835 年，这座动物园被彻底关闭。

20 公元前 356 年，赫洛斯塔图斯（Herostratus）为了追求名声进而焚毁了位于以弗所（Ephesus）的人称世界七大奇迹之一的阿尔忒弥斯（Artemis）神庙。此人因此被处决，此后提及此人的名字亦遭到禁止，被视作死罪。"赫洛斯塔图斯"因此成为那些渴望通过犯罪而令自己臭名昭著之人的代名词。

21 《关于布拉德先生的生死评论》，第 227 页。

22　1660 年 10 月 13 日，哈里森在查令十字街因弑君罪遭到绞杀及分尸处决。根据见证了这一行刑过程的日记作家塞缪尔·佩皮斯的描述："他欣然赴死，表现得和其他身处相似情况的人一样。"(《佩皮斯日记》，第 1 册，第 241 页)。

23　格里夫斯所著的《在其脚下的敌人》，第 209 页。

24　大英图书馆里兰斯唐搜集的文稿（Lansdowne MS）第 1152 号，第 1 辑，对折页第 238 页右侧页。1666 年 4 月，前议会上校约翰·拉思伯恩和其他 7 位新规范军的军官及士兵在老贝利旅店（Old Bailey）密谋杀害查理二世并推翻政府统治的阴谋被人发现。这一阴谋包括了攻占伦敦塔以及在伦敦城纵火。王室骑兵卫队吃惊地发现他们投宿的这间旅店中有几个马夫已经受了他们的唆摆。曾在这些阴谋分子中扮演主角的亚历山大逃过了抓捕。他们将计划实施阴谋的日子选在了 9 月 3 日，因为星象占卜历书上说当天是吉日，主导行星预示着君主的陨落。

25　大英图书馆里哈利搜集的文稿第 6859 号，对折页第 1 页，以及博德利图书馆里罗林森搜集的文稿第 A.185 号，对折页第 471 页右侧页。

26　《关于布拉德先生的生死评论》，第 227 页。

27　博德利图书馆里罗林森搜集的文稿第 A.185 号，对折页第 471 页右侧页。

28　斯特里普所著的《关于伦敦市、威斯敏斯特市及萨瑟克区的调查》第 1 卷，第 97 页；以及汉拉恩所著的《布拉德上校：盗窃王室珍宝的男子》第 110 页。

29　博德利图书馆里罗林森搜集的文稿第 A.185 号，对折页第 471 页左侧页至第 472 页左侧页。

30　斯特里普所著的《关于伦敦市、威斯敏斯特市及萨瑟克区的调查》第 1 卷，第 97 页。

31　博德利图书馆里罗林森搜集的文稿第 A.185 号，对折页第 471 页左侧页。有些记录说是 4 副手套。

32　根据一份描述，布拉德造访了三四次。（博德利图书馆里罗林森搜集的文稿第 A.185 号，对折页第 471 页左侧页。）

33　斯特里普所著的《关于伦敦市、威斯敏斯特市及萨瑟克区的调查》第 1 卷，

注释

第97页。

34 斯特里普所著的《关于伦敦市、威斯敏斯特市及萨瑟克区的调查》第1卷，第97页。

35 大英图书馆里哈利搜集的文稿第6859号，对折页第5页。

36 斯特里普所著的《关于伦敦市、威斯敏斯特市及萨瑟克区的调查》第1卷，第97页。

37 《关于布拉德先生的生死评论》，第227页。

38 斯特里普所著的《关于伦敦市、威斯敏斯特市及萨瑟克区的调查》第1卷，第97页。

39 一种带有重头和手柄的木质工具，可用来击打物品或者锤钉楔子。

40 1671年5月8—11日发布的《伦敦公报》第572期，第2页，第2栏。

41 博德利图书馆里罗林森搜集的文稿第A.185号，对折页第471页右侧页。

42 《关于布拉德先生的生死评论》，第228页。

43 贝克曼穷极一生都痴迷于巨大的爆破声，1660年4月23日在威斯敏斯特为查理二世准备庆祝加冕礼的焰火时发生意外，被爆炸所伤。后来他转而从事军事工程，绘制了丹吉尔的防御工事地图。[作为查理二世的王后凯瑟琳·布拉甘萨嫁妆的一部分，丹吉尔这座摩洛哥海港从1661至1684年一直为英格兰所有。参见大英图书馆里斯隆搜集的文稿第2448号，对折页第15页——T. S. 贝克曼创作的《增强丹吉尔防御工事的必要性》（*Necessities for fortifying Tangier*）] 1663年10月，他背信弃义地提出要帮助西班牙夺取丹吉尔，还因为给梅迪纳塞利（Medinaceli）公爵提供情报而得到了部分报酬，后来，他将梅迪纳塞利公爵的信件统统交给了英国驻加的斯领事。他于1664年初回到英格兰，盼望能够得到热切的欢迎。然而，丹吉尔的副总督约翰·菲茨杰拉德上校却警告阿灵顿要提防贝克曼令人生疑的品性，称"要对情报员贝克曼多加防范"。这种怀疑后来得到证实，一次，他去拜会驻伦敦的荷兰大使，二人对丹吉尔侃侃而谈，全然不知自己遭到了监视。国王查理亲自下令彻查贝克曼的一举一动以及他是否依然忠诚（博德利图书馆中里林森搜集的文稿第D.916号，对折页第101页。马歇尔所著的《查理二世统治时期的情报与间谍》，第180页和第184页）。贝克曼在伦敦塔羁押了6个月,其间,他抱怨说:"我被秘密关押了近半年时间,都是拜某人的恶毒和谗言所赐。(这里可能指的是菲茨杰拉德上校)。"贝克曼获释后又被派回丹吉尔为该城绘制更为坚固的防御工事平面图,与他一同回到丹吉尔的还有荷兰工程师伯纳德·德·戈姆(Bernard de Gomme)[乔纳森·斯佩恩(Johnathan Spain)所著的《马丁·贝克曼爵士》(*Sir Martin Beckman*),载于《牛津国家人物传记》,第6卷,第741页]。

44　1671年5月8—11日发布的《伦敦公报》第572期,第2页,第2栏。德·罗斯(de Ros)所著的《伦敦塔的历史纪念物》(*Memorials of the Tower of London*),第198页。

45　大英图书馆里哈利搜集的文稿第6859号,对折页第5页。斯特里普所著的《关于伦敦市、威斯敏斯特市及萨瑟克区的调查》第1卷,第98页。

46　萨金特所著的《无赖与恶棍》,第142页。《关于布拉德先生的生死评论》第228页。格里夫斯所著的《在其脚下的敌人》,第210页。虽然一名自耕农狱吏捡到并"如实上缴"了其他一些宝石,但是仍有些宝石永远遗失了(斯特里普所著的《关于伦敦市、威斯敏斯特市及萨瑟克区的调查》第1卷,第99页)。还可参见博德利图书馆里罗林森搜集的文稿第A.185号,对折页第472页左侧页,以及奈杰尔·琼斯所著的《窃贼布拉德及其未尽之事:偷盗王室珠宝》(*Blood, Theft and Arrears: Stealing the Crown Jewels*),载于《今日历史》(*History Today*)第61期第10—17页。

47　斯特里普所著的《关于伦敦市、威斯敏斯特市及萨瑟克区的调查》第1卷,第98页。

48　伦敦古文物学会的国家档案系列文稿第29/289/187号,对折页第366页,《致剑桥的科克先生的时事通讯》(*Newsletter to Mr Kirke at Cambridge*),以及肯尼特所著的《涵盖了所有国王及王后的英国全史》,第3册,第283页。

49　斯特里普所著的《关于伦敦市、威斯敏斯特市及萨瑟克区的调查》第1卷,第98页。

50　鲁滨逊(1615—1680年),1660—1679年担任伦敦塔中尉期间遭到解雇。他的其中一项任务就是看管政治犯,1664年因为向犯人"过度收费"而遭到指控。1662—1663 年担任伦敦市长，塞缪尔·佩皮斯却对他的才干非常鄙视，称他为"浮夸吹牛的白枕鹊鸭（一种脑袋里满是脂肪的蠢笨鸭子）……是我在伦敦市见过的最彻头彻尾的纨绔子弟……他的智商远不及普通商人"。（《佩皮斯日记》1663 年 3 月 16 日，第 3 册，第 65 页）

51　稍大的那把短剑至今仍保存在利兹的王室军械博物馆（Royal Armouries）内，编号为 X.214a。稍小的那把短剑编号为 X.214b，从 1983 年起就已丢失，最终被认定为 2002 年遗失。1807 年，科学家兼数学家艾萨克·牛顿爵士的后嗣托马斯·牛顿将这两把短剑赠予王室文艺基金会（Royal Literary Fund），1926 年起它们便藏于该基金会的军械室内。艾萨克爵士先是 1696 年在伦敦塔担任典狱长，然后又于 1699 年担任王室铸币厂的主理官，所以他很可能由于工作之便才得到了这两把短剑。我衷心感谢好友菲利普·J. 兰基斯特（Philip J. Lankester）及王室军械博物馆欧洲刀剑部的现任馆长罗伯特·C. 伍兹纳姆–萨维奇（Robert C. Woosnam-Savage）就这两把短剑的相关问题给我提供了很多帮助。还可参见福克斯（Ffoulkes）于《考古学》期刊第 7 辑，第 139—140 页上发表的文章《布拉德上校的匕首》（*Daggers Attributed to Colonel Blood*），以及考德威尔（Caldwell）与华莱士刊于 2003 年 11—12 月出版的《苏格兰历史》（*History Scotland*）第 15—19 页上的文章《苏格兰博物馆最近获得的三把匕首：巴洛克斯、达吉恩斯和库辛吉尔斯》（*Ballocks, Dudgeons and Quhingearis: Three Scottish Daggers recently acquired by the Scottish Museum*）。

52　博德利图书馆里的《英国信札》（*English Letters*）D.37 号，对折页第 84 页。

第七章　王室的赦免

1　第二代芒特莫里斯（Mountmorres）子爵赫维·雷德蒙德·莫里斯（Hervey Redmond Morris）所著的《爱尔兰议会的事务处理准则史》第 1 册，第 273 页。

2　《国家档案日历》，1671 年国内部分，第 244 页。

3　国家档案馆里的国家档案系列第 29/289/187 号文稿，对折页第 366 页，《致剑桥的科克先生的时事通讯》。1671年5月9日于伦敦。

4 《国家档案日历》，1671年国内部分，第247页。

5 《国家档案日历》，1671—1672年威尼斯部分，第49页。1671年5月22日，阿尔伯蒂于伦敦发给共和国总督和参议院的报告。

6 用于束紧牧师服装的腰带。

7 人性与同情心。

8 《埃格蒙特档案》。大英图书馆里的补充文稿第47128号，对折页第13页右侧页。安德鲁·马维尔的诗歌。

9 参见伦敦的尼希米·格鲁（Nehemiah Grew）博士的文件复本（大英图书馆里斯隆搜集的文稿第1941号，对折页第18页，英语版及拉丁语版），以及挪威的沃特·查尔顿（Charleton）博士（卒于1707年）的文件（大英图书馆里斯隆搜集的文稿第3413号，对折页第29页右侧页，英语版及拉丁语版）。

10 大英图书馆里哈利搜集的文稿第6859号，对折页第1—17页。

11 斯特里普所著的《关于伦敦市、威斯敏斯特市及萨瑟克区的调查》第1卷，第99页。

12 扬哈斯本所著的《珍宝室：关于王室王冠的传奇叙事》，第187页。

13 1671年5月8—11日发布的《伦敦公报》第572期，第2页，第2栏。历史文稿委员会的《赖德尔大厅的乡绅 S. H. 勒弗莱明的手稿》第78页。有一份描述称与布拉德上校一起接受查理二世审讯的不是小布拉德，而是佩罗特。

14 马歇尔所著的《查理二世统治时期的情报与间谍》，第194页。

15 历史文稿委员会的《赖德尔大厅的乡绅 S. H. 勒弗莱明的手稿》第78页。

16 1671年3月1日的《约翰·伊夫林乡绅日记》第2辑，第259页。

17 参见伯克莱尔所著的《奥蒙德的一生》，第2卷，第190—191页。

18 博德利图书馆里的《英国信函》D.37号，对折页第84页。

19 参见伯克莱尔所著的《奥蒙德的一生》，第2卷，第190页。

20 阿博特所著的《托马斯·布拉德上校，王冠盗窃者》，第76页。

21 《关于布拉德先生的生死评论》，第228—229页。

22 斯特里普所著的《关于伦敦市、威斯敏斯特市及萨瑟克区的调查》第1卷，第99页。

23 王室历史文稿委员会《第六次报告》,第 1 部分,附录,第 370 页。约克郡雷普利城堡(Ripley Castle)的亨利·英吉尔比爵士(Sir Henry Ingilby)的文稿。

24 斯特里普所著的《关于伦敦市、威斯敏斯特市及萨瑟克区的调查》第 1 卷,第 99 页;卡特所著的《奥蒙德伯爵詹姆斯的一生》,第 4 卷,第 422—423 页;王室历史文稿委员会《第四次报告》,第 1 部分以及附录,第 370 页。

25 17 世纪时,泰晤士河的河水非常清澈,住在威斯敏斯特市斯特兰德大街富人区的贵族们经常在河里游泳。查理一世统治时期,北安普敦勋爵就经常这样做;达德利·诺斯爵士(Sir Dudley North)也"经常游泳,他能像别人走路一样轻轻松松地在河里游一下午"(桑伯里所著的《旧伦敦与新伦敦》第 3 册,第 309 页)。查理二世是一个矫捷的游泳健将。

26 维多利亚时期修筑堤坝以前,泰晤士河的河面更宽,深度也较浅,水流更缓,17 世纪时,河面经常会有一段日子结冰,比如 1663 年、1666 年和 1667 年。1670 年 11 月和 12 月的平均温度估计分别为 6 摄氏度和 3 摄氏度,1671 年 1—3 月的平均温度估计分别为 4 摄氏度,3.5 摄氏度和 5 摄氏度 [参见古登·曼里(Gordon Manley)在王室气象学会(Royal Mctcorological Society)的季刊第 100 期(1974 年)第 393 页发表的文章《1659—1973 年英格兰中部地区每月的平均气温》(Central England Monthly Mean Temperatures 1659–1973)]。

27 国家档案馆里的国家档案系列第 29/293/28 号文稿,对折页第 31 页。《威廉森记录的布拉德及其他人提供的情报》(Notes by Williamson of information received by Blood and others),1671 年 9 月 21 日。

28 1671 年 4 月 22 日的《上议院议事录》,第 12 期,第 514 页,第 2 栏。

29 格里夫斯所著的《在其脚下的敌人》,第 210 页。

30 斯特里普所著的《关于伦敦市、威斯敏斯特市及萨瑟克区的调查》第 1 卷,第 99 页。

31 基皮斯所著的《不列颠传记》第 2 卷,第 823 页。

32 《关于布拉德先生的生死评论》,第 229 页。

33 巴克斯特(Baxter)所著的《巴克斯特的遗物》(Reliquiæ Baxterianæ),第

89 页；格里夫斯所著的《在其脚下的敌人》，第 210—211 页。

34　约翰·奥尔德米克森（John Oldmixon）所著的《斯图亚特王朝统治时期的英国历史》（*History of England during the reigns of the House of Stuart*）（伦敦，1730 年）第 1 册，第 500 页。

35　《关于布拉德先生的生死评论》，第 228 页。

36　王室历史文稿委员会《第六次报告》，第 1 部分，附录，第 370 页。

37　英国国家档案馆里的国家档案系列第 44/34/86 号文稿，对折页第 87 页，《盖特豪斯监狱典狱长接收约翰·巴克斯顿的接收令》（*Warrant to keeper of Gatehouse prison to receive John Buxton*），1671 年 5 月 15 日。

38　格里夫斯所著的《在其脚下的敌人》，第 212 页。

39　《国家档案日历》，1671 年国内部分，第 244 页。

40　英国国家档案馆里的国家档案系列第 29/290/11 号文稿，对折页第 15 页，《布拉德上校致函国王》（*Colonel Blood to the King*），1671 年 5 月 19 日于伦敦塔。

41　马歇尔所著的《查理二世统治时期的情报与间谍》，第 205 页。

42　王室历史文稿委员会《第八次报告》，第 1 部分，附录，第 159 页。

43　《国家档案日历》，1671 年国内部分，第 413 页。

44　J·哈特利（Hartley）所著的《威斯敏斯特选举史》（*History of the Westminster Election*）（第 2 版，伦敦，1765 年），第 79 页。

45　例如《记录与问询》（*N&Q*）第 154 期（1928 年），第 10 页；琼斯的《窃贼布拉德及其未尽之事：偷盗王室珠宝》，载于《今日历史》第 61 期第 10—17 页。

46　《国家档案日历》，1671 年国内部分，第 300 页。非常讽刺的是，莫顿想审问布拉德和佩罗特关于巴洛上校（Colonel Barrow）之事，这个化名为约翰逊的上校涉嫌煽动造反以及策划阴谋。他来到巴洛家中，但是嫌犯早已逃之夭夭。后来，莫顿向威廉森申请提审佩罗特的许可令，称巴洛参与了攻占都柏林城堡阴谋，还说他是布拉德的同伙，"意图在伦敦暴发瘟疫期间发动起义"。（萨金特所著的《无赖与恶棍》，第 147 页）

47　《国家档案日历》，1671—1672 年威尼斯部分，第 74 页。1671 年 6 月 12

日，阿尔伯蒂于伦敦发给共和国总督和参议院的报告。

48 《国家档案日历》，1671年国内部分，第351页。

49 《记录与问询》第175期（1938）年第104页《R. S. P——自由特赦》（'R. S.P.' – 'Free pardon'）。

50 这一措施成为1672年3月的《信教自由令》，但是迫于议会压力，该法令次年便被撤销。更多信息请参见贝特（Bate）所著的《1672年的信教自由令：针对非国教组织崛起的研究》（*The Declaration of Indulgence 1672: A Study in the Rise of Organised Dissent*）（伦敦，1908）。

51 博德利图书馆文稿《英国历史》（*English history*）第C.487号，拉德洛所写的《来自瞭望塔的声音》（*A Voyce from the Watch-tower*），对折页第1265页。

52 马歇尔所著的《查理二世统治时期的情报与间谍》，第195—196页。

53 汉拉恩所著的《布拉德上校：盗窃王室珍宝的男子》第136页；阿博特所著的《托马斯·布拉德上校，王冠盗窃者》第88页。《国家档案日历》，1671年国内部分，第496页。

54 博德利图书馆里卡特搜集的文稿第69号，对折页第164页右侧页。布拉德向奥蒙德致歉。

55 斯特里普所著的《关于伦敦市、威斯敏斯特市及萨瑟克区的调查》第1卷，第100页。

56 卡特所著的《奥蒙德伯爵詹姆斯的一生》，第4册，第446—447页。

57 《国家档案日历》，1671年国内部分，第385页。

58 《国家档案日历》，1671年国内部分，第457页，以及英国国家档案馆里的国家档案系列第44/34/115号文稿，对折页第116页。他们的土地也都失而复得：参见肖（Shaw）编辑的《国库账簿日历》（*Calendar of Treasury Books*）第3辑（1669—1672年）第1168页。

59 隐瞒漏报谋逆行为的罪行。

60 指某人对他人实施非法攻击或殴打的行为。

61 该日期为查理二世在多佛登陆后君主制开始复辟的日子。

62 英国国家档案馆里的国家档案系列第44/34/110号文稿，对折页第111页。

托马斯·布拉德于 1671 年 8 月 1 日的赦免。

63　爱尔兰国家档案馆中的文稿第 12816 号，对折页第 27 页。斯特拉凡是利菲河畔的一个村落，位于都柏林西北 16 英里处。

64　格里夫斯所著的《在其脚下的敌人》，第 214 页。

65　布拉德曾经患过天花病，这种病会在脸上留下痘疤。

66　王室历史文稿委员会《第六次报告》，第 1 部分，附录，第 370 页。

67　《威廉森的信札》(*Williamson Letters*)，第 2 卷，第 14 页脚注。

68　《约翰·伊夫林乡绅日记》第 2 辑，第 259—260 页。

69　王室历史文稿委员会《第六次报告》，第 1 部分，附录，第 370 页；卡特所著的《奥蒙德伯爵詹姆斯的一生》，第 4 册，第 447 页。

70　柯伦（Curran）所著的《威廉·佩威奇的派遣，身在巴黎的英国特工 1669—1677》(*Dispatches of William Perwich, English Agent in Paris 1669–77*)（伦敦，1908），第 165 页。

71　王室历史文稿委员会《第七次报告》，第 1 部分，报告与附录，第 464 页。

72　普遍认为《索然无味的历史》(*History of Insipids*) 的作者是威尔莫特。关于作者之争的探讨，请参见维维安·德·S. 平托（Vivian de S.Pinto）在《现代语言评论》(*Modern Language Review*) 第 65 期（1970 年）第 11—15 页发表的文章《索然无味的历史：罗切斯特、弗里克与马维尔》(*The History of Insipids: Rochester, Freke and Marvell*)。威尔莫特（1647—1680 年）因酒后无德以及在宫中过度放浪形骸而变得名声不佳。1673 年圣诞节时，他在怀特霍尔宫发表了一篇关于查理二世的讽刺诗《在不列颠岛上》(*In the Isle of Britain*)，诗中批判国王为了纵欲而不惜牺牲自己的王国。他因此在一个月内被禁止入宫。1675 年 1 月，威尔莫特酒后肆意妄为，捣毁了白厅御花园中央的日晷（此物被认为是欧洲最稀罕的物品）。

73　此处位于学院街（College Street）南面，有一个草地保龄球场。这座房子前方砖墙上的显著标志是一块盾牌以及几个盾纹，据称，这里在 1820 年就已不复存在（桑伯里与沃尔福德所著的《旧伦敦与新伦敦》，第 4 册，第 35 页）。根据当时的记录，保龄街上有 53 所房子，大彼得街上有 36 所。[H. F. 韦斯特莱克（Westlake）所著的《圣玛格丽特的威斯敏斯特》(*St*

Margaret's Westminster)(伦敦，1914 年）第 79 页］

74 参见 R·C 在《记录与问询》系列 2，第 7 册，第 18659 号文稿，第 131 页。现在位于明利的这所庄园大宅是 1858—1860 年按照法国建筑风格为格林米尔斯（Glynn Mills）银行的合伙人雷克斯·柯里（Raikes Currie）修建的。

75 肖编辑的《国库账簿日历》第 3 辑（1669—1672 年）第 937 页。

第八章　重归大众视野

1 英国国家档案馆里的国家档案系列第 29/294/14 号文稿，对折页第 20 页。
2 马歇尔所著的《查理二世统治时期的情报与间谍》，第 196 页。
3 英国国家档案馆里的国家档案系列第 29/294/16 号文稿，对折页第 274 页。1671 年 12 月 23 日，约翰·鲁滨逊爵士于伦敦塔致信威廉森。他刚刚关闭了两个贵格会的聚众场所，"如果再进行布道，我就把他们带到新门监狱关押半年……有些人比较富庶，我们没有进一步的办法来对付他们，但是可以……在国王乐意的情况下，没收他们的土地，再将他们关进大牢。如果这个办法能够广泛执行下去，我们不费吹灰之力就可以击败他们"。
4 《国家档案日历》，1663—1664 年国内部分，第 287 页。
5 《国家档案日历》，1663—1664 年国内部分，第 287 页。
6 所谓的《非国教活动法案》(Coventicles Act)，爱尔兰下议院《卷宗二十二之二》第 1 章。
7 英国国家档案馆里的国家档案系列第 29/140/93 号文稿，对折页第 136 页："3 名非国教信徒获释。"原始文件的日期是 1665 年 12 月（具体日子不详），但直到 1671 年末才确定将他们释放。
8 英国国家档案馆里的国家档案系列第 29/293/28 号文稿，对折页第 31 页。关于威廉森 1671 年 9 月 21 日从布拉德及其他人那里所获情报的记录。
9 英国国家档案馆里的国家档案系列第 29/29/12 号文稿，对折页第 15 页。1671 年 9 月 18 日，布拉德于伦敦致信威廉森。
10 英国国家档案馆里的国家档案系列第 29/293/28 号文稿，对折页第 31 页。

11　贝特所著的《1672年的信教自由令：针对非国教组织崛起的研究》，第91页脚注。

12　1666年9月伦敦大火的第三天，弗利特河畔监狱被烧毁，囚犯们在最后一刻逃离了大火。监狱长杰里米·惠奇科特爵士（Sir Jeremy Whichcote）出资在原址重建监狱期间，在朗伯斯南部买下了卡伦大宅（Caroon House）安置监狱的犯人（此处曾为伊丽莎白一世及詹姆斯一世统治时期的荷兰大使官邸）。

13　英国国家档案馆里的国家档案系列第29/294/15号文稿，对折页第21页。1671年11月11日，在威廉森手中的记录。

14　英国国家档案馆里的国家档案系列第29/294/14号文稿，对折页第20页。

15　英国国家档案馆里的国家档案系列第29/294/15号文稿，对折页第21页。1671年11月11日，在威廉森手中的记录。

16　英国国家档案馆里的国家档案系列第29/294/139号文稿，对折页第169页。1671年12月4日，在威廉森手中的记录。

17　博德利图书馆里罗林森搜集的文稿第A.185号，对折页第474页，条目10、15和16。

18　英国国家档案馆里的国家档案系列第29/294/139号文稿，对折页第169页。

19　《国家档案日历》，1671—1672年国内部分，第14页。

20　巴伯尔（1625—1704年）居住在国王街，与考文特花园圣保罗教会的非国教教区长托马斯·曼顿（Thomas Manton）是近邻。巴伯尔之子约翰则没有那么审慎；1683年，他与托马斯·德瑞普爵士之女私奔并结为夫妻。参见约翰·威尔逊所著的《王朝复辟时期的宫廷讽刺》（*Court Satires of the Restoration*）（哥伦布，俄亥俄，1976年），第95页。

21　艾略特（Eliot）所著的《第一代哈利法克斯侯爵乔治·塞维尔的一份新手稿》（*A new MSS of George Saville, first marquis of Halifax*），载于《麦克米伦杂志》（*Macmillan's Magazine*）第36期第456页。

22　英国国家档案馆里的国家档案系列第29/293/235号文稿，对折页第295页。威廉森于1671年12月27日所做的记录。

23　格里夫斯所著的《在其脚下的敌人》，第221页。

24　英国国家档案馆里的国家档案系列第29/293/235号文稿，对折页第295页。

25 此处意味着法律程序已经完成，例如，在此案中，指的是为接收人草拟一份颁布自由特赦的文件。
26 《国家档案日历》，1671—1672年国内部分，第47页。布拉德于1671年12月28日致信阿灵顿。
27 英国国家档案馆里的国家档案系列第29/293/28号文稿，对折页第31页。
28 格里夫斯所著的《在其脚下的敌人》，第221页。
29 《国家档案日历》，1672年国内部分，第111页。
30 在17世纪80年代，内尔索普之子理查德曾是反政府的阴谋家。参见格里夫斯所著的《在其脚下的敌人》，第222页。
31 《国家档案日历》，1675年3月11日—1676年2月29日国内部分，第56页。
32 《国家档案日历》，1675年3月11日—1676年2月29日国内部分，第60页。
33 布朗所著的《国家条约汇编》(*Miscellanea Aulica*)第66页。1672年3月19日，阿灵顿于白厅致信住在维也纳王宫的加斯科因。
34 阿博特所著的《英国的阴谋与异教者》(*English Conspiracy and Dissent*)，载于《美国历史评论》(*American Historical Review*)第14期第719页。
35 贝特所著的《1672年的信教自由令：针对非国教组织崛起的研究》，第92页。
36 《国家档案日历》，1671—1672年国内部分，第37页和第184页。
37 马歇尔所著的《查理二世统治时期的情报与间谍》，第201页。
38 《国家档案日历》，1671—1672年国内部分，第343页。科尔曼街因为曾经发生过叛乱，所以申请遭到了拒绝。
39 《国家档案日历》，1671—1672年国内部分，第434页。
40 《国家档案日历》，1671—1672年国内部分，第568页。
41 《国家档案日历》，1671—1672年国内部分，第366页。
42 《国家档案日历》，1671—1672年国内部分，第589页。
43 根据蔑视王权罪的法庭令状，一名警长传唤了一个在英国否定君主宗教至高权反而主张坚持教皇管辖权的被告人。这份令状是基于理查二世的法令制定的，后被用于惩处那些质疑或削弱王室管辖权的行为。此处所讲的很可能就是这起案件。
44 《国家档案日历》，1672年国内部分，第45页。1672年5月一共释放了

480 名贵格党成员。

45 《国家档案日历》，1672 年国内部分，第 589 页。

46 1647 年兰利得到议会任命，但却在 1660 年被大学的访客们逐了出来。

47 博德利图书馆里的西部手稿第 28184 号，对折页第 250 页。

48 《旨在防止天主教谋逆者制造危险的法案》(*An Act for Preventing Dangers which may Happen from Papist Recusants*)，爱尔兰下议院《卷宗二十五之二》第 2 章。

49 变体论教义认为在圣餐圣礼过程中经过祝圣的面包及红酒实际上即为基督的身体与血液，虽然在外观上对于崇拜者而言并未发生变化。该法令所附的誓言如下：鄙人（姓甚名谁），在此正式宣誓，我坚信不论是圣餐礼上抑或是经任何人祝圣的面包或红酒，皆未发生任何实体变换。

50 在 16 世纪修道院解散前，由修道士负责向穷人发放救济金。长老会的教众可能使用的是已被废弃的圣安妮礼拜堂中施赈官的住所。参见 H. F. 韦斯特莱克所著的《圣玛格丽特的威斯敏斯特》(伦敦，1914 年) 第 6 页。

51 历史文稿委员会的《内殿法律学院布里奇沃特基金下的议案宣读委员利兹公爵的手稿》(*Manuscripts of the Duke of Leeds, the Bridgewater Trust, Reading Corporation, the Inner Temple*)，第 15 页。

52 《国家档案日历》，1678 年国内部分，第 226—227 页。

53 英国国家档案馆里的国家档案系列第 84/188/125 号文稿。

54 《国家档案日历》，1671—1672 年国内部分，第 372 页。

55 《国家档案日历》，1672 年国内部分，第 683 页。

56 英国国家档案里的国家档案系列第 29/333/181 号文稿，对折页第 245 页。1673 年 2 月（具体时间有待考量），布拉德手写的记录。

57 《国家档案日历》，1672 年国内部分，第 601 页。托马斯·布拉德上校于 1672 年 9 月 12 日致信威廉森。

58 《威廉森的信札》，第 1 卷，第 14—15 页。1673 年 6 月 2 日，亨利·鲍尔于白厅致信威廉森。爱尔兰总督、第一代埃塞克斯伯爵亚瑟·卡佩尔于都柏林告诉阿灵顿说"布拉德上周六就已到达此地，但我还未见到他"。《国家档案日历》，1663 年 1 月—1664 年 8 月国内部分，第 335 页。

59 彼得·塔尔博特（1620—1680年）在国王查理大婚后被任命为王后的施赈官，却被人指控称与4位耶稣会神父合谋，意图杀害奥蒙德公爵。他辞去公职，退休来到法国，却在1669年被任命为都柏林的大主教。他召集了一次爱尔兰天主教绅士会议，他们决定向国王表达天主教受到的不公待遇，天主教徒因此受到了严厉的惩罚，这也令爱尔兰的新教徒惶惶不已，塔尔博特被迫流亡巴黎。

60 《埃塞克斯档案》（*Essex Papers*），第90—91页。埃塞克斯伯爵于1673年6月17日致信阿灵顿。

61 英国国家档案馆里的国家档案系列第29/366/181号文稿，对折页第11页。

62 《国家档案日历》，1663年1月—1664年8月国内部分，第410页。

63 《国家档案日历》，1663年1月—1664年8月国内部分，第304页。

64 《国家档案日历》，1671—1672年国内部分，第373页。1677年8月，尼普顿·布拉德恳请奥蒙德公爵以年租6英镑的价格将克莱尔郡先前属于马林加（Mullingar）修道院的两处位于卡斯尔敦金达伦（Castletown Kindalen）和彻奇敦（Churchtown）的教区长住宅赐给自己。（《国家档案日历》，1677—1668年国内部分，第234页）

65 《国家档案日历》，1663年1月—1664年8月国内部分，第502页。他是与东印度公司一起出海的吗？

66 在船上负责管账的官员，有时候也负责食物和饮品。

67 1669年3月，海军局（Navy Board）成员、日记作家塞缪尔·佩皮斯被临时任命为"泽西号"船长，借助这一法律手段可以让他有资格成为军事法庭成员，用以弥补王室海军舰艇"挑战号"（*Defiance*）的损失。这一任命令他"兴奋不已"。王室海军8艘军舰中第一艘使用这一名号的王室海军舰艇"泽西号"于1691年12月18日在西印度群岛被法国截获，随后被改为一个非常稀松平常的名字。自此，该船便一直在法国海军服役到1716年。参见（Brian Lavery）所著的《一线战舰》（*The Ship of the Line*），第1卷，《1650—1850年的战舰发展过程》（Development of the Battlefleet 1650—1850）（伦敦，2003年），第160页。该船得名于海峡群岛中的一个岛屿，其形象还出现在2001年泽西的一款邮票上。另见大英图书馆的补充文稿第

10115 号（威廉森关于 1667 年规划中的英法战争的相关文件），对折页第 73 页——布拉德在王室海军服役的两个儿子。

68　《国家档案日历》，1678 年 3—12 月国内部分，第 20 页。

69　1673 年 6 月，亨利·鲍尔告诉威廉森说布拉德"假装给妻子留下一大笔产业，但巴特勒博士说其实这不过是个谎言，他实际已经所剩无几了"。《威廉森的信札》，第 1 卷，第 15 页。

70　被带走后质押在法院里。

71　兰开斯特郡档案署第 26/70/1 号文稿。这份申诉书在《国家档案》中标注的时间也是 1665 年，但是 1672 年 12 月查理·霍尔克罗夫特去世后，它便只能以 1673 年作为最早日期。

72　凯（Kaye）所著的《布拉德上校的传奇故事与冒险经历》（*Romance and Adventures of Colonel Blood*）第 250—253 页；兰开斯特郡档案署的文稿第 QSP/547/15 号。

73　《威廉森的信札》，第 1 卷，第 15 页脚注。

74　英国国家档案馆里的国家档案系列第 29/294/235 号文稿，对折页第 295 页。

75　利利怀特（Lillywhite）所著的《伦敦的咖啡馆》（*London Coffee Houses*），第 639 页。

76　马歇尔所著的《布拉德上校与复辟时期的政局》，第 32 卷，第 571 页。

77　相当于 56 磅或 25.4 千克。

78　英国国家档案馆里的国家档案系列第 29/333/82 号文稿，对折页第 126 页。1673 年 2 月 10 日，理查德·威尔金森于阿普尔比致信约翰·拉塞尔上校。

第九章　上帝之道

1　万圣学院（All Saints）校长埃蒙德·希克里格（Edmund Hickeringill）在埃塞克斯的科尔切斯特（Colchester）进行布道宣讲时所做的解释，第 1 页。

2　T·S 所著的《1681 年 7 月 10 日于科尔切斯特根据〈耶利米书〉第 5 章

第25—26节进行布道时抓捕犯人过程中的可怕罪行》(*The Horrid Sin of Man-Catching Explained in a Sermon*, upon Jeremiah 5, 25-6, preached at Colchester 10 July 1681)（埃塞克斯郡科尔切斯特，1681），第1页。

3　去骗人或弄虚作假。

4　《虚假的阴谋》(*Sham Plots*)，第1页。塞缪尔·博尔德（Samuel Bold）（1649—1737年），多塞特沙皮克（Shapwick）的牧师以及宗教宽容政策的热心倡导者，在1682年进行一次反对宗教迫害的布道时宣读了一份支持胡格诺派（Huguenot）难民的简要说明，宣称线人是"野蛮且退化的人类群体"，都有着"绝望的命运"。他在1682年3月26日布道后，便以《反迫害布道》(*A Sermon against Persecutions*)这一题目将其印刷成册（伦敦，1682年），见其第7—9页。详尽的概述请参看马歇尔所著的《查理二世统治时期的情报与间谍》，第207页。

5　《虚假的阴谋》，第1页。

6　艾伦所著的《君主制复辟之后的伦敦政治俱乐部》(*Political Clubs in Restoration London*)第19卷，第563页和第566页。

7　《国家档案日历》，1667—1668年国内部分，第89页。

8　沃勒（大约为1637—1699年）是英国内战时期参战的议会将军威廉·沃勒与第二任妻子所生之子。

9　德莱顿所著的《阿布萨伦与阿契托弗》(*Absalom and Achitophel*)，第2部分，第53行。

10　天主教助产士伊丽莎白·塞利尔的《被击败的恶意》(*Malice Defeated*)中提到过沃勒的俱乐部。关于布拉德罕有的几次出席情况，请参见1679年的《反阴谋》(*Counter-plots*)，第6页。

11　理查德·克伦威尔倒台后，他被保王党无情地称为"迪克王后（Queen Dick），现在正在法国流亡。

12　英国国家档案馆里的国家档案系列第29/397/7号文稿，对折页第7页。1678年10月2日，威廉森对布拉德先生提供的情报进行的记录。

13　佩顿（约为1633—1689年）于詹姆士二世登基后逃往荷兰，但却遭遇了一次拙劣的绑架袭击，绑架者想把他带回英格兰，借此挑起两国之间的外交争端。1688 年，他在威廉·奥兰治的侵略部队登陆多塞特后，率领了一个军团。次年，佩顿在伦敦因为高烧去世，据说是因为临死前两天喝了变质的红酒所致。

14 《国家档案日历》，1677—1678 年国内部分，第 571 页。1678 年 1 月 12 日，威廉森于白厅致信波义耳，可能与他在萨尔内的旧有土地有关。1679 年 6 月 5 日，爱尔兰总督收到一条消息称"托马斯·布拉德恳求以每年 6 英镑租金在米斯郡萨尔内获得本该属于他的土地，38 年及其后的年份中都不得索要"。参见《国家档案日历》，1679 年 1 月—1680 年 8 月国内部分，第 164 页。

15 《国家档案日历》，1678 年国内部分，第 290 页。1678 年 7 月 16 日，布拉德与约克公爵的谈话。

16 《国家档案日历》，1677—1678 年国内部分，第 30—31 页。两天后，林肯的邮政局长拉尔夫·博内特把诺斯的信呈交给了国王。信上备注"此信事关生死，以及其他重大问题，因此，请务必将此信谨慎送达，以便在周四时可以收到回信"。

17 这座教堂在火灾后并未重建，1670 年，该教区与伍德街（Wood Street）的圣米迦勒教区进行了合并。自从 1965 年起，此遗址便一直是一座花园。

18 历史文稿委员会的《肯尼城堡的奥蒙德侯爵保存的手稿》第 4 卷，第 462 页。

19 1656 年，巴克因"非法行医"被内科医师学会（College of Physicians）处罚了 50 英镑。1673 年 12 月，他被任命为查理二世的常任医生，这是一个荣誉职位，但显然得不到任何报酬。

20 波洛克（Pollock）所著的《天主教阴谋：查理二世执政时期的历史研究》（*The Popish Plot: A Study in the History of the Reign of Charles II*）（伦敦，1903），第 13 页。

21 威廉斯所著的《1679 年 1680 年与 1681 年的焚烧教皇游行》（*The Pope-Burning Processions of 1679, 1680 and 1681*），载于《沃伯格与考陶尔德学院杂志》（*Jnl Warburg and Courtauld Institutes*）第 21 期，第 108 页。

22 凯尼恩（Kenyon）所著的《天主教阴谋》（*The Popish Plot*），第 78 页。

23 爱传闲话的老奥布里（Aubrey）认为希尔也是王后寝宫的侍臣之一［奥布里所著的《短暂的生命》（*Brief Lives*），第 1 卷，第 320 页］。这起谋杀案发生在斯特兰德大街不远处的萨默赛特宫的庭院里，尸体后来被丢弃在樱草山上（凯尼恩所著的《天主教阴谋》第 150 页）。迈尔斯·普兰斯于 1686 年认罪，承认自己提供了假证，被处罚金 100 英镑以及戴着首颈枷示众（出处同上，第 295 页）。

24　樱草山后来有很短一段时间因在那里遭到处决之人的名字，被人称为了"格林贝里山"（Greenberry Hill）。他们死后，尸体在绞刑架上又吊了一段日子。

25　T. S. 贝克曼所著的《1681 年 7 月 10 日于科尔切斯特根据〈耶利米书〉第 5 章第 25—26 节进行布道时抓捕犯人过程中的可怕罪行》，第 20 页。

26　历史文稿委员会的《菲茨赫伯特》（Fitzherbert），第 114—115 页。

27　参见布里所著的《关于天主教徒后期阴谋的真实叙述》（A True Narrative of the late Design of the Papists）（伦敦，1679），第 8 页；马歇尔所著的《查理二世统治时期的情报与间谍》，第 211 页。

28　历史手稿委员会的《菲茨赫伯特》，第 114—115 页。

29　历史手稿委员会的《菲茨赫伯特》，第 115 页。

30　1975 年，他被追封为圣徒。

31　奥茨在 1685 年因作伪证再次遭到审判，判处他在鞭笞之下两次穿越伦敦城，终身监禁以及每年戴着首颈枷示众。1689 年奥兰治的威廉继位后，他得到赦免，并可获得每年 269 英镑的养老金。1705 年 7 月 12 或 13 日，奥茨去世。

32　博德利图书馆里卡特搜集的文稿第 228 号，对折页第 151 页。于 1679 年 3 月 3 日致白金汉郡温琴登（Winchendon）的托马斯·沃顿（Thomas Wharton）的时事通讯，汇报了桑德兰勋爵与布拉德的会晤情况。

33　《关于布拉德先生的生死评论》，第 229 页，以及《关于天主教徒后期阴谋的真实叙述》，第 4 页。

34　"骗棍"是 17 世纪的名词，用于指代诱惑或欺骗他人，从而令被骗者陷入不利或毁灭性结局的骗子。

35　马歇尔所著的《查理二世统治时期的情报与间谍》第 222 页。

36　达尔林普尔（Dalrymple）所著的《大不列颠与爱尔兰回忆录·从查理二

世解散最后的议会至拉霍格海战》(*Memoirs of Great Britain and Ireland. From the Last Dissolution of the last Parliament of Charles II until the sea battle of La Hogue*)(2卷本,都柏林,1773),第2卷,第231页。

37 历史文稿委员会的《肯尼城堡的奥蒙德侯爵保存的手稿》第4卷,第328—329页。赫丝特·查普曼(Hester Chapman)称布拉德是针对白金汉发起的阴谋的主要参与者,但这似乎不太可能。参见她所著的《伟大的维利尔斯:针对第二代白金汉伯爵乔治·维利尔斯的研究1627—1687》(*Great Villiers: A study of George Villiers, second duke of Buckingham 1627-1687*)(伦敦,1949),第262—264页。

38 梅尔顿(Melton)所著的《一个改过自新的放荡之徒:第二代白金汉公爵乔治·维利尔斯的运势1671—1685》(*A Rake Reformed: The fortunes of George Villiers, second duke of Buckingham 1671-1685*),载于《亨廷顿图书馆季刊》(HLQ)第51期,第300—301页。

39 《关于天主教徒后期阴谋的真实叙述》,第28页。

40 普里查德(Pritchard)所著的《第二代白金汉公爵为其私生活进行的辩护》(*A Defence of his Private Life by the second duke of Buckingham*),载于《亨廷顿图书馆季刊》第44期,第164页和第168页。

41 历史文稿委员会的《肯尼城堡的奥蒙德侯爵保存的手稿》第5卷,第296—297页。

42 《关于天主教徒后期阴谋的真实叙述》,第18页。

43 拉姆小巷后来被重新命名为"胆小鬼街"(Hare Place),这里非常肮脏破败,在17世纪时是有罪之人的避难所。

44 更恰当的称法是"桥墩旁的黑熊"(Bear at Bridgefoot)。

45 《关于菲利普·勒马尔安排的最近的阴谋以及针对白金汉公爵乔治大人的几起阴谋的叙述》(*Narrative of the Design lately laid by Philip Le Mar and several others against his grace George Duke of Buckingham*),第14页。

46 《关于布拉德先生的生死评论》,第231页。

47 收押令(mittimus)是一种盖着治安官印章的文函,可以指使警察将重罪嫌疑人员押解到监狱里。该词源自拉丁语,意思是"我们派遣"。

48 《关于天主教徒后期阴谋的真实叙述》，第 10 页。

49 《关于天主教徒后期阴谋的真实叙述》，第 12 页。

50 历史文稿委员会的《肯尼城堡的奥蒙德侯爵保存的手稿》第 5 卷，第 324 页。

51 马歇尔所著的《查理二世统治时期的情报与间谍》，第 222 页。

52 《国家档案日历》，1679—1680 年国内部分，第 521 页。

53 1680 年 4 月 1—5 日发布的《伦敦公报》第 1500 期，第 2 页，第 1 栏和第 2 栏。

54 《国家档案日历》，1679—1680 年国内部分，第 560 页。1680 年 7 月 18 日弗朗西斯·拉德克利夫（Francis Radcliffe）于诺森伯兰的迪尔斯顿（Dilston）收到的时事通讯。

55 威廉·多尔宾爵士（大约为 1625—1694 年）于 1678 年 10 月 23 日被任命为王座法庭的法官。此人身材矮小但声音却出奇地洪亮，被人俗称为"十足的老咆哮者"。

56 英国国家档案馆里的国家档案系列第 29/414/23 号文稿，对折页第 40 页。布拉德于 1680 年 7 月 15 日致信约克公爵詹姆斯。

57 显然付款有拖欠现象。

58 英国国家档案馆里的国家档案系列第 29/414/26 号文稿，对折页第 46 页。布拉德于 1680 年 7 月 18 日致信国务大臣詹金斯。

59 这座监狱位于高街镇不远处的天使广场（Angel Place），在亨利八世统治时期重建了高耸的砖墙，围住了里面的院落和建筑群。1761 年，在萨瑟克的圣乔治广场（St George's Fields）附近一座占地 4 英亩的新监狱落成后，这里便被拆除。

60 《国家档案日历》，1679—1680 年国内部分，第 568 页。1680 年 7 月 22 日，罗杰·加斯特尔（Garstell）于纽卡斯尔收到的时事通讯。

61 博德利图书馆里罗林森搜集的文稿第 A.185 号（佩皮斯档案），对折页第 473 页右侧页至第 475 页——布拉德的小本子中所记内容的复本。

62 博德利图书馆第 A.185 号文稿，对折页第 474 页右侧页。

63 博德利图书馆第 A.185 号文稿，对折页第 473 页右侧页至第 474 页右侧页，条目 2，5，6，16，18，21，33，39—43，47—52，54，59 和 67。公牛头酒馆位于梅登小径（Maiden Lane）与斯特兰德大街之间。1897 年，这里被推倒后改建成了内尔·格温（Nell Gwynne）酒家。

64　博德利图书馆第 A.185 号文稿，对折页第 474 页右侧页。

65　博德利图书馆第 A.185 号文稿，对折页第 473 页左侧页至第 474 页右侧页，条目 4—7，10，15—16，21。参见马歇尔所著的《查理二世统治时期的情报与间谍》，第 198 页，第 202 页，第 204 页。

66　英国国家档案馆第 PROB/11/364/248 号文稿。1680 年 11 月 4 日，这份遗嘱得到了检验认证。

67　英国国家档案馆第 PROB 4/5301 号文稿。1681 年 5 月 7 日，托马斯·布拉德在圣玛格丽特教区的财产清单。

68　《关于布拉德先生的生死评论》，第 233—234 页。

69　此处是 1638—1642 年为威斯敏斯特的圣玛格丽特教堂建造的小教堂及墓地。它在 19 世纪遭到拆除后被基督城的一座新教堂取代。这里在 1941 年的伦敦大轰炸（London Blitz）时被炸毁，1950 年，这块位于百老汇街（Broadway）与维多利亚街（Victoria Street）交界处的墓地被改建成一座公共花园，并于 1985 年指定成为文物保护区。1970 年，花园里还竖立了一座纪念妇女参政权运动（Suffragette Movement）的纪念碑。

70　《关于布拉德先生的生死评论》，第 234 页。

71　查普尔（Chappell）所著的《罗克斯伯勒的歌谣》（Roxburghe Ballads），载于《歌谣学会》（Ballad Society）第 6 期第 787—788 页。

72　《关于布拉德先生的生死评论》，第 235 页和 227 页。

后记

1　英国国家档案馆里的国家档案系列第 29/417/207 号文稿，对折页第 443 页。

2　1668 年，白金汉在约克郡建立了比尔斯戴尔狩猎园（Bilsdale Hunt），据说这是英国最古老的狩猎园。

3　1678 年 11 月 6 日的《下议院议事录》，第 10 期，第 280 页。

4　弗斯撰写的《埃德蒙·拉德洛》（Edmund Ludlow）［布莱尔·沃登（Blair

Warden）修订］，载于《牛津国家人物传记》第34卷，第717页。
5. 博德利图书馆里的《英国信函》第C.35号文稿，对折页第131页。P. 马多克斯（P. Maddocks）于1684年11月14日致信罗伯特·索斯韦尔。
6. 威尔士亲王妃戴安娜（Diana）是他的后嗣之一。
7. 马歇尔撰写的《第一代阿灵顿伯爵亨利·贝内特》，载于《牛津国家人物传记》第5卷，第101—105页。
8. 凯尼恩所著的《天主教阴谋》，第155页。
9. 马歇尔撰写的《约瑟·威廉森爵士》，载于《牛津国家人物传记》第59卷，第356页。
10. 这是信奉新教的伊丽莎白一世于1558年继位的周年纪念日，她在同父异母的姐姐、信奉天主教的玛丽一世去世之后登基成为英格兰女王。
11. 《国家档案日历》，1683年1—6月国内部分，第66页和第104页。
12. 现被称为红十字路（Red Cross Way）。
13. 《国家档案日历》，1683年1—6月国内部分，第382—383页。
14. 参见彼得·厄尔（Peter Earle）所著的《蒙默思的叛乱者：通往1685年塞奇莫尔战役之路》（*Monmouth's Rebels: The Road to Sedgemoor 1685*）（伦敦，1977），第32页；大英图书馆里兰丝唐搜集的文稿第1152号，第1卷，对折页第238页左侧页——1685年7月30日，尼古拉斯·库克与亨利·莱文宁向德文郡议员鲍彻·雷伊爵士（Sir Bourchier Wrey）汇报了佩罗特的被捕情况。
15. 历史文稿委员会的《肯尼城堡的奥蒙德侯爵保存的手稿》第2卷，第253页。
16. 参见《国家档案日历》，1671年国内部分，第267页；《国家档案日历》，1670年国内部分，第174页，以及马歇尔所著的《查理二世统治时期的情报与间谍》，第140页。
17. 一座位于英格兰和苏格兰边境上的小镇。
18. 斯佩恩撰写的《马丁·贝克曼》，载于《牛津国家人物传记》第6卷，第740—743页。
19. 英国国家档案馆里的国家档案系列第29/417/207号文稿，对折页第443页。
20. 一种矛尖下面带有斧头的杆状武器。

21 英国国家档案馆里的国家档案系列第 29/417/207 号文稿，对折页第 445 页。
22 《国家档案日历》，1683 年 1—6 月国内部分，第 66 页。
23 1677 年，二人都在海军服役。参见大英图书馆的补充文稿第 10115 号，对折页第 73 页。
24 这艘军舰于 1650 年作为英联邦海军的第三级护卫舰配有 50 门枪炮，在斯图亚特王朝复辟后更名为"玛丽号"。1677 年，它被改装成配有 62 门炮的战舰，1688 年"玛丽号"进行了重建。在 1703 年的大风暴中，"玛丽号"在肯特郡海滩附近的古德温暗沙（Goodwin Sands）一带的沙洲中失踪。
25 蒙哥马利 – 马森伯德所著的《伯克的爱尔兰家族史》，第 142 页。
26 英国国家档案馆第 PROB 4/54/476 号文稿。日期标注为 1688 年 11 月。
27 英国国家档案馆第 PROB 11/360/467 号文稿，对折页第 304—305 页。埃德蒙·布拉德的遗嘱。
28 《国家档案日历》，1676 年 3 月—1677 年 2 月国内部分，第 77 页。
29 《国家档案日历》，1678 年国内部分，第 241 页。
30 蒙哥马利 – 马森伯德所著的《伯克的爱尔兰家族史》，第 143 页。现如今，北爱尔兰于 7 月 12 日举行那次战役的庆祝活动。根据英国 1752 年开始采用的公历纪年法，庆祝日期比战役实际发生日期要晚几天。
31 《国家档案日历》，1696 年威廉三世统治时期的国内部分，第 33 页。由霍尔克罗夫特·布拉德代替去世的托马斯·菲利普斯上尉成为次席工程师的委任状。1696 年 2 月 1 日于肯辛顿（Kensington）。
32 波特所著的《王室工程师兵团的历史》（*History of the Corps of Royal Engineers*）第 1 卷，第 111 页。
33 斯佩恩撰写的《霍尔克罗夫特·布拉德》，载于《牛津国家人物传记》第 6 卷，第 268—270 页。
34 小霍尔克罗夫特·布拉德卒于 1724 年。
35 英国国家档案馆第 PROB 11/504/89 号文稿，霍尔克罗夫特·布拉德的遗嘱。
36 根据埃德蒙·布拉德的遗嘱，托马斯·布拉德有两个孩子（英国国家档案馆里的国家档案系列第 PROB 11/360/467 号文稿，对折页第 304 页）；可能有一个英年早逝。
37 爱尔兰国家档案馆第 12816 号文稿,对折页第 20 页,称他为"托比亚·贝恩斯"(Tobias Baines)。
38 利斯本(1647—1691 年)也在爱尔兰的威廉派战争(Williamite wars)期间指挥着一个英格兰军团,后来在 1691 年 9 月围攻利默里克时直接死在炮弹之下。
39 爱尔兰国家档案馆第 12816 号文稿,对折页第 21 页。
40 爱尔兰国家档案馆第 12816 号文稿,对折页第 31—32 页。
41 英国国家档案馆里的著作系列第 14/2/1 号文稿。1852—1869 年将韦克菲尔德塔改造成新珍宝室的有关文件,以及把王冠放在玻璃箱中进行展示的有关规定。
42 英庇与帕内尔所著的《伦敦塔:官方图解历史》,第 108—110 页。
43 字面意思是"戴着镣铐的圣彼得",指的是伦敦塔中羁押的犯人。
44 墓葬登记记录如下:"1674 年,王冠看守人爱德华兹,安葬于 10 月 2 日。"
45 英国国家档案馆中的战争室文件系列第 94/58/24 号文稿,对折页第 1 页。1936 年 12 月 3 日伯克郡沃格雷夫的雷·亨特(Wray Hunter)的来信。
46 贝尔所著的《埋葬于伦敦塔内圣彼得及温库拉小教堂中的历史人物介绍》(*Notices of the Historic Persons buried in the Chapel of St Peter ad Vincula in the Tower of London*)(伦敦,1877),第 37 页。关于爱德华兹的墓碑是如何获救的,洛德·德·罗斯或许非常含蓄地提供了不同的解释。据称是一位名叫温德姆(Wyndham)的上校"在一堆垃圾中发现了他的墓碑,然后根据伦敦塔治安官的指示,将其非常稳妥地固定在了南墙上。在塔内经常进行的那些不计后果的修缮工作中,修复教堂地板的石匠把这块石碑放在了一旁,但很幸运的是,有人注意到了它"。(德·罗斯所著的《伦敦塔的历史纪念物》,第 202 页)

致谢

如果没有内子不知疲倦的热情支持，此书就不可能问世。她与我共同探讨了17世纪爱尔兰政治的复杂性以及密谋反对查理二世王权及政府的各种阴谋。

我由衷感激伦敦古文物学会藏书馆的馆长希瑟·罗兰（Heather Rowland）以及助理馆员阿德里安·詹姆斯（Adrian James）；雅典神殿俱乐部（Athenæum Club）图书馆的凯·沃尔特斯（Kay Walters）及其团队；位于东苏塞克斯郡法尔默（Falmer）的苏塞克斯大学图书馆的工作人员，位于邱园的英国国家档案馆善本部的工作人员，以及大英图书馆手稿与人文阅读室的工作人员。我还要感谢博德利图书馆的工作人员；我在"爱尔兰档案方面的"研究员希尔达·麦高利（Hilda McGauley），她在爱尔兰国家图书馆给我提供了很多帮助；我尤其要感谢丹尼斯·A.哈曼（Denise A. Harman）在兰开夏郡档案署付出的辛勤努力。最后，我要特别感谢王室军械博物馆欧洲刀剑部的现任馆长罗伯特·C.伍兹纳姆-萨维奇以及我的好友、荣誉馆长菲利普·J.兰基斯特，二人在我研究布拉德那两把骇人的短剑时提供了热心的帮助。

致谢

感谢魏登贵尔德与尼科尔森（Weidenfeld & Nicolson）出版社的艾伦·萨姆森（Alan Samson）对我一如既往的鼓励与帮助，以及露辛达·麦尼尔（Lucinda McNeile）给我带来的帮助。我还想在此感激安妮·奥布莱恩为我进行一丝不苟的编辑工作，戴维·阿特金森为我编制了索引，同时感谢我的经纪人安德鲁·劳尼（Andrew Lownie）。书中如若出现任何错误或疏漏，请完全归咎于我。

罗伯特·哈钦森
2015年于西苏塞克斯